WAC BUNKO

よく分かる！

中国の歴史

読む年表

岡田英弘

JN253908

WAC

まえがき

本書は、二〇一二年にワック出版から刊行された『読む年表　中国の歴史』のワックブンコ化であるが、じつは刊行当初から「中国」という言葉の取り扱いに悩んでいた。なぜなら、中国という国が誕生したのは一九一二年の中華民国からで、それまで中国もなく、したがって中国人もいなかったからである。中国及び中国人という言葉がないということは、そういう概念もなかったということだ。

ところが、七十年前に戦争に負けた日本に対して、「支那」は蔑称《べっしょう》だから使わないように、と蔣介石《しょうかいせき》が言い、GHQの命令を受けた日本人は、それまでの「支那」をすべて「中国」と書き換え、英語のチャイナもすべて「中国」と翻訳してしまった。このため、明治以来、日本人が研究してきたシナ通史も中国史とされ、嘘ばかりが流布して、今日に至っている。

今年二〇一五年を「抗日戦勝七十周年」として、中国やロシアや韓国は大々的に記念式典を行なうと言っているが、七十年前には中華人民共和国もロシアも韓国もまだ存在していない。日本は、最近になって戦勝国気取りをしている中華人民共和国に負けたのではなく、アメリカに負けたのである。七十年前に連合国に参加していたのは中華民国であって、中華人民共和国ではない。一九四九年に建国した中華人民共和国は、中華民国と同じ略称「中国」を使って日本人をだましているが、これらは別の国である。ついでに言うと、韓国は一九四八年八月十五日にアメリカの占領下で建国した。日本の敗戦記念日をわざわざ選んで、これを光復《こうふく》記念日と言い、自らをだましているのである。

日本が戦前に使用していた「支那（シナ）」は、英語の「チャイナ（China）」と同じ語源で、紀元前二二一年に、今の中国の核となる中原と呼ばれた地域を初めて統一した、秦《しん》の始皇帝《しこうてい》の「秦」から来ている。漢字の「支那」は好い意味ではないから嫌だ、と中国人が言ったのだから、意味のないカタカナの「シナ」ならいいわけだ。だから、将来の日本のために、十九世紀までのお隣の大陸を「中国」と呼ぶことはやめようと、最近になって私は固く決心し、藤原書店から二〇一三年に刊行が始まった著作集の第4巻は、『シナ（チャイナ）とは何か』という題名にした。

そういうわけで、本当なら本書も「中国」ではなく「シナの歴史」としたいのだが、もとの本が「中国の歴史」なので、そのままにする。読者諸兄は、本書の「中国」が「シナ（支那）」の言い換えで、一九一二年に成立した中華民国や、一九四九年に誕生した現在の中華人民共和国のことではない、ということを、どうか心に留めていてほしい。

本書の題名は、渡部昇一氏の『読む年表　日本の歴史』（ワック）と対になっているわけだが、本書で使う「中国」を「日本」と同じような概念と考えてはいけない。「中国」という国家は前述のように二十世紀までなかったし、その領土も、皇帝の血筋も、そこで暮らす人々も、日本とは違って、時代ごとに大きく変化してきたからである。

本書では、シナ史を大きく五つに時代区分する。秦の始皇帝が統一を果たす以前は、「シナ」すら存在しなかったのだから、「中国」以前の時代である。

第一のシナは、秦の始皇帝の統一から、五八九年の隋《ずい》の再統一までの八百年間で、真ん中で黄巾《こうきん》の乱が起こり、秦と漢の最初の漢族が十分の一以下に減少し、北方から多数の遊牧民が流入して漢人が入れ替わる。

第二のシナは、隋の統一から、一二七六年にモンゴル人が建てた元《げん》朝に南宋が滅ぼされるまでの七百年間で、この間に、北方の女真《じょしん》人の金《きん》、契丹《きったん》人の遼《りょう》の勢力の方が南方より強くなり、最後に漢人の居住地は、モンゴルの植民地になってしまう。

第三のシナは、一九一二年に清《しん》が滅亡するまでの六百年間で、シナ全体がモンゴル化したあと、元朝を継いだ明《みん》朝は、南の漢人地帯だけしか支配できず、一六三六年に万里の長城の北側で建国した清朝になってようやく、元朝の領域は再び統合されたが、漢人居住地は、またもや満洲人の植民地となり、チベットやモンゴルや新疆《しんきょう》に、漢人は行くことはできなかった。

第四のシナは、一八九五年に日清戦争で日本に敗れたあと、日本をまねて近代化を始めてからで、日本化の時代である。つまり伝統的な「シナ」文明はここで終わったということで、言葉として変だが「中国」以後の時代ということになる。

一九一一年の辛亥革命《しんがいかくめい》以後の文字通りの中国史については、岡田英弘著作集第5巻『現代中国の見方』（藤原書店、二〇一四年）を、ぜひ併せて読んでいただきたい。

二〇一五年二月

岡田英弘

読む年表　中国の歴史

◆目次

「雅言《がげん》」の誕生——漢字と中国語の起源　紀元前9～3世紀……44
孔子誕生と諸子百家　紀元前6～3世紀……46
百家争鳴《ひゃっかそうめい》　紀元前6～3世紀……48

第2章

第一期・前期　「中国史」のはじまり

秦の始皇帝が天下を統一　紀元前221……52
郡・県制度と商業都市ネットワークの構築　紀元前221……54
始皇帝、焚書令《ふんしょれい》を出す　紀元前213……56
劉邦《りゅうほう》、漢を建国　紀元前202……58
漢の武帝即位　紀元前141……60
皇帝制度の確立　紀元前2世紀……62
漢、五経博士をおく　紀元前136……64
太初暦《たいしょれき》の採用　紀元前104……66
司馬遷《しばせん》『史記』を編纂　紀元前100前後……68
王莽《おうもう》、「新」王朝をたてる——前漢滅亡　紀元8……72
倭奴国王《わのなこくおう》が後漢に朝貢　57……74

第3章

第一期・後期　中国世界の拡大

突厥《とつけつ》(トルコ)帝国の建国　552……112

第4章

第二期・前期　新しい「漢族」の時代

隋の天下統一　589……118
科挙制度はじまる　607……120
倭王多利思比孤《たらしひこ》が隋の煬帝《ようだい》に朝貢　608……122
煬帝の高句麗征伐と南方遊幸　612〜616……124
唐の建国　618……126
玄武門の変——唐の太宗即位　626……130
東突厥(トルコ第一帝国)の滅亡　630……132
白村江の戦い　663……134
突厥(トルコ)第二帝国の建国　682……136
則天武后《そくてんぶこう》が皇帝に即位　690……140
ウイグル帝国の建国とキルギズ人の反乱　744/840……142
「安史の乱」がおこる　755……144
唐詩の隆盛　8世紀……148

唐の滅亡と五代十国時代のはじまり　907……150

第5章

第二期・後期　「北の遊牧民」の時代へ

契丹《きったん》（キタイ）帝国の建国　916……156
宋の建国　960……158
宋にみる中国の官僚制度　10世紀後半……160
澶淵《せんえん》の盟　1004……162
『資治通鑑《しじつがん》』完成　1084……164
女直（ジュシェン）人が金帝国を建国　1115……166
契丹《きったん》（キタイ）の耶律大石《やりつたいせき》が西遼を建国　1124……170
朱熹《しゅき》、朱子学（宋学）を完成　12世紀……172
チンギス・ハーン、モンゴル帝国建国　1206……174
三男オゴデイが第二代ハーンに就任　1229……178
オゴデイ・ハーンのヨーロッパ大遠征　1236……180
フビライ、「パクパ文字」を公布　1269……182
フビライ、元の国号を採用　1271……184

第6章

第三期・前期　世界帝国と宗教秘密結社

明とモンゴルの和議が成立　1570……222
女直族ヌルハチ、後金を建国　1616……224
満洲人の国「大清」建国　1636……226
明朝の滅亡　1644……228

第7章

第三期・後期　満洲人による中国の変容

清朝、漢人に辮髪《べんぱつ》を強制　1645……234
清朝の階級制度　17世紀中盤……236
「三藩《さんぱん》の乱」がおこる　1673……238
ガルダン・ハーン、モンゴルのハルハ部に侵入　1688……240
ネルチンスク条約締結　1689……242
ジョーン・モドの戦い　1696……244
康熙帝《こうきてい》、チベットを保護下にいれる　1720……246
張廷玉《ちょうていぎょく》ら『明史』を完成　1735……248
清朝、全モンゴル系種族を支配下におさめる　1771……250
天理教の乱／第一次阿片戦争　1813／1840……254

太平天国の乱 1851……256
第二次阿片戦争おこる 1856……258
イスラム教徒の反乱 1862……260
日清戦争おこる 1894……262

第8章 「中国」以後 日本文明圏の時代

義和団の乱 1900……266
科挙試験の廃止 1905……268
辛亥《しんがい》革命の勃発 1911……270
蔣介石の国民政府、台湾へ 1949……272
中華人民共和国以降の中国 1949〜……274

「中国」の歴史年表……276

装幀／神長文夫＋柏田幸子　地図製作／宮城　秀

ロシア
モンゴル
黒竜江
ハルビン
長春
吉林
内モンゴル自治区
黄河
赤峰
遼寧
瀋陽
北朝鮮
フフホト
北京
寧夏回族自治区
河北
天津
大韓民国
銀川
太原
済南
石家荘
西寧
山西
山東
黄 海
青海
蘭州
鄭州
西安
甘粛
陝西
河南
合肥
江蘇
南京
上海
安徽
武漢
成都
長江
湖北
杭州
東シナ海
四川
重慶
南昌
浙江
長沙
江西
湖南
福州
貴州
福建
貴陽
台湾海峡
台湾
雲南
昆明
広西チワン族自治区
広州
広東
香港
南寧
マカオ
ミャンマー
ベトナム
ラオス
海口
海南
タイ
現代の中国

カザフスタン
ウズベキスタン
トルクメニスタン
キルギス
ウルムチ
タジキスタン
新疆ウイグル自治区
イラン
アフガニスタン
パキスタン
チベット自治区
ネパール
ブータン
インド
バングラデシ

本書は、小社より二〇一二年三月に発刊された
『読む年表 中国の歴史』を改訂した新版です。

序章　「中国」とは何か。「中国人」とは何か

「中国」本来の意味は「首都」

現在の日本人は、「中国」は「中国人」の「民族国家」だと考えるのが普通である。しかし、それはおおいに問題である。「中国史」を語るには、まず、「中国」とはなにか、「中国人」とはなにかを考えなければならない。

そもそも「中国」という漢字は、どういう意味か。

それは、「国《こく》」の「中」である。「国《こく》」は、日本語の「くに」を意味するより以前に、城壁をめぐらした「みやこ」を意味した。その証拠に、紀元前四世紀後半の哲学者孟軻《もうか》の説を編纂《へんさん》した『孟子《もうし》』の「万章《ばんしょう》下篇」に、「国《こく》に在るものを市井《しせい》の臣という」とあり、その注釈に「国《こく》とは、都《と》邑《ゆう》をいうのである」といっている。また『礼記《らいき》』の「礼運《れいうん》篇」にも、「国《こく》には学《がく》（学校）がある」といい、その注釈に「国《こく》とは、天子の都《みやこ》するところをいう」とある。

紀元前六世紀末に孔丘《こうきゅう》（孔子《こうし》）がみずから編纂したという『詩経《しきょう》』の「大雅《たいが》」の「生民之什《せいみんしじゅう》」には、「この中国を恵《いつくし》み、もって四方を綏《やす》んず」という詩があり、その注釈に「中国とは、京師《けいし》である」といっている。京師とは、首都のことである。「まんなか」の「みやこ」だから、首都の意味になるのは当然である。

そもそも「国《こく》」の本字《ほんじ》の「國」は、もとは「或《わく》」だった。外側の「くにがまえ」の四角は、すなわち城壁をあらわし、内側の「或」の音の「ワク」「コク」は、武器をもって城壁をまもる意味をあらわす。つまり「国」は「みやこ」なのである。日本とはちがい、中国の都市はすべて城壁にかこまれていた。

ただし、のちに「国」は「邦《ほう》」とおなじになった。「邦」は「方《ほう》」とおなじで、「あの方面」「この方面」をさし、「国」よりは広くて、日本語の「くに」にあたる。これは紀元前二〇二年に皇帝の位にのぼった漢《かん》の高祖《こうそ》の名が「劉邦《りゅうほう》」だったので、「邦」という文字をつかって発音すると失礼にあたる。それで「邦」を避けて「国」ということになった。そのために「国」が「くに」の意味になったのである。

「中国」と「蛮夷」

「中国」の本来の意味は「首都」であった。だが、それがやがて、より広い意味につかわれるようになる。漢《かん》の司馬遷《しばせん》が、紀元前一〇四年の暦《こよみ》の改革を記念して書きはじめたという中国初の歴史書『史記《しき》』の「孝武本紀《こうぶほんぎ》」と「封禅書《ほうぜんしょ》」に、紀元前一一三年のこととして、「天下《てんか》の名山は八つであって、その三つは蛮夷《ばんい》にあるが、五つは中国にある。それは華山《かざん》・首山《しゅざん》・太室《たいしつ》・泰《たい》山《ざん》・東萊《とうらい》で、この五山は黄帝《こうてい》（36、66ページ参照）がつねに遊び、神と会したところである」といっている。つまり、「天下」は人間の住む世界を意味し、それを「蛮夷」と「中国」にわけてい

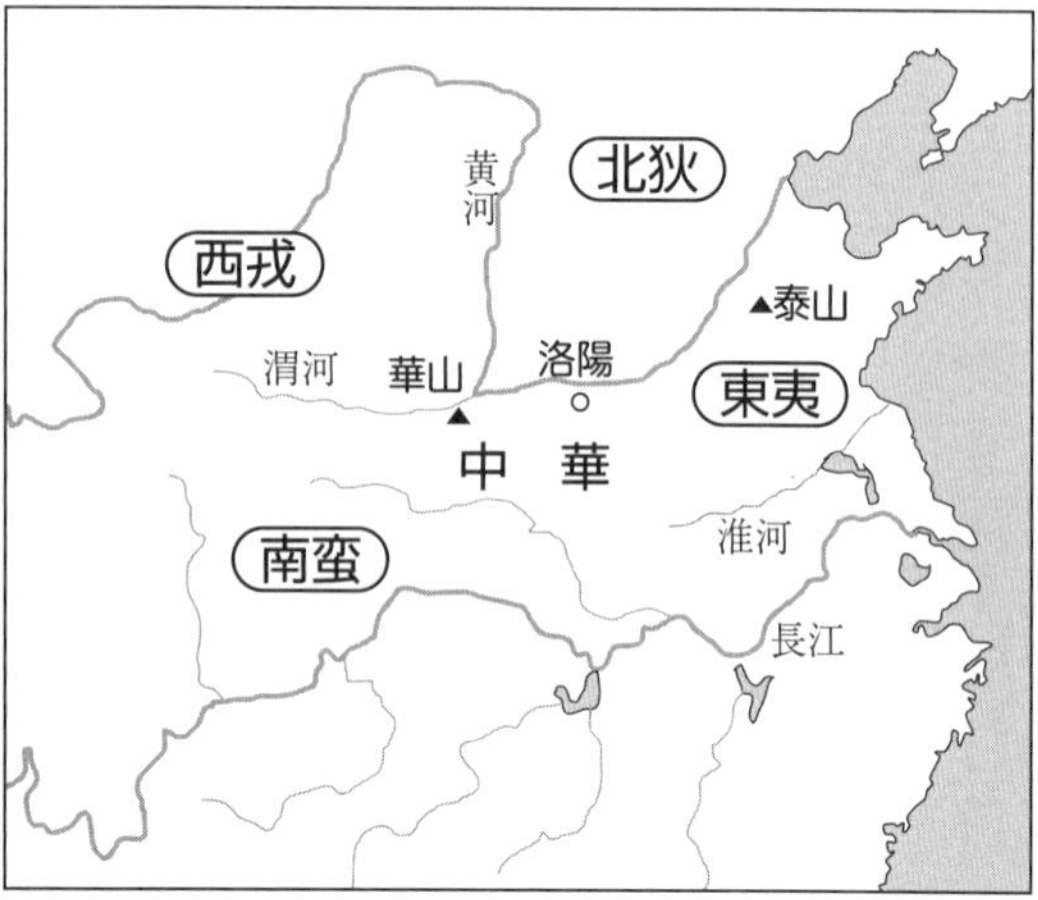

中華と四夷の位置

るのである。

「蛮夷」は「中国」の住民とは生活習慣のことなる人々の意味であり、「蛮《ばん》、夷《い》、戎《じゅう》、狄《てき》」、すなわち「四夷《しい》」の生活圏が接触するのが洛陽《らくよう》盆地の近辺であった。その「蛮夷」の住む世界に、三つの名山があり、のこりの五つの名山が「中国」にあるというのである。

この五山のある場所からすると、「中国」は、いまの陝西省《せんせいしょう》の渭河《いが》の流域からはじまって、河《か》南《なん》省の黄河《こうが》の中流をとおって山東《さんとう》省にいたる、東西に細長くのびる地帯であるということになる。つまり、紀元前一〇〇〇年ごろには、夏《か》・殷《いん》・周《しゅう》の昔から都のあった陝西省・河南省・山東省のかぎられた地域を「中国」、あるいは「中《ちゅう》原《げん》」というようになっていたのである。

この地域こそが、「漢人《かんじん》」の住む文化的な地であり、周囲の「四夷《しい》」は文化のおよばぬ地であるという「中華思想」がやがて生まれるのだが、「四夷」にたいして、のちの漢族の遠祖《えんそ》を「中華」というのは、洛陽盆地の西端、洛河《らくが》のみなもととなる山が「華山」であるところからきている。

そして、本文で述べるように、紀元前二二一年に秦《しん》の始皇帝《しこうてい》が天下を統一したのちの中国の本質は、皇帝を頂点とする一大商業組織であり、その経営下の商業都市群の営業する範囲が、すなわち「中国」だったのである。

満洲人と日本人の影響

そのかぎられた地域をさす「中国」の意味が、のちにさらに広がったのは十七世紀の満洲人《まんしゅうじん》と、十九世紀の日本人の影響である。

満洲人は、一六一六年にヌルハチが後金国《こうきん》をたててから、清《しん》の順治帝《じゅんちてい》の世になるまでほぼ三十年間、山海関《さんかいかん》（万里《ばんり》の長城《ちょうじょう》の東端）の東で独立していた。それが一六四四年、明《みん》が勝手にほろびて、中国を統治する者がないので、順治帝が北京《ペキン》にはいって玉座にすわった。こうして統合された満洲と中国を、満洲語で「ドゥリンバイ・グルン」(dulimbai gurun) といった。「ドゥリンバ」は「まんなか」、「イ」は「の」、「グルン」は「国」の意味で、漢字では「中国」と書いた。これが「中国」のあらたな意味である。これにたいして、そのほかのモンゴルや、チベットや、トルコ語を話すイスラム教徒は「トゥレルギ」(tulergi) と総称された。これは「そと」という意味で、漢字では「外蕃《がいはん》」（外の垣根）と書いた。

さらに、現代でいう「中国」は、日本語の「支那《シナ》」がきっかけとなって生じたことばである。一七〇八（宝永《ほうえい》五）年に日本に密入国したイタリア人宣教師シドッティを訊問《じんもん》した新井白石《あらいはくせき》が、シドッティの話から、日本人が「漢土《かんど》」とか「唐土《とうど》」とか呼ぶ地を、ヨーロッパ人は「チーナ」といっていることを知った。これは「秦《しん》」から生じた呼びかたである。白石は、古い漢訳仏典から、「支那」と音訳されているものを探し出してこれにあて、シドッティとの対話をもとに著した『采覧異言《さいらんいげん》』（一七一三年）、『西洋紀聞《せいようきぶん》』（一七一五年）のなかでもちいた。それから日本では、「チャイナ」などの訳語として「支那」が定着し、広くつかわれるようになった。

一八九五（明治二十八）年、日清戦争で日本にやぶれた清国はおおいに衝撃をうけて日本を手本に西洋化にのりだし、日本に留学生を送り出すようになった。それらの留学生たちは、日本人が自分たちの故郷を「支那」と呼んでいることを知った。これまで清国には、皇帝が君臨する範囲をさす呼称がなかったので、日本人の習慣にしたがって、自分たちの国土を「支那」、自分たちを「支那人」と呼んだ。

しかし「支那」では、表意文字である漢字としては意味をなさない。「支」といえば「庶子《しょし》」、「那」といえば「あれ」という意味になってしまう。そこで、「支那」にかわって「中国」を、意味を拡張してつかうことになった。ここにいたってはじめて「中国」が全国の呼称として登場したのである。

「中国人」や「漢族」という種族は存在しない

秦《しん》の始皇帝《しこうてい》による天下統一以前の中国、つまり中国以前の中国には、「東夷《とうい》、西戎《せいじゅう》、南蛮《なんばん》、北狄《ほくてき》」の諸国、諸王朝が洛陽盆地をめぐって興亡をくりかえしたのであるが、それでは中国人そのものは、どこからきたのであろうか。

中国人とは、これらの諸種族が接触・混合して形成された都市の住民のことであり、文化上の概念であった。中国の本当の起源は、秦の始皇帝が中原《ちゅうげん》（黄河中流域の平原地帯）の都市国家群を征服して統一したときからであり、「中国」の歴史は二千二百年あまりの長さしかない。それ以前の中原には、それぞれ生活形態のちがう「蛮・夷・戎・狄」の人々がいりまじって住んでいたので、のちの中国人は、人種としてはこの「四夷」の子孫であり、これら異種族が混血した雑種である。

都市を囲んでいる城壁は「中国」の空間を外側の「蛮・夷・戎・狄」の世界から区別する、もっとも重要な境界だったのである。つまり、いかなる種族の出身者であれ、都市に住みついて、市民の戸籍に名を登録し、その市場の組合員になって組合費をはらい、労役に服し、非常時には召集《しょうしゅう》に応じて武器をとり、市民の職種に応じて規定されている服装をするようになれば、その人は中国人だった。これを裏返せば、いかなる異民族の出身でも、家でどんな外国語をしゃべっていても、右のような条件さえみたせば中国人になれるということである。もっとかんたんにいえば、城壁のなかの人間は中国人であり、外にいる人間は非中国人である。その意味で、中国人は文化上の概念だというのである。

その条件をみたして中国人になったものが「民《みん》」であり、そうしないものは「夷《い》」である。華北《か ほく》（中国の北部、黄河中・下流域）の平野部では、春秋時代《しゅんじゅう》（前八〜前五世紀）をすぎると、都市網が密になったので、「夷」はほとんどが「民」化して姿を消したが、ネットワーク末端の韓半島の楽浪郡《らくろうぐん》などでは、中国化のペースはずっとゆるやかであって、それが完了しないうちに中国本土で政治上の大変動がおこったために、ついに中国人にならないままだったのが、のちの日本民族や朝鮮民族なのである。

要するに、古代中国にはもともと「漢族」というものはなかった。蛮《ばん》・夷《い》・戎《じゅう》・狄《てき》が接触して、その交渉をもった中間地帯に都市が生まれ、出身の種族に関係なく、都市生活をいとなむようになった連中が中国人になったので、元来、「中国人」とか「漢族」とかいう種族があったわけではない。

しかし、司馬遷の『史記』は、中国は黄帝以来、中国人の天下であり、つねに正統の帝王によって統治されてきたという立場をとっている。それからのちに中国で書かれた歴史は、すべてこの『史記』の枠組を忠実に踏襲《とうしゅう》して書かれたので、その結果、中国は五千年の歴史をもつ不変の高度な文明であり、ときおり北方の野蛮人に征服されることがあっても、たちまち征服者を同化してしまい、征服の影響はあとにのこらなかったという「中華思想」の歴史観がかたまってしまった。

中国人だけでなく、日本人の中国史家も、『史記』型の歴史観にもとづいて書かれた史料しか読まないから、中国史料の偏向に気がつかず、中華思想の枠組に支配されていることさえ自覚しない。たとえ自覚しても、中国史料の偏向をどう修正したらいいのか、見当がつかないのである。

「中国五千年」のウソ

「中国」という「国家」も、二十世紀にいたるまで存在しなかった。「秦」や「唐《とう》」、「元《げん》」や「明《みん》」や「清」という王朝が興亡をくりかえしていただけである。もともと中国では「国家」とは「国と家」、「公的生活と私生活」を意味する対語《ついご》で、後漢《ごかん》末になって「皇帝陛下」、「天子さま」の意味になった。

そもそも、われわれ日本人が考えるような意味での「国民」という概念は、十八世紀末のアメリカ合衆国の独立と、フランス革命以後に発生したものである。それまでの王の世襲財産の総体としての王国（kingdom）にかわって、国民国家（nation-state）、つまりはっきりした国境をもち、その内側に住む人々はみなおなじ言語を話し、おなじ国民として連帯意識をわかちあう、一つの中央政府のもとに統合される共和国の概念が出現して以来のものである。

現在のわれわれが「中国」と呼ぶ、東アジアの大陸部においても、事情はおなじである。

現在の中国、すなわち中華人民共和国《ちゅうかじんみんきょうわこく》の国民の大多数は「漢族《かんぞく》」と分類されている。その他のいわゆる少数民族は、チワン（壮）族、回族《かいぞく》、ウイグル族、イ（彝）族、チベット族、ミャオ（苗）族、満（満洲）族、モンゴル族などと区別されている。こうしてみると、いかにも漢族という名の単一種族が存在しているかのようだが、それは少数民族との対照のうえでそうみえるだけである。

十九世紀末から二十世紀はじめにかけての日本では、日本人はすべて天照大神《あまてらすおおみかみ》の子孫であるという思想が正統とされていた。これをみならった中国人は、漢族はすべて、神話の最初の帝王、黄帝の血をひく子孫であると主張し、中国は「黄帝の子孫」たる「中華民族」の国だという観念が発生した。これは一八九五年、日清《にっしん》戦争で清朝の中国が日本にやぶれ、近代化、西欧化にふみきってからのことであって、それまでは、現在「漢族」と呼ばれている人々のあいだにさえ、同一民族としての連帯感など存在していなかった。

そうした「血」や「言語」のアイデンティティのかわりに存在したのは、「漢字」という表意文字の体系を利用するコミュニケーションであって、それが通用する範囲が中国文化圏であり、それに参加する人々が中国人であった。

五つの時代区分

東アジアの大陸部に、「支那＝中国」(China)と呼んでもいいような政治的統一体がはじめて完成したのは、すでに述べたように、秦の始皇帝による統一からである。

ここにはじまった中国の歴史は、それぞれの時代において「中国」の観念が適用されうる地域と、「中国人」にふくまれる人々の範囲を基準として区分すると、三つの時期にわけられる。

紀元前二二一年の秦の始皇帝による最初の統一から、五八九年の隋《ずい》の文帝《ぶんてい》による再統一までを第一期、一二七六年の元《げん》の世祖《せいそ》フビライ・ハーンによる南北朝統一までを第二期とし、それから一八九五年の日清戦争の敗戦までを第三期として、ほぼ八百年、七百年、六百年の三つの時期にわけるのが実情にかなっている。

したがって、前二二一年より前の時代は、「中国」以前の時代ということになる。この時代に、のちの「漢人」の祖となったいろいろな種族が接触して商業都市文明がつくりだされた。また、一八九五年よりのちは、「中国」以後の時代となる。中国の歴史は独立性をうしない、日本を中心とする東アジア文化圏の一部に組みこまれた。これが中国以後の時代である。

以上のことがらをふまえて、以下、「中国」の歴史をたどっていこう。

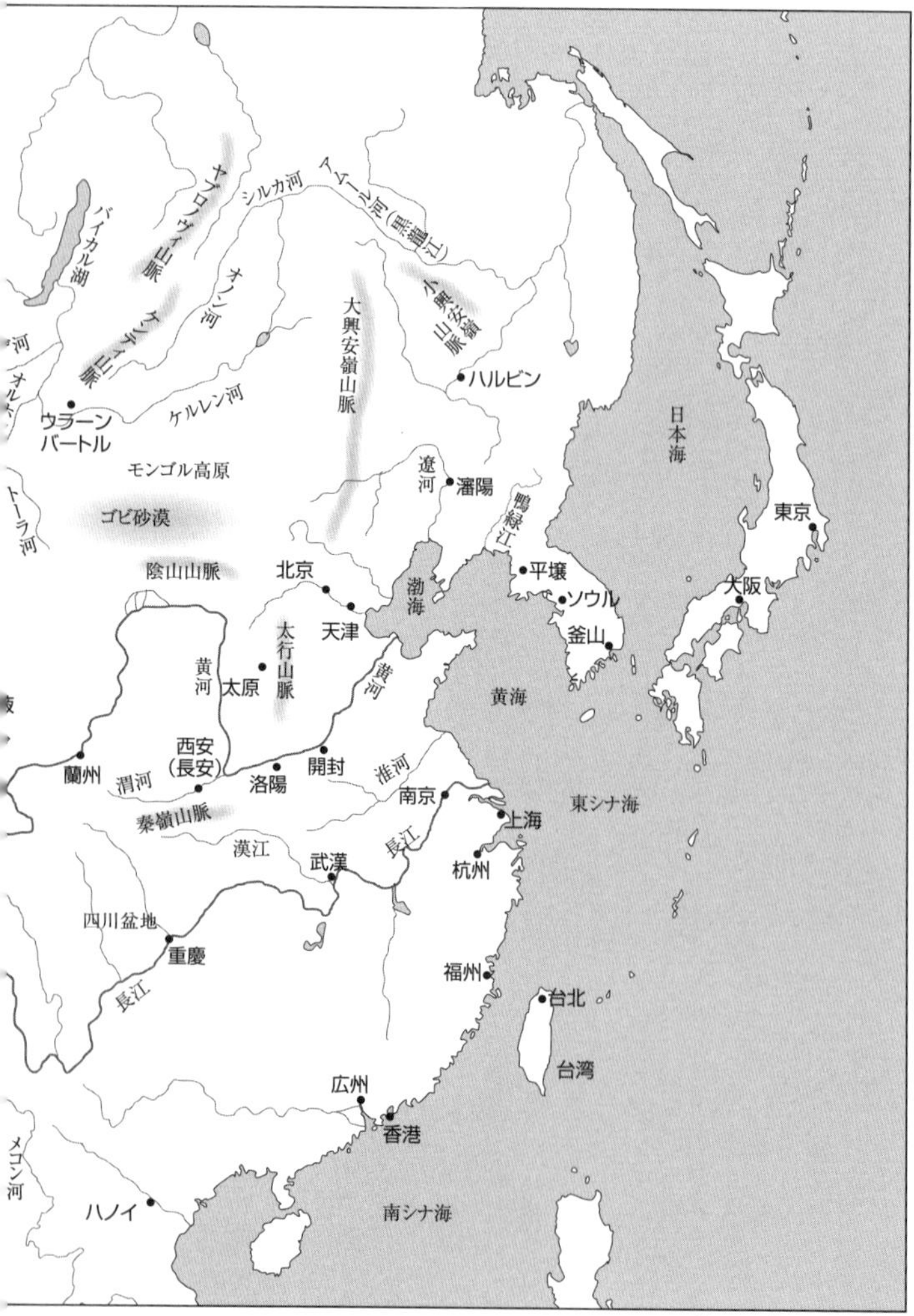

バイカル湖
ヤブロノヴィ山脈
シルカ河
アムール河（黒龍江）
小興安嶺山脈
オノン河
ケンテイ山脈
大興安嶺山脈
ハルビン
ケルレン河
ウラーン
バートル
モンゴル高原
トーラ河
ゴビ砂漠
陰山山脈
遼河
瀋陽
鴨緑江
日本海
東京
平壌
ソウル
釜山
大阪
北京
天津
渤海
太行山脈
太原
黄河
黄河
黄海
西安
（長安）
蘭州
渭河
洛陽
開封
淮河
南京
上海
東シナ海
秦嶺山脈
漢江
武漢
長江
杭州
四川盆地
重慶
長江
福州
台北
台湾
広州
香港
メコン河
ハノイ
南シナ海

東アジアの地形

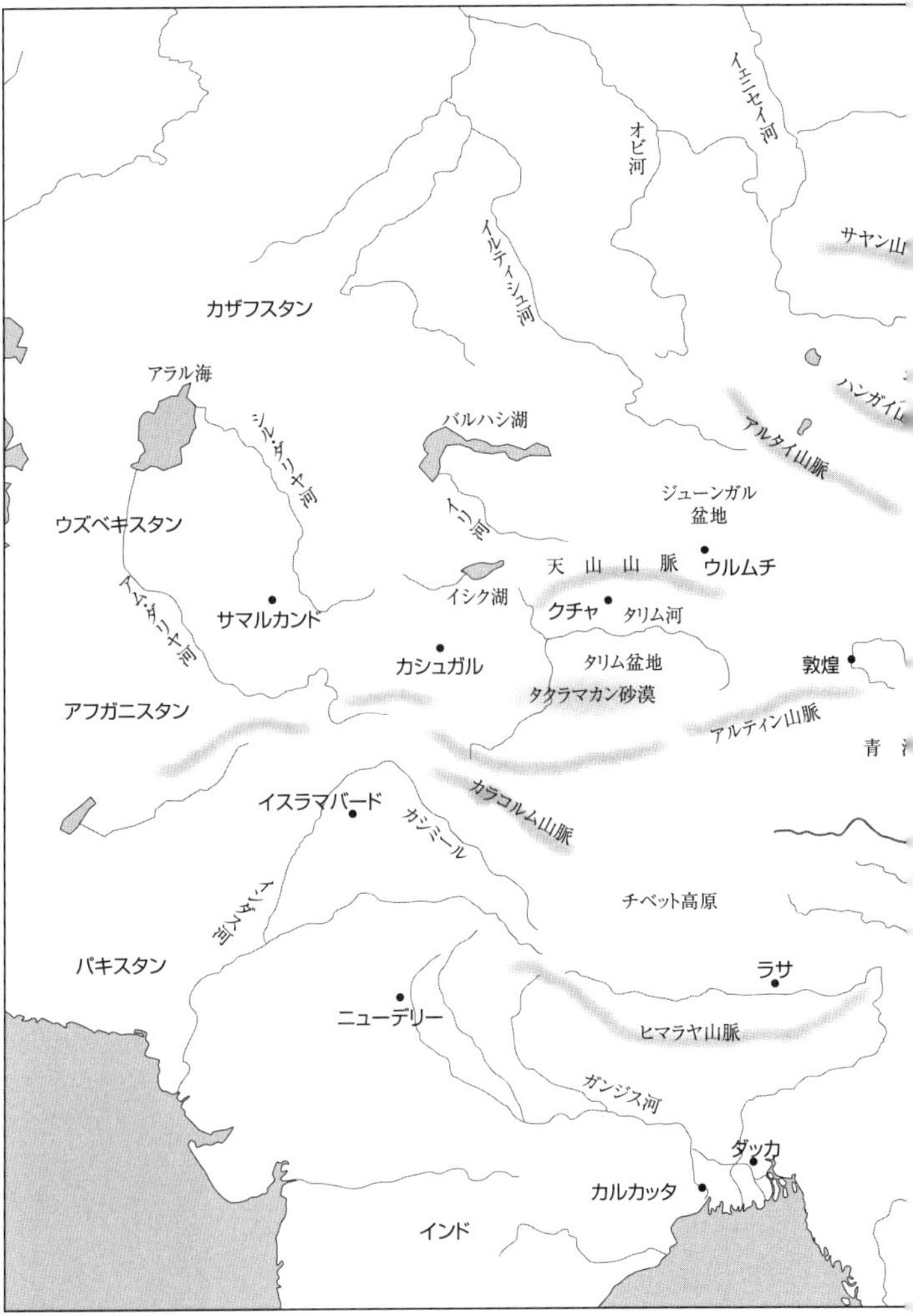

イェニセイ河
オビ河
サヤン山
イルティシュ河
カザフスタン
アラル海
ハンガイ山
アルタイ山脈
シル・ダリヤ河
バルハシ湖
ジューンガル
盆地
ウズベキスタン
イリ河
天山山脈
ウルムチ
アム・ダリヤ河
イシク湖
クチャ
タリム河
サマルカンド
カシュガル
タリム盆地
敦煌
タクラマカン砂漠
アフガニスタン
アルティン山脈
青
カラコルム山脈
イスラマバード
カシミール
インダス河
チベット高原
パキスタン
ラサ
ニューデリー
ヒマラヤ山脈
ガンジス河
ダッカ
カルカッタ
インド

中国史　五つの時代区分

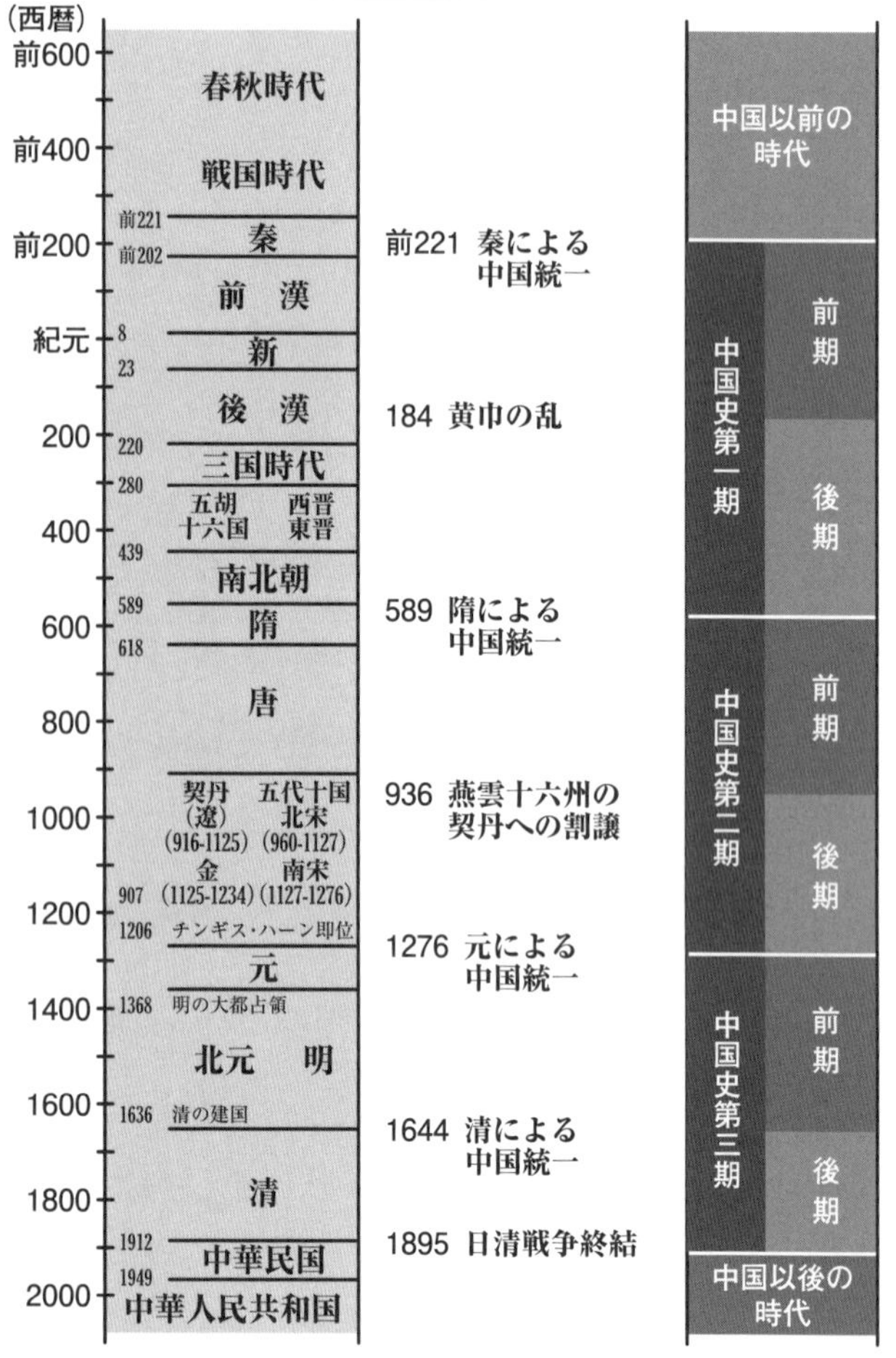
(西暦)
前600
前400
前200
紀元
200
400
600
800
1000
1200
1400
1600
1800
2000
春秋時代
戦国時代
前221
秦
前202
前　漢
8
新
23
後　漢
220
三国時代
280
五胡十六国
西晋
東晋
439
南北朝
589
隋
618
唐
契丹（遼）(916-1125)
五代十国
北宋 (960-1127)
金 (1125-1234)
南宋 (1127-1276)
907
1206 チンギス・ハーン即位
元
1368 明の大都占領
北元
明
1636 清の建国
清
1912
中華民国
1949
中華人民共和国
前221 秦による中国統一
184 黄巾の乱
589 隋による中国統一
936 燕雲十六州の契丹への割譲
1276 元による中国統一
1644 清による中国統一
1895 日清戦争終結
中国以前の時代
中国史第一期
前期
後期
中国史第二期
前期
後期
中国史第三期
前期
後期
中国以後の時代

第1章 歴史以前の「中国」

黄河文明――洛陽《らくよう》から四方に広がる商業圏

アジアを結ぶ水陸の交通路が集中していた洛陽盆地

黄河《こうが》中流の渓谷に、紀元前三千年から二千年ごろ都市文明が生まれた。

黄河上流の両岸は黄土層《おうどそう》の断崖絶壁だが、洛陽《らくよう》盆地の北を過ぎるあたりになると流れはゆるやかになり、両岸も低くなって、対岸にわたりやすくなる。ところが、それをさらに過ぎ、開封《かいほう》市の北あたりで大平原に出ると、さらに流れが遅くなるとともに多量の土砂が河底に堆積《たいせき》するため、たびたび氾濫《はんらん》を起こすようになる。つまり、洛陽から東の開封にいたるおよそ二百キロメートルのあいだだけが水路が安定し、対岸との行き来もできた。だから、人間の生活に適していただけでなく、この区間の北側には東北アジア、北アジア、中央アジアからの陸上交通路が集中しているし、南側には東シナ海、南シナ海、インド洋に通ずる水上交通路があつまっている。いわゆる「南船北馬《なんせんほくば》」の「南船」と「北馬」が出会うのが洛陽盆地を中心とする黄河中流の岸辺であり、ここを中心に商業ネットワークが四方に広がったのである。

洛陽盆地は「絹の道《シルクロード》」の東端であり、さらに東は朝鮮半島、東シベリア、日本列島につらなり、西は中央アジア、西アジア、地中海へとつづき、南の水上交通路はインド洋からアラビア海、ペルシア湾、紅海《こうかい》にのびる。

それればかりではない。洛陽盆地はまた、東北アジア、北アジアの乾燥した寒冷気候帯と、東南アジアの温暖で湿潤《しつじゅん》な気候帯がふれあう北緯三十五度線にあり、古くから生活形態を異《こと》にする諸民族がとりまいていたのである。

そういうさまざまな部族の接触と交流から文明が生まれ、村ができた。そのころの遺跡が仰《ぎょう》韶《しょう》という村から発掘されたので、このころの農耕文化は「仰韶文化」と呼ばれる。また、紀元前二千年以前のものと考えられている長江《ちょうこう》（揚子江《ようすこう》）上流域の三星堆《さんせいたい》遺跡からは青銅の仮面や城郭《じょうかく》都市が発掘《はっくつ》され、古蜀《こしょく》という国があったことを示すとされる。おそらくは交易のあった洛陽にも、このころから都市が生まれたと考えられる。商業網の市場圏に組み込まれた都市生活者が、のちの漢族の遠祖である「中華」民族、いわゆる「中国人」である。

やがて彼らは、それ以外の非中国人を「蛮《ばん》、夷《い》、戎《じゅう》、狄《てき》」と呼ぶようになった。洛陽盆地を中心に、農耕・漁撈《ぎょろう》を生業《なりわい》とする東の住民が「東夷《とうい》」、南の山地の焼畑農耕民は「南蛮《なんばん》」、西の草原の遊牧民は「西戎《せいじゅう》」、北の狩猟民は「北狄《ほくてき》」と呼んだ（22ページ地図参照）。この「蛮、夷、戎、狄」、略して「四夷《しい》」にたいして自分たちを「中華」というのは、洛陽盆地の西端、洛河《らくが》の発する山が「華山《かざん》」であるところからくる。「中華」はまた「諸夏《しょか》」「華夏《かか》」ともいう。これは黄河文明の最初の王朝であった夏朝《かちょう》にちなむものであって、その意味からすれば、夏人《かじん》がすなわち最初の「中国人」だったことになる。

最古の都市国家「夏《か》」の成立

東南アジア系の人々が建てた龍神を開祖とする王朝

司馬遷《しばせん》が著した中国最初の歴史書『史記《しき》』（68ページ参照）には、「五帝《ごてい》（黄帝《こうてい》、帝顓頊《せんぎょく》、帝嚳《こく》、帝堯《ぎょう》、帝舜《しゅん》）本紀《ほんぎ》」につづいて「夏《か》本紀」「殷《いん》本紀」「周《しゅう》本紀」といういわゆる「三代《さんだい》」の王朝の物語が記述されている。

そこにしるされているのは神話と呼ぶべきものであり、「夏」の遺跡や遺物と確認されるものはみつかっていないが、近年の考古学上の調査によって、その実在の可能性は高くなっている。

「夏本紀」によれば、鯀《こん》（「卵」の意）の息子の禹《う》（「蛇」の意）が夏の初代の天子《てんし》である。鯀は帝堯《ぎょう》のとき、世界を浸した大洪水の治水《ちすい》に失敗して処刑され、かわって禹が登用された。禹は十三年かけて水路を開き、陸路を通じ、湖沼《こしょう》を掘り、山脈の位置をさだめた。

堯のあとを継いだ帝舜《しゅん》は、禹を後継者に指名した。帝舜の死後、禹は舜の子に遠慮して辞退したが、諸侯の要請をいれてついに即位し、国号を「夏后《かこう》」とした（「后」は「侯」と同音で、都市国家の君主）。禹の死後は子孫が王位を世襲し、第十七代の桀《けつ》のとき殷の湯王《とうおう》にほろぼされた。

つまり、禹は中国の山川を創造した神であって、その名前が「蛇」、父親の名前が「卵」を意味するのは偶然ではない。

夏の王には龍にまつわる伝説が数多くつたえられている。龍は東南アジアのモンスーン地帯の水神で、「龍」の字の発音は「水路」を意味する「江《こう》」と古くは同じであった。中国で古くから龍を信仰していたのが越《えつ》の人々、すなわち東シナ海に面した浙江省《せっこうしょう》・福建《ふくけん》省・広東《カントン》省・ヴェトナムの海岸地帯の住民であった。

紀元前四九六年に即位した越王句践《こうせん》の本拠地は、禹が亡くなったとされる会稽《かいけい》（浙江省・紹《しょう》興市《こうし》）だった。『史記』の「越王句践世家《えつおうこうせんせいか》」によれば、越の諸王は禹の末裔《まつえい》で、夏の第六代の王少康《しょうこう》の庶子《しょし》が会稽に建国したのが越王国の起源だという。これだけでも夏と龍と東南アジアの海洋民族とのむすびつきがわかる。

夏は龍神を開祖とする東夷《とうい》のたてた王朝だったのである。南方から水路を舟でのぼってきて、たどりついた黄河南岸の各所に都市をたてたのであろう。大洪水の伝説も、「卵から生まれた蛇」の国づくりの物語も、最初の都市国家が水と龍に関係の深い東南アジア系の人々の建設したものであったことを示している。

漢字を最初に使用したのも夏人だと思われる。長江《ちょうこう》下流域の江西《こうせい》省清江県《せいこうけん》の呉城《ごじょう》から出土した陶器には、現在まで知られている最古の形をした文字が刻まれている。漢字の原形は東南方で発明され、それが夏人によって洛陽《らくよう》盆地にもちこまれて、つぎの殷王朝で甲骨《こうこつ》文字に発展したのであろう。

殷《いん》王朝の興亡と周《しゅう》の建国

「東夷《とうい》」の王朝をほろぼした「北狄《ほくてき》」、さらにそれを倒した「西戎《せいじゅう》」

夏《か》第十七代の王、桀《けつ》をほろぼして殷《いん》王朝をたてた湯王《とうおう》は、洛陽《らくよう》盆地の亳《はく》（河南《かなん》省偃師《えんし》県）に都した。つまり、前代の夏王朝の中心地に本拠を置いたのである。ここは洛陽市の東方、洛河《らくが》の北岸にあり、その二里頭《アルリートウ》というところから殷代前期の大宮殿が発見されている。

夏が「東夷《とうい》」の王朝であったのに対し、新王朝をたてた殷人は、黄河の北から南下してきた狩猟民、いわゆる「北狄《ほくてき》」であった。

『史記《しき》』「殷本紀《いんほんぎ》」によれば、殷人の始祖の母は簡狄《かんてき》といい（「狄」の文字が入っているのに注意）、有戎《ゆうじゅう》の娘だった（「戎《じゅう》」は西の草原の遊牧民）。簡狄が姉妹三人で水浴びをしていると、ツバメが卵を落とし、その卵をのんだところ簡狄は妊娠して、契《せつ》という男の子を産んだ。契は商《しょう》の地に国をたてた。これが殷の始祖である。

殷王朝をたてた湯王は契の第十三代の子孫で、以後その子孫が王位を世襲したが、第三十代の紂《ちゅう》王が暴虐であったので、周《しゅう》の武王《ぶおう》が諸侯をひきいてこれを攻め、牧野《ぼくや》の戦いで殷軍をやぶった。紂王は自殺し、武王が殷に代わって天子となった。中華民国の甲骨《こうこつ》学者、董作賓《とうさくひん》（一八九五〜一九六三）によれば、殷の建国は紀元前十六〜十五世紀、周の武王が新たな王朝をたてたのは紀元前一一一一年のことかという。

女神が野外で水浴中に天から降りてきた鳥の卵をのみ、男の子を産むという話は、東北アジアの狩猟民や遊牧民に共通する始祖《しそ》神話の典型であり、鮮卑《せんぴ》から朝鮮半島の扶餘《ふよ》、高句麗《こうくり》にかけておなじような話が伝わっている。殷が実在した都市国家であったことはたしかであって、おそらくモンゴル高原から山西《さんせい》高原をとおって南下し、夏を倒したのであろう。

殷にかわった周《しゅう》は、もともと山西高原西南部の汾河《ふんが》の渓谷にいた種族だったが、「犬戎《けんじゅう》」という遊牧民に圧迫されて西方にうつり、陝西省《せんせいしょう》西部の渭河《いが》（黄河の支流）の上流、岐山《きざん》のふもとに定着して、西の「戎《じゅう》」と北の「狄《てき》」のあいだに国をたてたといわれる。

周の始祖の母は姜原《きょうげん》という女神で、野外で巨人の足跡をみつけ、よろこんでそれを踏んだところ妊娠して男の子を産んだ。この子を捨てようとすると鳥や獣が保護するので不思議に思い、みずから育てることにした。捨子《すてご》にするつもりだったため棄《き》と名づけられたこの子が周の始祖となった。

姜原の「姜」は「羌《きょう》」に同じで、東北チベットの遊牧民、いわゆる「西戎《せいじゅう》」の名前である。始祖の棄が后稷《こうしょく》、すなわち穀物の神であるとしているのは、のちに周人が農耕化してからの変化であって、后稷の子孫の系譜に「高圉《こうぎょ》」「亜圉《あぎょ》」など牧畜の神の名があるのは、本来の周人が農耕民でなかったことを示すものである。

春秋・戦国時代

「西戎」と「南蛮」中心の戦いがつづいた五百五十年

周《しゅう》第十代の厲王《れいおう》は暴虐であったので、周の国人《こくじん》（首都の市民）が反乱を起こし、王は出奔《しゅっぽん》した。王の不在中、周公《しゅうこう》と召公《しょうこう》の二人の補佐役が代わりに政治をおこない、「共和《きょうわ》」と号した。これが「共和制」の語源である。

『史記《しき》』はこの事件を紀元前八四一年とし、この年からはじめて絶対年代をしるしている。

厲王の死後即位した息子の宣王《せんおう》は姜氏《きょうし》（西方の遊牧民「羌《きょう》」族）と戦って大敗し、その息子の幽王《ゆうおう》は西戎《せいじゅう》の一部族「犬戎《けんじゅう》」の侵入を受けて殺された。幽王の息子の平王《へいおう》は、陝西《せんせい》から東方にうつって洛邑《らくゆう》（洛陽《らくよう》）に都をおいた。紀元前七七〇年のことで、以後の周は東周《とうしゅう》と呼ばれ、これ以降を東周時代、または春秋時代《しゅんじゅう》とよぶ。

都をうつしてから周の王室はおとろえはじめ、かわって各地に強力な諸侯が出現した。もっとも大きな力をもつようになった斉《せい》国の始祖、太公望《たいこうぼう》（呂尚《りょしょう》）は姜《きょう》姓、つまり西戎の羌《きょう》族の出身で、かつては周の軍師であった。斉は前三八六年、陳《ちん》国からの亡命者の子孫である田和《でんか》にのっとられ、その曾孫《ひまご》の威王《いおう》（在位前三五六〜前三二〇）がはじめて「王」と称することになる。

そのほか、周の成王《せいおう》の弟である唐叔虞《とうしゅくぐ》が唐《とう》（山西《さんせい》省翼城《よくじょう》県）に封ぜられたのにはじまる晋《しん》、東《とう》遷《せん》した周にかわって渭河《いが》（黄河の支流）の渓谷に発展した秦《しん》が強大となり、また、南の長江《ちょうこう》下流には「呉越同舟《ごえつどうしゅう》」などの故事で知られる新興の呉《ご》、越《えつ》、いちはやく国王と称した荘王《そうおう》の楚《そ》があった。

名ばかりの周王の権威も失せ、諸侯がそれぞれ「国王」を称するようになると、戦国時代にはいる。紀元前四〇三年に晋は韓《かん》・魏《ぎ》・趙《ちょう》の三国にわかれ、これに燕《えん》、斉、秦、楚をあわせて「戦国七雄《しちゆう》」とよぶ。

前二四九年、ついに東周は秦にほろぼされた。前項でみたように周は西方の遊牧民出身とみてまちがいないが、その周をほろぼした秦も、おなじく西方の遊牧民、「戎《じゅう》」であった。斉も前述のように西戎であり、もう一方の雄、楚は南蛮《なんばん》であった。また、この時代から鉄器が登場するが、鉄ははじめ「銕」と書かれていたことからもわかるように、製鉄は東夷の発明であった。

秦の祖先伝説は、やはり高祖母神がツバメの卵をのんで始祖を産むなど、系譜の古い部分は他国からの借り物で、たしかなところでは、秦嬴《しんえい》という人が周の孝王《こうおう》（前九世紀）によって秦（甘粛《かんしゅく》省清水《せいすい》県）に封ぜられたのにはじまり、周の平王が陝西を放棄したのち、岐山《きざん》以西の陝西・甘粛《かんしゅく》の地を領有するようになってはじめて、諸侯の仲間入りをした。穆公《ぼくこう》（在位前六五九～前六二一）の時代に西戎の覇《は》（筆頭者）となり、戦国時代の前三二五年に恵文王《けいぶんおう》がはじめて王と称した。その四代後の子孫が「中国」史上初の皇帝となる始皇帝《しこうてい》である。

戦国時代の楚の銅鏡。背面に狩猟の図が描かれている

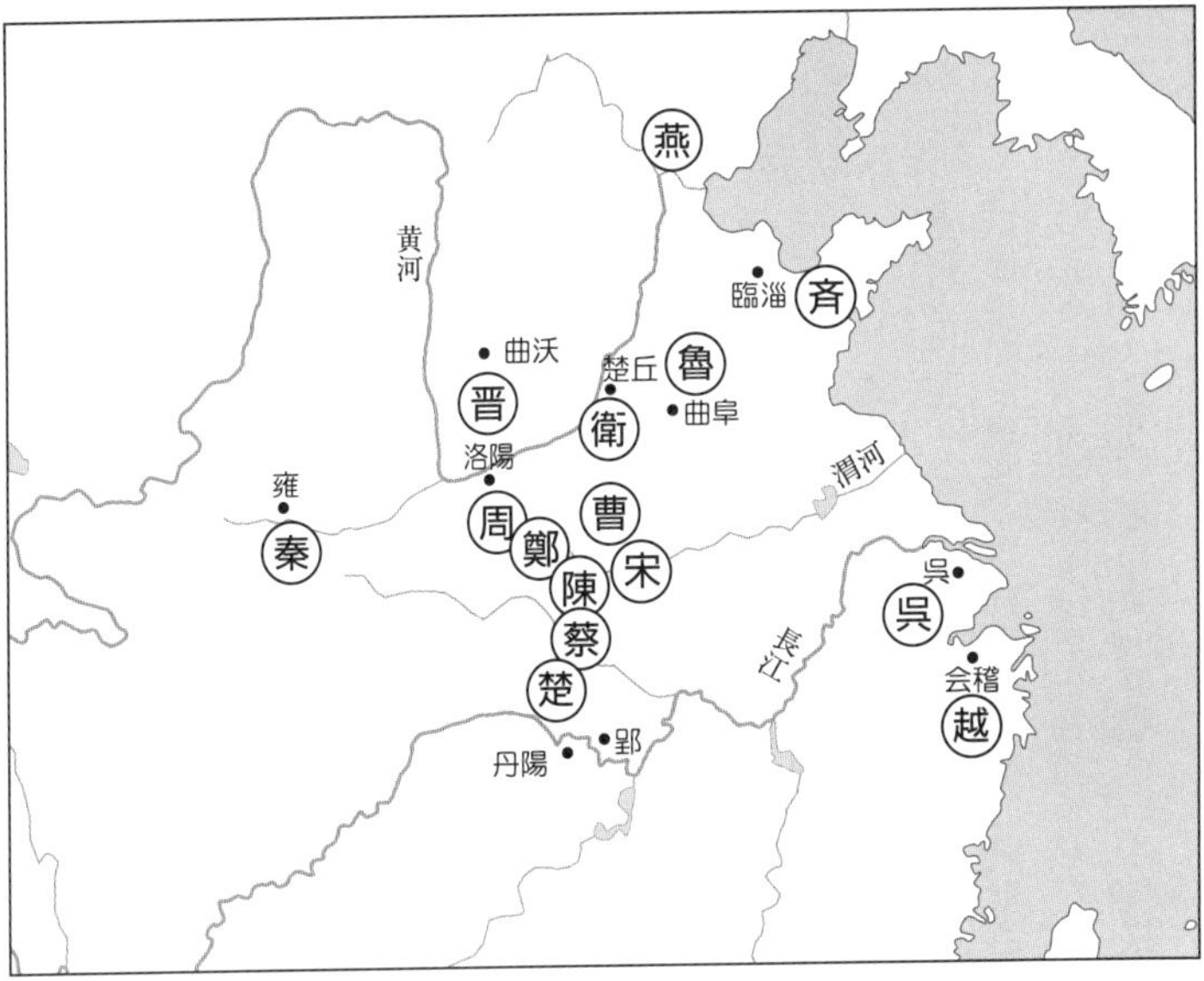

春秋時代王朝図

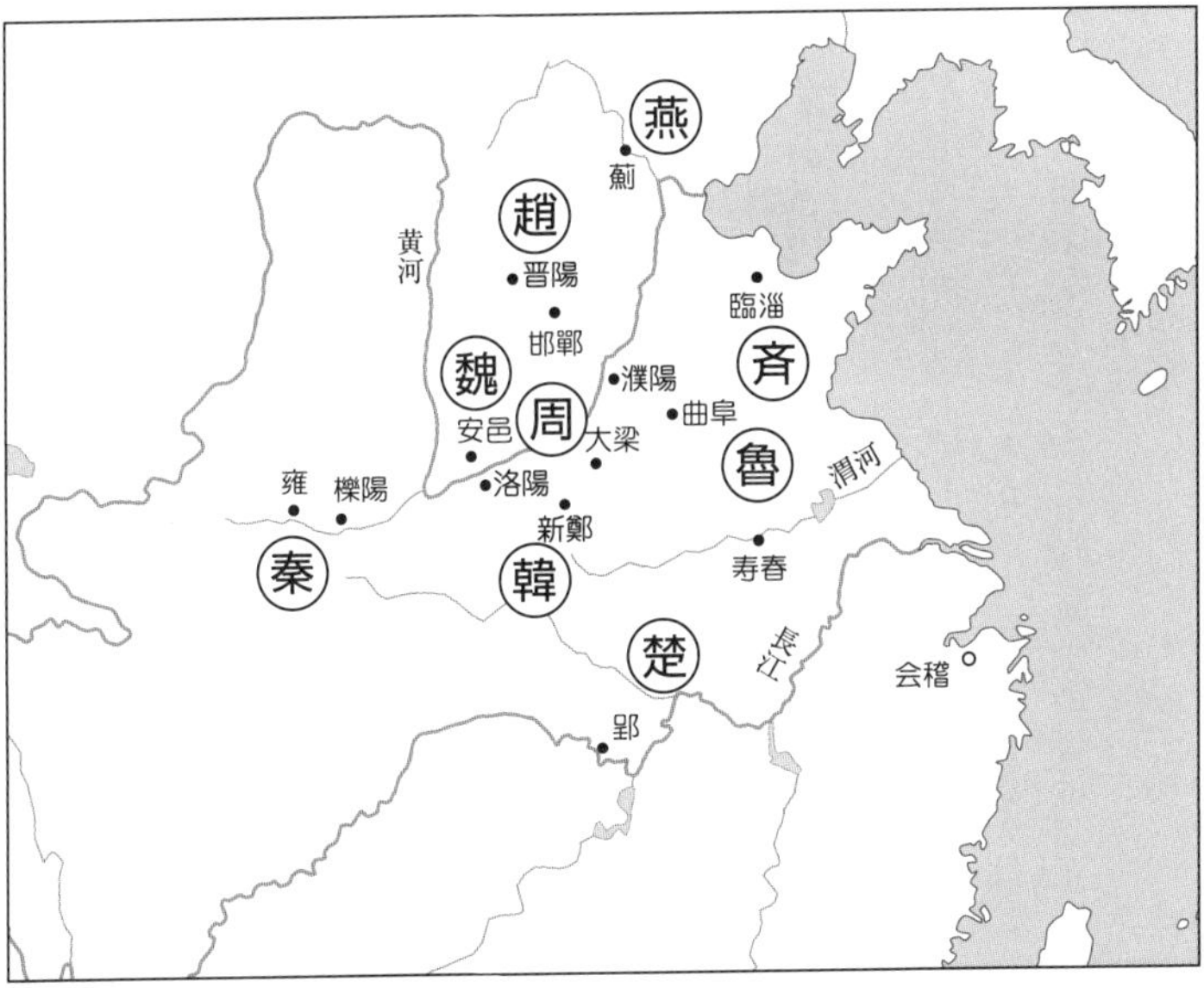

戦国時代王朝図

「雅言《がげん》」の誕生――漢字と中国語の起源

市場取引のために人工的につくりだされた文字通信専用の言語

漢字の原型らしいものが発生したのは華中《かちゆう》の長江《ちようこう》流域であって、これを華北《かほく》にもたらしたのは、もともとこの方面から河川をさかのぼってきたと思われる夏人《か》であった。夏につづく殷《いん》王朝の遺跡からは、紀元前十四世紀当時のものと思われる亀甲獣骨《きつこうじゆうこつ》文字が発掘されている。

すでに述べたごとく夏人は、東シナ海に面した浙江省《せつこうしよう》、福建省《ふくけん》、広東省《カントン》、ヴェトナムの海岸地帯に住んだ越人《えつ》と深いむすびつきがある。その越人の故地にのこる上海語《シヤンハイ》、福建語、広東語のもとはタイ系の言語だから、華中・華南《かなん》が漢化する以前にこの地方で話されていた言語も、その地から出て洛陽《らくよう》盆地に最初の王朝をつくった夏人の言語も、タイ語系であったと思われる。

さて、漢字は表意文字であって、表音文字ではない。漢字はもともと同じ字形にいくつもの意味をあて、それぞれをタイ系の夏人の言語で読んだ。それがのちに整理されて、一つの漢字にはただ一通り、それも一音節の語をあてて読むようになった。ところが、タイ系の言語とはいえども、あらゆる語が一音節からなるということはありえない。そのため、漢字の音は、意味というより、その字の符牒《ふちよう》という性格のものになってしまう。

そこで、実際に人々が話す言語の構造とは関係なく、ある簡単な原則にしたがって配列するのが漢字のもっとも効果的な使用方法ということになった。表意文字の体系であるから言語を異《こと》にする人々のあいだの通信手段としてつかえる。そうして配列した漢字を、それぞれにわりあてた一音節の音で読むのである。つまり、漢字はまったく新しい符号となった。こうして、日常の言語とはまったくちがう文字通信専用の人工的な言語、「雅言《がげん》」が生みだされた。

こうして漢字は、それをつくりだした民族の日常言語から遊離《ゆうり》することによって、彼らに取ってかわった殷《いん》人や周《しゅう》人、また秦《しん》人や楚《そ》人にとっても有用な通信・記録手段になりえた。

ところで、「雅言」の「雅《が》」は「夏《か》」と同音である。それればかりではない。「雅」「夏」は商人、商売を意味する「賈《か》」、値段を意味する「価《か》」、ブローカーを意味する「牙《が》」とも同音である。つまり「雅言」は夏人の言語であると同時に市場の言語であり、夏人は「賈人」、すなわち商人である。

さらにおもしろいことに、「朝」と「市」と同音の「易」は交易、貿易であり、「易」はさらに「狄」と同音である。つまり夏人が商人であったのと同様に、夏にとってかわった殷の出身種族である「狄」も、北方の高原地帯から商売にくる人々だった。

そういえば殷人の自称は「商《しょう》」で、殷人もすなわち商人である。つまり、夷狄《いてき》の人々にとって、首都から来訪する商人が、すなわち文明の担い手であったことがうかがえるのである。「中国」語は、市場で取引にもちいられた片言《かたこと》を基礎とし、それを書きあらわす不完全な文字体系が二次的に生みだした言語なのである。

孔子誕生と諸子百家

「儒家」は葬儀業者として出発した

春秋時代の六世紀半ば、魯《ろ》国に生まれた孔丘《こうきゅう》（孔子《こうし》）は儒家《じゅか》の祖とされるが、そもそも「儒」とは祈禱《きとう》や葬送《そうそう》儀礼を職業とする「巫祝《ふしゅく》」（シャマン）をさすことばであった。「需」はもともと「雨がやむのを待つ」「非活動的」という意味で、祭祀《さいし》や儀礼をつかさどる人を、その態度や服装から「儒」といった。のち孔子学派を批判する者が、その説を迂遠《うえん》かつ非実用的であるとしてあなどり、「儒」と呼んだのである。それから百年ほどのちに孟子《もうし》が自己の学説を「儒」といいはじめ、孔子学派も儒を自称するようになった。

原始儒教の巫祝は、葬儀業者として遺族がおこなう葬礼にかかわっていた。宗教としての儒教では、精神の主宰者「魂《こん》」と肉体の主宰者「魄《はく》」が一致しているのが生きている状態で、「魂」が天上に、「魄」が地下へと分離するのが死である。命日には頭蓋骨《ずがいこつ》を生者の頭にかぶせて死者になぞらえ、魂魄《こんぱく》を憑《よ》りつかせた。やがて頭蓋骨が仮面《マスク》となり、身代わりの人間が木の板にかわって位牌《いはい》になった。

孔子のいう「孝」とは父母への敬愛、子孫を生むということを意味するだけでなく、祖先にたいする祭祀（招魂儀礼《しょうこん》）を第一義とするものであった。また、孔子は音楽を重要視したが、これも儀礼には音楽がつきものであったからである。『論語』の「雍也篇《ようや》」には、孔子が子夏《しか》に曰《いわ》く「爾《なんじ》、君子儒となれ、小人儒となるなかれ」とある。王朝の祭祀儀礼・古伝承の記録にかかわるのが上層の儒、つまり「君子儒」であり、祈禱や喪葬を担当するのが下層の儒、「小人儒」である。たんなる葬儀業者に甘んじることなく、一段上のレベルをめざせというのである。

孔子は礼楽《れいがく》（礼節と音楽・文化）の専門家となり、「詩」と「書」を文献学的に整理統合し、行政官僚の教養を授ける塾をひらいた。その後、性善説をとなえる孟子や、性悪説を主張する荀《じゅん》子《し》によって政治思想が深められ、また、徳をもって治めるのを理想とする儒家の徳治《とくち》政治にたいして、荀子の弟子であった韓非子《かんぴし》が法家《ほうか》の立場から法治政治を対置するようになった。

儀礼・葬儀を重んじる儒家にたいし、墨子《ぼくし》（墨家《ぼくか》）は「礼」の簡素化を主張し、音楽は「非生産的」であると批判した。また、儒家の「孝」のように親子や家族の関係を重視するのではなく、すべての人をわけへだてなく愛する、いわゆる「兼愛《けんあい》」を説いた。

いつの時代の人か、その実在さえたしかではないが、老子《ろうし》がひらいたとされる道家《どうか》は、孟子と同時代の荘子《そうし》に受けつがれた。これはむしろ世俗を去って隠遁《いんとん》生活をすすめるものであった。

大小あわせて二百ともいわれる多くの国が五百年以上にわたって争いをくりかえした変転きわまりない時代が、儒家、墨家、法家、道家、孫子《そんし》の兵家《へいか》などの「諸子《しょし》（子は先生の意）百家《ひゃっか》」を生む背景にあったが、そこにはもう一つ、「漢字の使用」という要因もあった（次項参照）。

百家争鳴《ひやつかそうめい》

各学派がまずおしえたのは漢字の読みかただった

漢字でつづられた「雅言《がげん》」(44ページ参照)のきわだった特徴は、名詞や動詞の文法上の区別もなく、接頭辞も接尾辞もないことである。発音は二の次で、恣意《しい》的な漢字の組み合わせを目でみて理解するのだが、「てにをは」も、性、数、格も時制もないので、意味はおおざっぱにしかわからない。その結果、「雅言」はピジン語(混成語)の様相を呈《てい》する。これは夏人の言語をベースにして、多くの言語、狄《てき》や戎《じゆう》のアルタイ系、チベット・ビルマ系の言語が影響して成立した古代都市の共通語(マーケット・ランゲージ)の特徴をのこしたものと考えられる。

市場での取引の通信手段でもあったこの「雅言」とは、『論語』の「述而《じゆつじ》」篇にある表現である。「子の雅言するところは、『詩』・『書』、礼を執《と》るは、みな雅言なり」とあって、孔子が『詩経《しきよう》』や『書経《しよきよう》』のテキストを読むときや、礼儀を実修するときにかぎって、日常のことばでなく、「雅言」で話したというのである。それが〝共通語〟の役割を果たしたからであろう。

前述のように、春秋戦国時代には儒家をはじめ「諸子百家《しよしひやつか》」と呼ばれる多くの〝学派〟が生まれ、それぞれちがう漢字をもちいて独自のテキストを使用していた。学派によって話すことばもちがい、国によって文字の形（書体）もことなるから、他の学派のテキストの文字は判読できないケースさえある。「馬」と「安」という文字をとってもかなりのちがいがある。

諸子百家は文字の読み書きができる特殊な技能者の集団であったが、それほど多くの学派が生まれた理由は、漢字およびその読みかたの多様性にあった。これが「百家争鳴《ひやつかそうめい》」である。

『論語』の有名な冒頭の一節、「学而時習之不亦説乎（学びて時に之《これ》を習う。亦説《またよろこ》ばしからずや）」にしても、これをどう読んだかはわからない。儒家の人間以外、文字をみなければまったく理解できなかったであろう。現代の中国人にも『論語』は読めない。日本では返り点や「てにをは」を入れ、ふりがなをふって独自の読みかたをした。だが、中国語で漢字をつかうのは、じつは非常にむずかしかったのである。

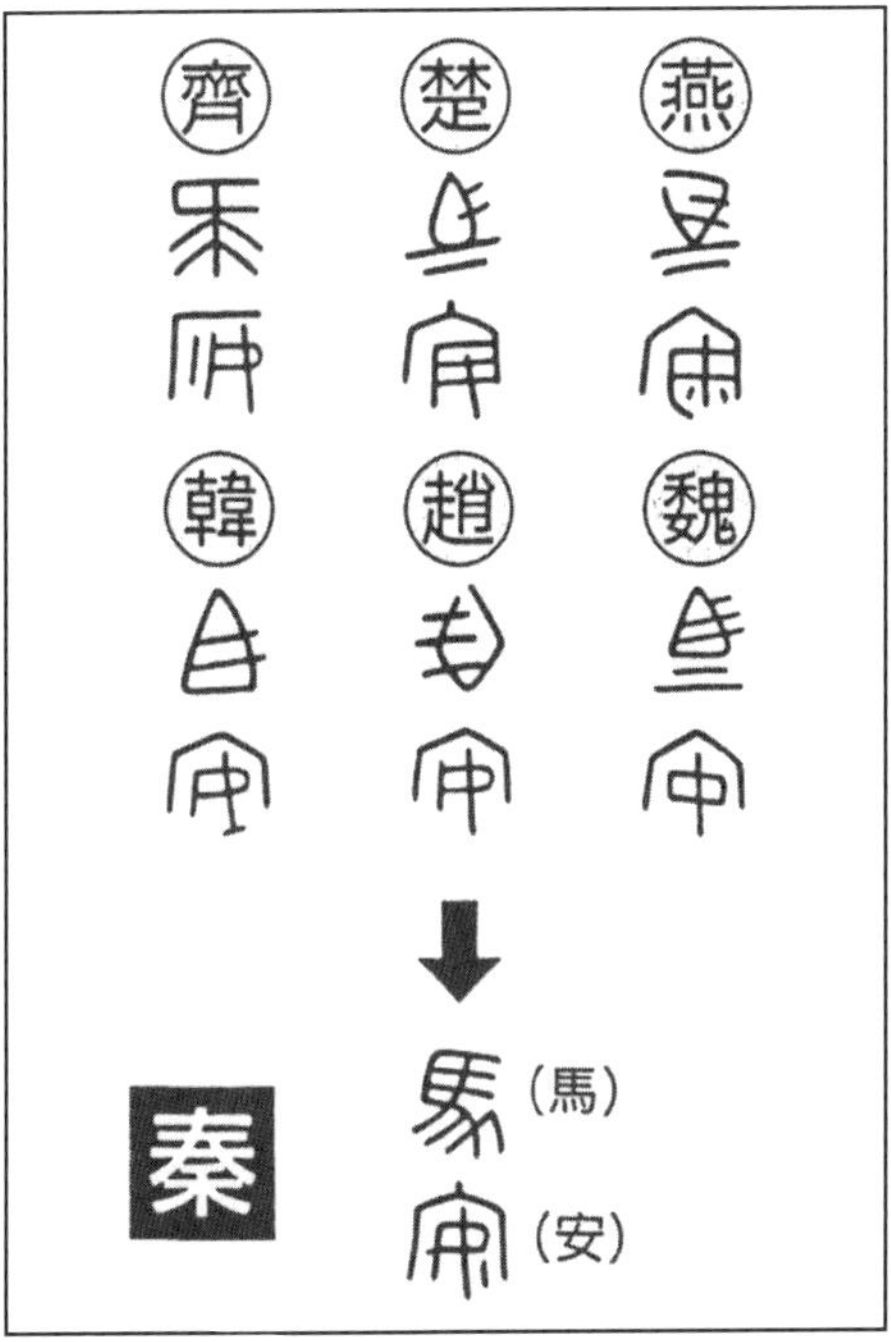

国によってまちまちだった「馬」と「安」の書体。秦の時代に「小篆刻字」として下のように統一された

第2章

「中国史」のはじまり

第一期・前期

秦の始皇帝が天下を統一

「皇帝」という新たな称号が、「中国」文明を決定づけた

秦《しん》の始皇帝《しこうてい》が華北《かほく》・華中《かちゅう》を統一したことによって、ようやく「中国史」がはじまる。なぜなら、このときはじめて中国文明の三大要素、「皇帝」と「都市」と「漢字」が出そろうからである。

始皇帝は姓を嬴《えい》、本名を政《せい》といい、父の荘襄王《そうじょうおう》が紀元前二四九年に東周《とうしゅう》をほろぼしたのちの紀元前二四七年、即位して秦王《しんおう》となった。政の秦軍は、当時の中原《ちゅうげん》（中国文明発祥の地である黄河《こうが》中流域・下流域）にあった韓《かん》（河南《かなん》省の禹《う》県）をはじめ、趙《ちょう》（河北《かほく》省の邯鄲《かんたん》）、魏《ぎ》（河南省の開封《かいほう》）、楚《そ》（安徽《あんき》省の寿春《じゅしゅん》）、燕《えん》（北京《ペキン》）、斉《せい》（山東《さんとう》省の臨淄《りんし》）の六国の王たちをことごとくほろぼし、紀元前二二一年までに、北は黄河デルタから南は長江《ちょうこう》デルタまでのあいだにあった都市のすべてを征服した。これで長きにわたった戦国時代はおわる。そして、諸王国を平定し、天下を統一した秦王政が自分にふさわしい称号をつけるために臣下と相談したくだりが『史記』の「秦始皇本紀《ほんぎ》」にある。

臣下がいうには、「いにしえには天皇《てんこう》があり、地皇《ちこう》があり、泰皇《たいこう》があり、泰皇がもっとも貴《とうと》かったと申します。臣は恐れながら王に『泰皇』の尊号をたてまつりたく存じます」。

これにたいして秦王政は「『泰皇』の『泰』を取り去り、『皇』をつけ、これにいにしえの『帝』を合わせて『皇帝』という称号にしよう」と答えた。

「皇帝」の「皇」という字は、火偏をつけると「煌々《こうこう》」の「煌」になるのでわかるように、きらきらと光り輝くという意味がある。いっぽうの「帝」という字は、下部（脚）に「口」を加えれば「敵」「嫡」「適」などの旁《つくり》となる。「帝」のもともとの意味はこれらの字と同じで、「対等の相手」という意味をもつ。このことからもわかるように、「帝」の本来の意味は「配偶者」である。

始皇帝による天下統一の前、中原に存在した多くの城郭都市には、それぞれの守護神である大地母神《だいちぼしん》があった。

神話では、天の神がその妻である大地母神をはらませ、大地母神は都市の王家の始祖を生む。この大地母神の「配偶者」である天の神が、すなわち「帝」である。天から雨が降って大地をうるおして、そこに生命が生まれるという発想である。

かつて、それぞれの都市は、それぞれの帝をまつっていた。人ではなく、天の神としての帝である。殷《いん》や周の時代には最強の都市の支配者だけが「王」となのったが、春秋《しゅんじゅう》時代をすぎて戦国時代に入ると、「王」をなのる支配者が数多くあらわれた。そのなかで最強の者が、王よりさらに一段上の神、天の神という意味で「帝」と称したこともあった。

秦王政がはじめて「皇帝」という新しい称号をもちい、そのため「始皇帝」と呼ばれるわけだが、この「皇帝」こそ、以後の中国文明のもっとも大きな要素となるのである。

郡・県制度と商業都市ネットワークの構築

「皇帝」とは独占的総合商社の支配者だった

皇帝は多くの商業都市のネットワークの支配者である。

かつて「国」と呼ばれていた都市が、皇帝制度のもとでは「県《けん》」となった。「県」は直轄《ちょっかつ》という意味で、皇帝に直属する都市をさした。いくつかの県を統括《とうかつ》する三十六の軍管区が「郡《ぐん》」である。「郡」は「軍」とおなじ意味で、常備軍のことである。郡の長官として皇帝に派遣された駐屯《ちゅうとん》部隊の司令官である太守《たいしゅ》が、地方の県の監督と治安維持にあたっていた。これを郡・県制度という、秦《しん》の始皇帝《しこうてい》が確立した皇帝制度の骨格となる。始皇帝は首都を咸陽《かんよう》（陝西省《せんせい》咸陽市）にさだめ、首都から各地にいたる道路網をめぐらし、情報ネットワークを築くとともに、一定の距離をおいて戦略上の要地に城郭都市をかまえた。これが「県」で、計画的につくられた都市であった。

県の城門は日の出とともに開き、日の入りとともに閉じた。城内には東西南北に道路が走り、道路によって仕切られた街区は四面を高い塀で囲まれ、街区の塀の内側には兵営のような長屋様式の家屋が軒《のき》をつらねていて、兵士や商人や職人が住んでいた。

都市でいちばん重要な場所は、中央に位置する県役所と市場である。夜が明けて城門がひらくとともに市場もひらいて人があつまり、交易は正午でおわった。市場の入場料が商税で、これが皇帝の収入となる。地方では首都から送られた商品や、城内で生産された商品を市場で交易して、その地方の特産品をあつめた。特産品は首都の市場に送られ、各地からあつまった商品との交易がおこなわれた。こうした商品にかけられる税金は、皇帝の収入になる。国内の要地には関所があり、そこを通る商品にかけられる関税も皇帝の収入となった。

皇帝は中国最大の資本家である。資金が必要な者は、皇帝がひらいている窓口で金《かね》を借りることができた。もちろん高利貸しであるから金利は高い。また、皇帝は工場の経営者でもあった。中国特産の陶磁器や絹織物といった高価な商品については民間の工場もあるが、上質で技術の高いものをつくる工場は皇帝の直営だった。この制度は、はるか後世までつづいた。

皇帝の事業はこれだけにとどまらない。外国貿易にたずさわる商人にも資本や商品を貸しつけ、もどってきたら利息をとった。のちの漢《かん》の武帝《ぶてい》の時代には塩や鉄の専売もはじまる。

いってみれば皇帝は、県という商業都市を支社・支店として営利事業をいとなむ総合商社の社長のような存在であり、その営業のおよぶ範囲が「天下」、つまり「中国」だったのである。このようにしてたくわえた富を、皇帝はおもに外交と戦争につかった。国家という概念がまだなかった当時は、国家財政と宮廷財政の区別もなく、外交や戦争といった臨時の出費は官庁の経常費ではなく、皇帝のポケットマネーでまかなわれていた。

始皇帝、焚書令《ふんしょれい》を出す

民間の書を焼いたのは〝言論弾圧〟ではなく、漢字統一のためだった

秦《しん》の始皇帝《しこうてい》の天下統一にはじまる中国史第一期前期のハイライトは、漢字の字体を統一して「篆書《てんしょ》」をつくりだした（49ページ参照）ことと、いわゆる「焚書《ふんしょ》」である。紀元前二一三年におこなわれた「焚書」は一般に思想統一の手段と誤解され、「言論弾圧」であったとする極端な説もあるが、じつはもっと積極的な意味をもつものであった。

すでに述べたように、紀元前六世紀から前五世紀はじめの思想家孔子《こうし》の創立した儒家をはじめとする諸教団、いわゆる諸子百家《しょしひゃっか》は、それぞれ独自の経典をもち、その読みかたを教徒に伝授して、それを基準として漢字の用法、文体をさだめていた。テキストにはそれぞれ、それを奉じる人間の集団が附随しており、その読みかたは師から弟子へと伝えていく、師資相伝《ししそうでん》の閉鎖的なものであった。だから、その学統がとだえると、その書物は意味不明の記号をならべただけのものとなってしまう。つまり、一つの書物はたんなる思想の表現ではなく、ある集団を代表していたのである。

その集団は文字言語の学習をおもな目的とするものであり、文字言語をつかいこなすことは

中国の政治における最大の武器だから、必要とあれば即座に政治団体に転化しうる。だから書物は、一つの政治勢力の中心でさえありうるのである。

「焚書」において、医薬・占い・農業技術など実用的な書物をのぞき、秦の政府は『詩経《しきょう》』『書経《しょきょう》』「百家の語」など民間の書物はすべて没収して焼却し、書物の私有を禁止した。そして「博士《はくし》の官の職とするところ」、すなわち宮廷の学者のテキストはそのままとし、今後文字を学ぼうとする者は「吏《り》をもって師となす」というのである。これは特定の教団にはいって教徒とならなくても、おおやけの機関で文字のつかいかたを習う道をひらいたものであって、三千三百の文字のみを公認し、字体（篆書）と発音を統一した。これは漢字という中国で唯一のコミュニケーション手段の公開・国有化であった。

秦は焚書のわずか七年後にほろびたので、学者たちはどこかにかくしてあった書物をかかえてふたたび姿をあらわしたが、始皇帝の文字改革の成果はそのままのこった。漢字の用法は、秦の法令のかわりに古典のなかの用例にしたがうことになった。漢字には文法がないので、漢文の意味を解読する手がかりは古典のなかにしかない。同じ漢字が古典のなかでどうつかわれていたかを思い出して、もとの文脈から意味を推定するしか方法がない。だから、漢字をつかいこなし、自由に読み書きするためには、厖大《ぼうだい》な量の古典のテキストを丸暗記する必要がある。

いいかえれば中国では古典にない漢字のつかいかたができず、そのことが文章の書き方をいつまでも束縛することになったのである。

劉邦《りゅうほう》、漢を建国

「盗賊」から「皇帝」にはじめて成りあがった漢の高祖

秦《しん》の天下も紀元前二一〇年の始皇帝《しこうてい》の死とともにくずれさり、またも戦国時代そのままに王国が乱立した。それだけでなく、農村地帯を中心として、民衆のあいだから「盗賊《とうぞく》」集団が各地に生まれはじめた。

これは、日本語の「盗賊」とは意味合いがことなり、飢えや世の中にたいする不平不満から生まれた、実力行使をともなう民間の武装集団である。貧窮《ひんきゅう》する故郷をすてた農民などが参加して、数万から数十万人の大集団にふくれあがることもあった。農村をおそって食糧や金品を強奪したりするうち、やがて権力や天下をねらう盗賊もあらわれる。『水滸伝《すいこでん》』の梁山泊《りょうざんぱく》にあつまるアウトローのようなものだ。現代の中国共産党も、成り立ちは同様であった。

その「盗賊」から「皇帝」にはじめて成りあがったのが漢《かん》の高祖劉邦《こうそりゅうほう》であった。

始皇帝の死によって各地で反乱がおこり、盗賊の陳勝《ちんしょう》・呉広《ごこう》の勢力が強大になったのをみて、沛県《はいけん》（現在の江蘇省《こうそしょう》徐州市《じょしゅうし》）の遊び人であり小役人でもあった劉邦も、ならずものの仲間をあつめて起《た》ち、「沛公《はいこう》」をなのった。かつての楚《そ》の将軍項梁《こうりょう》とその甥《おい》の項羽《こうう》の配下となり、一武将として秦を攻め、項羽が北東方で秦の主力と戦っているあいだに都咸陽《かんよう》にはいって、秦を降伏させた。これが紀元前二〇六年のことで、ここに秦王朝はほろびた。劉邦のぬけがけに項羽はおおいに怒ったが、有名な両者の会見、「鴻門《こうもん》の会」で劉邦はかろうじて難をのがれ、項羽から漢王に封じられた。

その後、劉邦と項羽のあいだに四年間にわたる争いがつづき、項羽はつねに優勢をたもちつつも、ついに「垓下《がいか》の戦い」にやぶれて自殺する。紀元前二〇二年、劉邦は漢王朝をたて、「皇帝」の称号をひきついで漢の高祖となった。

高祖は天下統一に功のあった武将たちを各国に封《ほう》じたが、やがて、なかでも強力な楚《そ》王韓信《かんしん》、梁《りょう》王彭越《ほうえつ》、淮南《わいなん》王黥布《げいふ》を、策を弄《ろう》して討ちはたし、かわりに劉氏の一族を諸国王にたてた。また、高祖自身、卑賤《ひせん》の出で学問や教養とは無縁であったが、おなじくならずものぞろいであった盗賊時代からの仲間を威儀をもって統率するため、それまであなどっていた儒教をとりいれた。儀式をとおして整然たる上下の秩序をきずき、皇帝の威厳をしめすためであった。

以後、宮中におけるふるまいや行事は儒家の儀礼にしたがうこととなり、これから儒家がしだいに力をもつようになる。

漢代における指導的な思想は道家《どうか》の黄老《こうろう》思想（黄帝《こうてい》を始祖とし、老子《ろうし》によって完成したとする）であったが、やがて武帝《ぶてい》（在位前一四一～前八七）のころから儒家は他の雑多な教団（学派）の思想を吸収統合し、未来を予見する一種の科学たる儒教の古文学派が成長していった。

漢の武帝即位

武力と財力をつぎこんで貿易ルートを一手ににぎった強烈な皇帝

漢《かん》の高祖《こうそ》（劉邦《りゆうほう》）の息子の文帝《ぶんてい》（第五代。在位前一八〇〜前一五七年）、孫の景帝《けいてい》（第六代。在位前一五七〜前一四一年）の二代のあいだは、まだ秦《しん》滅亡後の混乱がつづき、あちらこちらに独立した王国がのこっていた。皇帝が全土を支配したとはいえず、天下で最大の領土をもっていた君主が漢の皇帝だったというにすぎなかった。

紀元前一五四年、呉《ご》・膠西《こうせい》・楚《そ》・趙《ちょう》・済南《さいなん》・菑川《しせん》・膠東《こうとう》の七国の王たちが連合して兵をあげたが、漢軍に平定された。この戦いを「呉《ご》・楚《そ》七国《しちこく》の乱」という。この乱の結果、漢の皇帝ははじめて諸王国にたいして絶対的な優位にたつことになった。

紀元前一四一年の武帝《ぶてい》の即位のころには、漢の皇帝の直轄領《ちょっかつりょう》がほぼ華北《かほく》・華中《かちゅう》にゆきわたるところまでこぎつけた。また、このころには黄河《こうが》の中・下流域の都市化した地帯が、広く「中国」とよばれるようになった。それでも、「天下」と「中国」とはまだ同義語ではなかった。皇帝の勢力がおよぶ範囲の「天下」のなかには、都市化した「中国」地帯と、まだ都市化していない「蛮夷《ばんい》」地帯が入り混じっていたからである。

十六歳で即位した漢の武帝は血気盛んで、その五十四年にわたる治世のあいだに、絶大な権力と財力を思う存分もちいて、支配下の「中国」から四方へのびる貿易交通ルートの確保に精力をかたむけた。

当時の漢は、四方の貿易路をことごとくふさがれた状態だった。東南方の海岸地帯には、東《とう》甌《おう》王国（浙江《せっこう》省温州《おんしゅう》市）、閩越《びんえつ》王国（福建《ふくけん》省福州《ふくしゅう》市）があり、南越《なんえつ》王国（広東《カントン》州広州《こうしゅう》市）があり、東方の韓《かん》半島には朝鮮《ちょうせん》王国（平壌《へいじょう》）が、西北方には匈奴《きょうど》の遊牧帝国があって、それぞれの方面の貿易の利権を独占していた。武帝はこの閉塞《へいそく》的な状況をうちやぶり、貿易の利権を一手におさめようとした。

高祖劉邦の時代から、漢と匈奴の衝突は辺境でくりかえされていたが、武帝は積極的な攻勢に出た。毎年のように数万の大軍を動員して戦争をくりかえし、莫大な数の死傷者を出したにもかかわらず、匈奴を壊滅させることはできなかった。それでも黄河の湾曲部からなんとか匈奴の勢力を一掃してシルクロードを通じさせることに成功した。ついで東は朝鮮王国をほろぼして日本列島への通路を確保し、南は南越をほろぼして南シナ海・インド洋貿易航路をひらき、西は四川《しせん》省から雲南《うんなん》省、東チベット、ビルマ、アッサムに通じるインド・ルートをおさえて商業権をにぎった。

しかし、相次ぐ戦争と厖大《ぼうだい》な出費のためにやがて国力は消耗し、人口が半減するという容易ならぬ事態におちいった。武帝の強烈な個性は、中国全体に深刻な影響をあたえたのであった。

皇帝制度の確立

皇帝の権威と名望をたもつのに不可欠だった「朝礼」と「朝貢」

漢《かん》の武帝《ぶてい》は典型的な事業家皇帝であったが、歴代の皇帝がその制度を維持するために重要な意味をもっていたのが「朝礼《ちょうれい》」だった。

朝礼は、本来は満月の夜の明け方、すなわち陰暦の毎月十六日の早朝、市場の門がひらく前の夜明けにおこなわれた。地方から都市へ商人があつまってくる。群臣は、夜明け前のまだ暗いうちに宮城のなかの「朝廷」にあつまる。朝廷とは、「朝礼」のおこなわれる「庭」である。北京《ペキン》の故宮《こきゅう》博物院（明《みん》朝・清《しん》朝の時代の紫禁城《しきんじょう》）に行くと、太和殿《たいわでん》の前に広い敷石のスペースがある。これが朝廷で、朝礼はこの露天《ろてん》でおこなわれた。臣下は位階の高い順に指定された場所にならぶ。「位」とは文字どおり朝廷で「人が立つ」場所のことである。

群臣が朝廷に整列して待っているあいだに、皇帝は精進潔斎《しょうじんけっさい》して神をまつり、ヒツジやウシなどの動物を殺して神にささげる。皇帝がおでましになると、役人が「跪《ひざまず》け」と号令をかけ、群臣はいっせいに跪く。「叩頭《こうとう》せよ」の号令で群臣はひたいを敷石に三度うちつけて拝礼し、「立て」で立ち上がる。おなじことを三度くりかえす。これを「三跪九叩頭《さんききゅうこうとう》」という。これは清朝時代の朝礼の儀式で、秦《しん》の始皇帝《しこうてい》や漢の武帝のころの古い時代の記録はのこっていないが、おそらくはおなじようなものであったろう。朝礼がおわると日がのぼって市場の門がひらき、取引がはじまるのである。

朝礼には群臣にまじって外国の使節も参列した。使節の手みやげは「貢《こう》」という。「貢」とは「共」「拱」とおなじで、「両手でささげる」という意味である。貢物の品々は殿上から朝廷におりる階段の下にならべられ、使節は目録だけをもって殿上にあがり、皇帝に奉呈《ほうてい》した。皇帝は、はるばる外国からやってきた使節にねぎらいのことばをかける。

こうした手みやげをもって朝礼に参加するのが「朝貢《ちょうこう》」で、朝貢は皇帝にたいする友好の意思の表現である。朝貢をおこなう者は外国人とはかぎらない。首都に住まず、直接には皇帝の支配下にない者が、手みやげをもって上京して皇帝のご機嫌うかがいをするのも朝貢であった。歴代の皇帝は朝貢使節の受け入れに熱心だったが、これは遠方の人々の代表が自分を皇帝とみとめていることを群臣に見せつけ、天下にむかって宣伝するのに有効だったからであった。

朝貢使節が持参する手みやげは高価なものである必要はない。干したヒラメなど、それぞれの地方のめずらしい特産品であればなんでもよかった。あくまで友好のしるしだからである。

朝貢したからといって、皇帝の臣下になったわけではなかった。まして中国の支配権を受け入れたわけではない。朝貢は国家間の関係ではなく、個人としての君主が個人としての皇帝に友好を表明するものであり、皇帝が朝貢を受け入れるのは同盟関係の承認にすぎなかった。

漢、五経博士をおく

儒教が公認されたものの、依然としてその地位は低かった

儒家《じゅか》は山東省《さんとう》の曲阜《きょくふ》に本部をおく教団で、中間管理職の養成をおもな機能としたが、秦《しん》の始皇帝《こうてい》の時代はもちろん、漢代《かん》にはいっても、実際の政治に影響をおよぼしたことはなかった。『漢書《かんじょ》』(七六〜八四年成立)「武帝紀《ぶてい》」の紀元前一三六年の条に「五経博士《ごきょうはくし》をおく」という記事があり、通説では、これは儒教が中国の国教になったことを意味するといわれている。しかし、それはまったく見当ちがいである。

「五経」というのは『詩経《しきょう》』『書経《しょきょう》』『礼記《らいき》』『易経《えききょう》』『春秋《しゅんじゅう》』のことで、儒教の経典《きょうてん》である。「博士」はテキストの読みかたを教授する官職であった。儒教にかぎらず、おもな学派にはそれぞれのテキストの読みかたを教授する博士という官職がおかれていたので、「五経博士をおく」という記事の意味は、それまで公認されていなかった儒家が、紀元前一三六年になってはじめて、ほかの学派とならんで存在を公認されたということでしかありえない。

国教になったというからには、キリスト教を国教とさだめたローマの皇帝テオドシウスが三九二年におこなったように、それ以外の宗教を禁止しなければならないが、漢の武帝が儒教を

中国の唯一の宗教とする法令を出したなどとは、武帝の臣下であった司馬遷《しばせん》さえ、『史記《しき》』のどこにも書いてはいない。そればかりか、儒教の政治的な地位が低くて、とても国教とよべるようなものでなかったことを裏づけるつぎのような話が当の『漢書』の「元帝紀《げんていき》」にのっている。

漢の元帝（在位前四九～三三年）は八歳で皇太子となったが、おとなになっても気が弱くて儒を好んだ。父の宣帝《せんてい》（在位前七四～四九年）が法家《ほうか》（法律家）を重用《ちょうよう》し、厳罰主義をもって統治しているのをみて、元帝はうちわの席で「陛下の刑罰は厳格すぎます。儒生《じゅせい》（儒者）をもちいるべきでございます」と宣帝に申し上げた。

宣帝は色をなして皇太子を叱責《しっせき》し、「漢家には固有の制度がある。根本は覇《は》王の道である。徳だの教えだのというばかりの周《しゅう》の政治など、役にたたぬ。俗儒《ぞくじゅ》は現実をみようともせず、むかしはよかったとばかりいって人を幻惑し、判断をあやまらせる。あいつらに政治をまかせられるものか」といい、「わが家をみだす者は太子《たいし》である」と嘆息した。宣帝は武帝の曾孫《ひまご》である。この話によっても、五経博士をおいてから百年たったあとでさえ、儒教の評価がいかに低かったかがわかる。

宣帝の予感はあたり、『漢書』は元帝を「文義（儒の教条）に牽制《けんせい》せられ優游《ゆうゆう》不断《ふだん》にして孝宣（宣帝）の業おとろえたり」と評した。まさに「儒」の本来の意味（「優柔不断」）そのままであった。儒教が大きな力をもつようになるのは、公認されてから百数十年後、漢の建国二百周年をすぎたころからである。

紀元前
104

太初暦《たいしょれき》の採用

宇宙のサイクルが一周して「土徳《どとく》」の時代にもどった

紀元前一〇四年、漢《かん》の武帝《ぶてい》は「太初《たいしょ》」という年号をたてた。この年の陰暦十一月（子《ね》の月）の朔《ついたち》が六十干支《かんし》の最初の甲子《かっし》の日であり、しかもこの日の夜明けの時刻が冬至《とうじ》であるという、中国の暦学でいう宇宙の原初の時間とおなじ状態（甲子朔旦冬至《かっしさくたんとうじ》）が到来したからである。

これにともなって暦法を改正することになり、「太初暦《たいしょれき》」がつくられて、それまで年頭であった十月（亥《い》の月）にかわって正月（寅《とら》の月）が年頭となった。「太初」とは天地創造とおなじく、宇宙の一サイクルがおわって新しいサイクルがはじまったことをしめす年号である。

司馬遷が最初の正史である『史記《しき》』に着手したきっかけは、紀元前一〇四年に宇宙が原初の状態にもどったという認識にあったことはまちがいない。この認識は、皇帝制度が発展の極に達したという当時の現実を反映したものであった。

『史記』冒頭におかれた神話時代の「五帝本紀《ごていほんぎ》」の黄帝《こうてい》の事績について強調されるのは、戦争にたくみで「天下《てんか》」（中国世界）を平定したこと、ついで天下の東西南北の辺地を巡行したことであり、東方では泰山《たいざん》にのぼったこと、北方では葷粥《くんいく》（匈奴《きょうど》）を駆逐《くちく》したことにとくに言及している。これらはすべて漢の武帝の事績そのままであるが、なかでも「土徳《どとく》の瑞《ずい》（めでたいことのあるしるし）があり、ゆえに黄帝と号した」といっているのは、黄帝が武帝の投影であるなによりの証拠である。

そもそも年頭が十月であったのを正月にかえたのには、「水徳《すいとく》」から「土徳」にきりかえるという意味があった。紀元前三世紀前半の哲学者、鄒衍《すうえん》がとなえた宇宙論（五行《ごぎょう》思想）によると、木・金・火・水・土の五つの「徳《とく》」（エネルギー）によって時代が区分され、この五つの時代がつぎつぎと交替するということになっている。

秦《しん》の始皇帝《しこうてい》が天下を統一したときにこの理論を採用し、黄帝をはじめとする五帝は「土徳」、つぎの夏《か》王朝は「木徳《もくとく》」、そのつぎの殷《いん》王朝は「金徳《きんとく》」、つぎの周《しゅう》王朝は「火徳《かとく》」であったから、周と交替した秦の時代は「水徳」であると考えた。五行によれば「水徳」に配当される四季は冬だから、その最初の月である陰暦十月を年頭としたのである。これは、始皇帝による天下の統一とともに宇宙のサイクルは最終段階にはいった、という考えかたにもとづくものであった。

秦を倒して皇帝となった漢の高祖《こうそ》は秦の制度をそのままひきついだが、高祖の死後、「水徳」の時代が宇宙のサイクルのおわりではなく、周期がひとまわりしてはじめの「土徳」の時代にもどったのではないかという意見が出はじめた。そして、武帝にいたって「土徳」説が公式に採用されたわけである。そのため黄帝という神話上の天子がにわかに持ちあげられるようになった。司馬遷が武帝を黄帝に投影させ、「土徳」の時代を理想化したのは当然だったのである。

司馬遷《しばせん》『史記』を編纂

中国人の「正統」の歴史観をつくりあげた「正史」

中国の歴史文化をつくりだしたのは司馬遷《しばせん》である。

司馬氏はもと周《しゅう》国の史官《しかん》（文書記録官）の家柄であり、司馬遷は紀元前一三五年、陝西《せんせい》省韓《かん》城《じょう》県の龍門山《りゅうもんざん》に生まれ、二十八歳で天文・暦法や国家の公式文書の起草などをおこなう太史令となった。宇宙の新しいサイクルがはじまった（前項参照）のを機に『史記《しき》』の著作を開始し、紀元前二世紀の末から前一世紀のはじめにかけて完成させた。紀元前九九年、匈奴《きょうど》（中央ユーラシア草原の遊牧帝国）にやぶれて降伏した将軍李陵《りりょう》を弁護して武帝の怒りにふれ、去勢《きょせい》されて宦官《かんがん》となった。『史記』が完成したのはそのあとであるが、これは中国で最初の「正史《せいし》」であり、その体裁と内容が、後世の中国人の歴史意識を決定することになった。

おなじような意味で、地中海文明世界で歴史という文化をつくりだしたのは紀元前五世紀のヘロドトスで、司馬遷より三百五十年ほど前のギリシア人である。司馬遷とヘロドトスはそれぞれまったく独自に、それ以前にはなかった歴史というジャンルをつくった天才であるが、それぞれがつくりだした歴史文化は非常にことなった性質をもっている。

ヘロドトスの書いた『歴史（ヒストリアイ）』はじつはペルシア帝国（アジア）の歴史であり、これにギリシア（ヨーロッパ）が奇蹟的な勝利をおさめて大団円《だいだんえん》となる。その歴史観は、世界は二つの勢力（アジアとヨーロッパ）の対立・抗争によって変化するというものである。

これにたいして『史記』は中国皇帝の「正統」を述べるもので、天下は皇帝のもとに不変であるという歴史観をつくりだした。いまではたんに『史記』とよばれるが、もともとの表題は『太史公書《たいしこうしょ》』といい、百三十篇から成っていて、最初の「天子《てんし》」（皇帝の別名）とされる黄帝《こうてい》にはじまり、司馬遷自身がつかえた漢《かん》の武帝《ぶてい》の治世までが記述されている。その内容は「本紀《ほんぎ》」「表《ひょう》」「書《しょ》」「世家《せいか》」「列伝《れつでん》」の五つにわかれている。

「本紀」は帝王在位中の政治的事件の記述、「表」は政治勢力の興亡・交替の時間的な関係をしめし、「書」は制度・学術・経済などの概説、「世家」は秦《しん》の始皇帝《しこうてい》による天下統一以前の地方王家と、統一後に国をたてた諸侯の歴代の事績、「列伝」はその他のおもな人物や種族の事績をしるしている。そのなかで「本紀」と「列伝」がもっとも基本的な部分をなすので、後世の歴史学では『史記』の体裁を「紀伝体《きでんたい》」とよぶ。

冒頭におかれているのは「五帝本紀《ごていほんぎ》」篇である。「五帝」とは、黄帝以下、帝顓頊《せんぎょく》、帝嚳《こく》、帝堯《ぎょう》、帝舜《しゅん》という五代の神話上の君主だが、この篇の内容は、この五帝が「天子」となって「天《てん》下《か》」（世界）を統治したということになっている。

司馬遷がここで「天下」とよぶ地域は、主君である漢の武帝の支配がおよんだ範囲のことで、いまでいう「中国」の同義語になる。しかも神代の黄帝の事績として司馬遷が叙述することがらは、すべて現実の武帝の事績とかさなっている。いいかえれば、武帝に統治された自分の時代の天下を時間のはじめにもっていって、武帝の像を理想の君主である黄帝に投影しているわけである。

神話の黄帝と現実の武帝とをつなぐものは「正統《せいとう》」という観念である。これを司馬遷が採用してから、「正統」は中国文明の歴史観の規範となった。その歴史観では、どの時代にも天命をうけた「天子」(皇帝)がかならず一人いて、その天子だけが天下を統治する権利をもつ。五帝の時代には「禅譲《ぜんじょう》」によって賢い天子から賢い天子へと「正統」がゆずられていった。この「正統」をつたえることが、すなわち「伝統」である。

夏《か》、殷《いん》、周《しゅう》、秦《しん》の時代になると天子の位は「放伐《ほうばつ》」、すなわち追放や征伐によってうばいとられ、天命は敗者から取り去られ、勝者にあたえられる。これが本来の意味の「革命《かくめい》」で、「革」は「取り去る」「あらためる」という意味である。

それまでの「天子」が天によって「革命」されて、新たに天命をうけた君主が「正統」の「天子」になる。この過程が代々くりかえされて、いまは武帝が天命をひきついだ「正統」の「天子」として天下をおさめている。司馬遷が『史記』でいいたかったのは、要するに「武帝こそ正統の天子だ」ということなのである。

こうした『史記』の枠組が固定して、以後の中国文明では『史記』のとおりに書かなければ歴史ではないということになった。後世の「正史」が記述する皇帝の時代の天下に、司馬遷が記述した漢の武帝の時代の天下とのちがいがあってはならない。変化があっても、それをみとめてはいけない。天下が変化したことを記録すれば、その記述対象の皇帝は「正統」の「天子」ではなかったことになり、ひいてはその皇帝から天命をひきついだはずの現皇帝、つまり自分がつかえている皇帝も「正統」の皇帝ではない、ということになるからである。したがって、中国的な歴史観の建前でいえば、天下に変化はありえないのである。

ちなみに、「正史」とは〝正しい史実が書かれている歴史書〟ではなく、朝廷が制定した「公式の史書」という意味である。これにたいして民間の史書を「野史《やし》」という。これももちろん〝野卑《やひ》で粗雑《そざつ》な歴史書〟などという意味ではない。この「野」は、「野《や》にくだる（下野《げや》）」などというときの「野」である。

「本紀」とならんで「正史」の根幹をなす「列伝」も、われわれが考えるような伝記とはことなり、個人の私的な生涯を叙述するものではない。「列伝」の主題は、その人物がどの皇帝とどのようなかかわりをもったかであって、皇帝制度における公人としての生涯を記録するものである。だから、「列伝」さえ皇帝の歴史の一部なのである。つまり、中国文明の歴史は皇帝の歴史であり、永久に変わることのない「正統」の歴史である。こうして、その時代その時代の公認の「正史」が『史記』の形式をすこしも変えずに踏襲し、皇帝を中心とする世界（中国）の叙述をつづけていくことだけが、中国の歴史家の宿命となったのである。

王莽《おうもう》、「新」王朝をたてる——前漢滅亡

帝位の簒奪《さんだつ》者であり、失政をくりかえした〝仮皇帝〟が儒教徒の英雄となった

厳格な法治《ほうち》主義者であった宣帝《せんてい》（在位前七四～四九年）のあとを継いだ元帝《げんてい》（在位前四九～三三年）は儒教の教えにもとづいて教条主義的な政治をおこない、その結果、漢王朝の威勢はしだいに衰えていった。

元帝の死後、成帝《せいてい》（在位前三三～七年）が即位すると、その母（皇后）元后《げんこう》の実家である王氏一族が外戚《がいせき》として力をもつようになった。成帝晩年には、元后の甥である儒教信者の王莽《おうもう》が大《だい》司馬《しば》という最高職につく。その後は哀帝《あいてい》、平帝《へいてい》とつづいたが、二人とも短命であった。

成帝には子供がいなかったため、甥の哀帝が皇帝となったのだが、その哀帝もわずか六年の在位で紀元前一年に死んだ。成帝とおなじくやはり息子がなかったので、元后は大司馬の王莽に政治の全権を委任し、王莽と協議して、哀帝の従弟でわずか九歳の平帝を即位させた。だが、その平帝も、十四歳のとき王莽に毒殺された。

このころから、漢の建国二百周年がすぎたこともてつだって、もはや漢朝の命運はつきたという気分が高まり、当時の最新の科学であった数学・天文学・暦学の知識による予言の理論が

これに力をあたえ、儒教主義の革新運動がおこった。そのリーダーとして期待と支持を一身にあつめたのが王莽であった。平帝の後継として宣帝の玄孫《げんそん》（曾孫《ひまご》の子）である三歳の子嬰《しえい》を皇太子にたてた王莽は、みずから「仮皇帝」と称し、「摂《せっ》皇帝」と呼ばせてすべての実権をにぎった。

王莽は使者を四方につかわして符瑞《ふずい》（めでたいしるし）をあつめさせ、それらを「天命」がくだったあかしとして、紀元八年、帝位を〝禅譲《ぜんじょう》〟され、国号を「新《しん》」とし、漢は滅亡した。

この「新」王朝はわずか十五年でほろびたが、この間に儒教が国教化されることとなった。儒教は、漢代の後半に他の多くの学術を吸収統合して、未来の予知を目的とする一種の科学体系に発展し、王莽によって国教化されるにいたったのである。

熱心な儒教の信者であった王莽は儒教の予言にしたがって漢をのっとり、大昔の「周《しゅう》」代を理想として新たな王朝をはじめたのである。王莽は儒教の教えを過信し、その理論どおりに政治をおこなった。これは儒教の壮大な実験ともいえるものであったが、結果として内外の政策はことごとく失敗し、中国世界は全面的に崩壊した。

紀元一七年にはじまった全国的な反乱の結果、二三年、王莽は漢の王室の一族に長安《ちょうあん》をおとされて敗死し、その混乱のなかから劉秀《りゅうしゅう》が二五年に帝位につき、三七年に天下を統一して漢を再建した。以後の漢は「後漢《ごかん》」とよばれる。

その劉秀（後漢の光武帝《こうぶてい》）もやはり儒教徒であったから、儒教は後漢の政治の指導原理となった。儒教の隆盛は一に王莽のおかげであった。

倭奴国王《わのなこくおう》が後漢に朝貢

巨大マーケットを背景にした倭人がはじめて歴史に登場した

皇帝とは定期市の商人団の頭《かしら》を原形とし、したがって皇帝自身が商人であり、金貸しであり、商業・貿易ネットワークの支配者であったことはすでにのべた（54ページ参照）。

中国の商人は韓《かん》半島を経由して、巨大なマーケットである日本にもやってきた。交易がさかんになるにつれ、紀元前二〇年代の倭人《わじん》がはじめて歴史に登場する。『漢書《かんじょ》』（次項参照）「地理志」に「楽浪《らくろう》の海中に倭人あり、分かれて百余国となる。歳時《さいじ》を以《もっ》て来《きた》りて献見《けんけん》す」とある。

紀元前一世紀の倭人の諸国（ここで国というのは都邑《とゆう》、つまり集落のこと）は、来航する中国の商船をそれぞれ海岸や河口や大河の沿岸に迎え、後背地《こうはいち》にたいする商権をにぎり、ときには帰り船に使節を便乗させて、韓半島における中国の直轄地《ちょっかつち》であり、出先《でさき》機関である楽浪郡《らくろうぐん》の司令官や長安《ちょうあん》の皇帝に仁義を切り、自分の縄張りをみとめてもらおうとしたのであった。その倭人側の窓口として業務委託をうけたのが委奴国王《いどこくおう》である。

王莽《おうもう》がほろび、後漢《ごかん》が天下を統一するまでの戦乱によって、中国の人口は激減した。前漢《ぜんかん》の紀元二年には六千万人弱という人口過剰状態であったのが、後漢の光武帝《こうぶてい》が亡くなった紀元五七年には三分の一ちかい二千百万七千八百二十人になったという。すさまじい減りかたである。

光武帝は住民のすくない都市を整理して、八郡・四百余県を廃止したり統合したりし、政府の規模をおもいきり縮小して経費を極力節約し、ひたすら生産の回復と人口の増加をはかった。

前漢時代には楽浪郡を完全に統制し、内地同様にしていたが、この時代にはそこまで手がまわらず、かわりに現地の有力者をえらんで境外の安全を保障させることにした。その現地の有力者が韓人で廉斯《れんし》の人である蘇馬諟《そばし》であり、後漢はこれを漢廉斯邑君《かんれんしゆうくん》に封《ほう》じた。「韓」といわれる集団の君主らしきものの存在が知られるのも、この紀元四四年が最初である。

後漢はもはや倭人にたいしても、歳時を以て来る百余国の献見をうけつづける余力はなかったから、関係業務を一括して、日本列島の入口である博多の酋長《しゅうちょう》に委託し、これに金印《きんいん》・紫綬《しじゅ》をあたえて漢委奴国王《かんいどこくおう》に封じた。これが紀元五七年の光武帝の死の直前のことで、すなわち『後漢書《ごかんじょ》』（四三二年）の「光武帝紀」に「東夷《とうい》の倭奴国王《わのなこくおう》が使を遣わして奉献した」とあり、「東夷列伝」に「倭奴国が貢を奉《たてまつ》って朝賀した。使人は自ら大夫と称した。倭国の極南界である。光武帝は賜うに印綬《いんじゅ》をもってした」としるされた事件である。

後漢朝の中国と交渉しようとする倭人の酋長は、倭奴国の斡旋《あっせん》を受けなければ何もできなくなった。中国貿易の認可権を独占した倭奴国王にたいして、冥加金《みょうがきん》を払った諸都市のみが華商と貿易をゆるされたことは容易に想像できる。こうしてまず経済の面から日本列島の諸国の系列化がすすみ、政治面でも統合への機運が生じてくるのである。

班固《はんこ》『漢書』を著す

通史『史記』と断代史『漢書』が中国の歴史文化を完成させた

司馬遷《しばせん》の『史記《しき》』からおよそ百八十年のち、班固《はんこ》（紀元三二〜九二）が『漢書《かんじょ》』百篇を書いた。

この歴史書は『史記』とちがって一つの王朝だけをあつかう「断代史《だんだいし》」の体裁をとり、紀元前二〇二年の漢の高祖《こうそ》（劉邦《りゅうほう》）の即位から、帝位の簒奪《さんだつ》者王莽《おうもう》が紀元二三年に滅亡するまでの漢朝一代の歴史を記述している。この『漢書』からのちの「正史《せいし》」は、すべて「断代史」となる。

問題は、なぜ班固が『史記』の続編の「通史」ではなく、新たに漢代だけの「断代史」を書いたかということである。それは、班固が儒家《じゅか》であり、彼にとって王莽は英雄であったからだ。王莽によって儒教が中国の政治の指導原理となった経緯を記述し、王莽の功績をつたえるのが、『漢書』の著作のほんとうの目的だったからである。班固は「王莽は黄帝《こうてい》の子孫である」とし、王莽がいかに高貴な出自《しゅつじ》をもつかを、つぎのようにしるしている。

王莽は黄帝の後裔《こうえい》である。黄帝の八代の子孫が帝舜《しゅん》であり、帝舜の子孫は周《しゅう》の武王《ぶおう》の時代になって陳《ちん》国の子孫となった。十三代の子孫が斉《せい》国に亡命して大臣となり、田《でん》という姓をなのった。それから十一代で、田和《でんか》が斉国をのっとり、二代後には王となった。最後の斉王建《けん》は秦《しん》にほろぼされたが、始皇帝《しこうてい》の死後、項羽《こうう》が建の孫の安《あん》を済北王《さいほくおう》とした。漢の高祖が興《おこ》るにいたって安は王位をうしなったが、斉の人々は彼の一族を王家《おうけ》とよんだ。これが王氏の由来である。

この堂々たる名家ぶりにくらべて、『漢書』が冒頭の「高帝紀」にしるす漢の帝室はまったくの庶民の出であって、高祖劉邦《こうそりゅうほう》の祖先もわからない。これは『史記』の「高祖本紀」そのままで、いかにも愛想がない。漢の帝室にたいする班固のこの冷淡さは、王莽のかがやかしい系譜や、王莽にかわいがられたという祖父の名誉の特筆ぶりといちじるしい対照をなしている。

班固が『漢書』を書いたのは敬愛する王莽の功績をたたえるためであった。しかし、王莽の事績だけをつづったのでは歴史にならない。王莽は漢の外戚として権力をにぎったのだから、その事情を説明するためには、どうしても漢の皇帝の歴史を語らなければならない。すでに司馬遷の『史記』があって、歴史は「紀伝体《きでんたい》」で書くものときまっていた。『史記』の続編でもいいのだが、それでは武帝の治世の中途からの歴史になって体裁がととのわない。区切りがいいのは、漢の初代の高祖劉邦から叙述をはじめることである。つまり『漢書』が「断代史」の体裁をとることになったのは王莽の功績を記述する都合上からであり、はじめから「断代史」を意図したわけではなかった。

だが、結果的には『史記』と、つづく『漢書』によって中国の歴史文化が完成した。以後、一七三五年の『明史《みんし》』にいたるまで、まったくおなじ形式の「紀伝体」、皇帝中心の歴史観による「正史」が二千年間、歴代王朝によって書きつがれ、「二十四史《にじゆうしし》」と総称されることになる。

蔡倫《さいりん》、製紙法を発明

世界のコミュニケーションの歴史を変えた大事件

王莽《おうもう》によって儒教が国教化され、おなじく儒教徒であった後漢《ごかん》の光武帝《こうぶてい》もそれを引き継いだが、儒教の国教化以上に、中国、いや世界のコミュニケーションの歴史を変えた、ある大事件がこの時代におこっている。

それは製紙法の発明である。後漢の宮中につかえる宦官《かんがん》の技術者、蔡倫《さいりん》が、樹皮・ぼろ布・魚網《ぎょもう》をつきくだいて糊《のり》状にし、薄く広げてかわかす製紙法を完成して一〇五年に奏上した。

これ以前、中国の書物は、長さ一尺（二十二・五センチメートル）の木か竹の長片（木簡《もっかん》・竹簡《ちくかん》）をひもで編んで横につらねたものか、または絹に書いた帛書《はくしょ》であったが、木簡、竹簡はかさばってあつかいに不便であり、絹は高価でおいそれとはつかえない。

ところが製紙法の発明によって、縦一尺の紙を横に長く貼りつないだ巻子《かんす》（巻物《まきもの》）が中国の書物の標準スタイルとなり、軽くてあつかいに便利で、しかも安価になった。二世紀における教育の普及も、この製紙法の発明をぬきにしては説明がつかない。

しかし、だからといって紙が誰の手にも入るようになったわけではない。蔡倫が発明した製紙法は宮中の製紙工場の独占生産で、紙をわけてもらうには帝室の許可が必要だった。これは後漢だけのことではない。魏《ぎ》の時代になり、晋《しん》の時代になってもおなじであった。晋代の詩人、左思《さし》のつぎのようなエピソードからも、紙の供給量がいかにすくなかったかがうかがえる。

左思は「三都賦《さんとふ》」という魏・呉《ご》・蜀《しょく》の三国の都の風景をよんだ作品を書くために、わざわざ晋の帝室図書館員になって書物をよみ、材料をあつめた。

「賦《ふ》」というのは、あらゆる漢字を組み合わせた百科全書的な韻文《いんぶん》である。前述したように、漢字という特殊な記号体系をつかいこなすには特別な訓練が必要で、一つ一つの漢字の意味と発音を覚えるだけでなく、それぞれの字のつかいかたは古典のなかの用例によってきまっているのだから、それをことごとく暗記し、適切な組み合わせをいつでもたちどころに取り出せなければ、文章を書くことはおろか、よんで理解することすらできない。中国の知識階級、いわゆる「読書人《トウシューレン》」は、こうしたプログラミングをされた一種の人間コンピュータなのであり、ほとんど無限の煩瑣《はんさ》な約束をのりこえて達意《たつい》の名文をつづり、情感にみちた詩をつくるという高性能ぶりを競うゲームが、中国の「詩」であり「文」なのである。「賦」は人間コンピュータ芸術の極致といえる。

「三都賦」が世に出ると、豪貴《ごうき》の家がきそって伝写《でんしゃ》したので、首都洛陽《らくよう》では紙の価格が高騰《こうとう》したという。「洛陽の紙価を高める」ということばは、ここから出た。紙というものがいかに貴重であり、書物を書くということがどれだけ重大な行為であったか、理解できると思う。

倭国王帥升《すいしょう》の朝貢

鄧《とう》太后が内政をのりきるため大々的に宣伝した政治ショー

五七年の倭奴国王《わのなこくおう》の使者の朝貢《ちょうこう》からのち、倭《わ》についての記事はひさしく史上にあらわれない。これは後漢《ごかん》の対外政策が、光武帝《こうぶてい》以来の消極策をまもりつづけ、よほど特別な事情がないかぎり外国の朝貢使節を首都の洛陽《らくよう》まで来させなかったからである。ところが一〇七年（永初《えいしょ》元年）になると、半世紀ぶりに倭国使の朝貢《ちょうこう》があった。倭人の代表は、すでに奴国王ではなかった。

この朝貢については、『後漢書《ごかんじょ》』の「東夷《とうい》列伝」に、「倭国王帥升《すいしょう》らが生口《せいこう》百六十人を献じ、請《せい》見《けん》を願った」と書いてある。「請見」の「請」とは「朝請」で、朝礼に出席して皇帝のご機嫌うかがいをすることだ。この記事を誤解して、倭国王の帥升自身がわざわざ洛陽まで朝貢にやってきたのだと考え、倭人の聚落《しゅうらく》国家連合の成長や、階級社会の発生について論をなす人がある。しかし、これはまったくの見当ちがいであって、『後漢書』はそんなことをいってはいない。「東夷列伝」の文面からよみとれることは、生口百六十人を献じた主体が帥升とその他の人々であったことと、帥升らが朝礼に参加するために洛陽をおとずれたいという希望を表明したことだけであって、帥升が実際に洛陽に来たとは書いていない。このときに朝貢したのは倭国使で、倭国王自身でなかったことは、おなじく『後漢書』の「孝安《こうあん》帝紀」におなじ事件を「倭国が使を遣わして奉献《ほうけん》した」とつたえているので、うたがいの余地はない。この五十年ぶりの倭国使の朝貢は、倭奴国王を封《ほう》じたのとおなじく、やはり後漢朝の内部事情によるものであった。

これより先、孝和《こうわ》帝の皇后陰《いん》氏が、新たに入内《じゅだい》した鄧《とう》氏から皇帝の愛をとりもどそうと呪詛《じゅそ》の術をもちいたことが発覚して、廃位されて死に、鄧氏がかわって皇后にたてられた。これは一〇二年の事件だったが、その三年後、孝和帝は二十七歳の若さで死んだ。鄧皇后は生まれて百日の孝殤《こうしょう》帝を帝位につけ、自分は皇太后として摂政《せっしょう》となった。しかし、そのかいもなく孝殤帝は一年もたたないうちに死んだ。鄧太后は、帝室の分家から孝殤帝の従兄にあたる傍系の孝《こう》安《あん》帝を帝位に迎えた。

政治上の大変動がやつぎばやに起こったうえ、連年の水害や旱害《かんがい》で食糧が不足し、治安がみだれ、国際関係では東北国境外の高句麗《こうくり》王国、西北国境外の羌《きょう》族とのあいだに戦争がつづき、さらに西域の諸国も離反して、それらを統括する西域都護《さいいきとご》も廃止せざるをえなかった。

こうした内外からの苦境にあった鄧太后の新政権がうった手が、友好国の君主のなかではもっとも格の高い、金印《きんいん》・紫綬《しじゅ》をうけた倭国王からの友好使節団の来訪という政治ショーであった。その効果をいっそう強めるために、倭国王帥升みずから来朝したいという申し入れがあったと大々的に宣伝して、外国からのモラル・サポート（精神的支援）を一般に印象づけた。

外交を宣伝に利用するのは、昔もいまも中国の常套《じょうとう》手段である。

儒教のテキスト公定化

太学門外にたてられた「石経」がその後の中国文明を決定づけた

秦《しん》の始皇帝《しこうてい》は、前述のごとく紀元前二一三年に「焚書《ふんしょ》」を実施して書物の私有を禁じ、漢字の字体と読みを統一して、文字言語の技術の習得はすべて政府の役人のもとでおこなうこととしたが、秦がそのわずか七年後に倒れ、前漢《ぜんかん》の時代になると学者たちはかくしてあった書物とともに息をふきかえした。

しかし、前漢においても、政府からその資格を公認されてなんらかの肩書をあたえられた者だけが著作の権利をもっていたのであり、作品が皇帝に献上されて受納され、帝室図書館にそなえつけられてはじめて、その著作は書物として公式に存在することになったのである。

紀元前二〇年代、前漢の朝廷は大々的な図書の整理をおこない、それぞれ専門家を動員して本文の字句の異同《いどう》を校訂《こうてい》し、おのおのの標準テキストをさだめ、あらためて帝室図書館に登録して、その目録を皇帝に提出して裁可をうけるという手続きをとった。

そのおかげで、これまで各学派の解釈の師資相伝《ししそうでん》によって自由勝手に書き換えられ、書き足されて変転きわまりなかった中国の古典の内容が、はじめて一定した。これは、アレクサンドリアの図書館《ムウセイオン》においてホメーロス以下のギリシアの古典のテキストが確定したのとおなじく、歴史にのこる画期的な事業であった。以後は、どんなテキストを論じ引用するにも、いちいち帝室図書館所蔵の本文によらなければならないことになった。帝室図書館の蔵書を閲覧《えつらん》する権利をもつのは、ごくかぎられた少数の人々だから、情報の集中管理はほぼ完全であった。

後漢《ごかん》にはいっても、この制度は変わらない。私人が著作するのは皇帝にたいする反逆とみなされた。のちに正史に採用された『漢書《かんじょ》』の著者である班固《はんこ》も、家でこれを書きはじめたので告発・投獄されている。時の皇帝明帝《めいてい》が原稿を読んで感心し、帝室図書館員(校書郎)に採用してくれたので班固はたすかったのである。

後漢の順帝《じゆんてい》(在位一二五〜一四四年)の時代になると、首都洛陽《らくよう》の官僚養成学校「太学《たいがく》」(大学)は二百四十房、千八百五十室の大規模なものになり、太学生の数はやがて三万人をこえるにいたった。規模が大きくなりすぎた学校教育の水準を維持するために、一七五年、あらたに公定した儒教の七経《しちけい》(七種類の経典)のテキストを石碑に彫って太学の門外にたて(これを「石経《せきけい》」という)、そこに彫られたものだけをおおやけのテキストとした。それを丸暗記しなければ官僚には登用されないので、学派をこえ、だれもが儒教の経書《けいしょ》による漢字の使いかたにしたがって文書をつくることになった。

こうして、以後の漢文はすべて儒教の枠組をもとに書かれることになり、儒教は宗教としての実体ではなく、文字の公定テキストとして中国文明を決定づけることになったのである。

黄巾《こうきん》の乱

都市の貧民層のあいだに生まれた宗教秘密結社の反乱

蔡倫《さいりん》による製紙法の発明、儒教の国教化・テキストの公定化は、これまで文字によるコミュニケーションに無縁であった階層にも文字を浸透《しんとう》させてゆく。その一つの結果が、ふたたびおこった人口集中によって出現した、都市の貧民層における宗教秘密結社の発生と発達である。

宗教秘密結社は、兵役で農村からかりだされ、都市生活をはじめて味わって、除隊してからは帰るべき家、たがやすべき田畑をもたない人々の相互扶助《ふじょ》組織として発生した。その意味では、漢の高祖《こうそ》となった劉邦《りゅうほう》がその一員であった盗賊団と似た性格をもっている。

ただ、後漢《ごかん》の時代になると、貧民でも軍隊において必要最小限度の文字の使用に慣れていたものと思われる。全国いたるところの都市にアジトをもち、会員であることを証明するなんらかの暗号や文書をもっていれば、見ず知らずの土地でも宿泊や食事が無料ででき、仕事の世話も受けることができた。会員は彼らの団結を見守ってくれる神々をまつり、武技の訓練をいっしょにおこなって一体感をたもった。

これが中国の秘密結社の起源であり、道教も仏教も、この時期の下層階級の、血族や出身地をこえた義兄弟の団結の指導原理として、秘密結社の地下組織を通じて広まったものである。彼らはこの不公平な世がいずれ滅亡し、その後に信者だけの理想の世界が実現することを期待しつつ、やがて互助組織から革命団体にかわっていく。

時代をさかのぼって、前漢《ぜんかん》の建国からおよそ二百年たった紀元五年、中国の人口は約六千万人に達し、当時の経済水準の適正規模をはるかに超えた人口過剰現象を呈《てい》していた。そこからうまれるストレスの一つとして、漢朝はすでに寿命がつきたという厭世《えんせい》気分がいきわたり、病身だった哀帝《あいてい》は、この年、大初元将元年《たいしょげんしょうがんねん》と改元し、陳聖劉太平《ちんせいりゅうたいへい》皇帝と自称した。これは甘忠《かんちゅう》という人がつくった『天官暦包元太平経《てんかんれきほうげんたいへいきょう》』という経典の説にもとづき、天帝からあらためて命をうける、ということだったが、ほどなくすべて旧に復した。

しかし、『天官暦包元太平経』の影響は後世にのこり、後漢の二世紀はじめに、これが『太平《たいへい》清領書《せいりょうしょ》』という「神書《しんしょ》」百七十巻に姿を変えてふたたび現れた。その内容は、天地の道にしたがって太平を致すことを説き、人口増加の術を述べるものだった。これが張角《ちょうかく》という伝道者に受け継がれて『太平経《たいへいきょう》』となり、その一部が現存しているが、張角はこの経典を治病《ちびょう》に利用して、その教えは太平道《たいへいどう》とよばれ、華北の全域にわたって数十万人の信徒をもつにいたった。

一八四年、すなわち六十干支《かんし》の最初の甲子《かっし》の年、張角は「蒼天《そうてん》はすでに死せり、黄天《こうてん》まさに立つべし、歳《とし》は甲子に在り、天下は大吉ならん」をスローガンとして、後漢朝にたいして全国的な反乱をおこした。目じるしとして黄色の頭巾をまいたので、これを「黄巾《こうきん》の乱」と呼ぶ。

184

五斗米道《ごとべいどう》の乱

のちに道教の本流となる秘密結社の誕生

黄巾《こうきん》の乱をひきいた張角《ちょうかく》のスローガン（前項参照）からは、太平道《たいへいどう》が終末論的なヴィジョンをもっていたことがうかがえるが、失敗した運動なのでくわしいことはわからない。しかし、太平道と同時に起こった五斗米道《ごとべいどう》のほうは、後世の道教《どうきょう》の本流になったために、いくらか内容が知られる。

五斗米道は太平道が波及しなかった四川《しせん》の地におこった宗教秘密結社で、明らかに終末論的な思想をもっていた。創始者は、道教の文献によると江蘇省《こうそしょう》出身の張陵《ちょうりょう》で、四川の西境、チベットに近い鵠鳴山《こくめいざん》で修行し、一四二年、太上老君《たいじょうろうくん》という神から「道《どう》」、すなわち宗教的真理の啓示を受け、翌一四三年、これを弟子たちに伝え、一五七年に白日昇天《はくじつしょうてん》（白昼《はくちゅう》、天に昇る）した。あとをついだのは息子の張衡《ちょうこう》で、一七九年にこれまた白日昇天した。

「五斗米道」という名は、黄巾《こうきん》の乱とおなじ一八四年に四川で反乱をおこした指導者の張脩《ちょうしゅう》が、信徒から入門料として五斗の米（後漢《ごかん》の一斗はほぼ日本の一升）を徴収《ちょうしゅう》したことから出たという。治病《ちびょう》には静室《せいしつ》において「思過《しか》」、すなわち自分の罪を反省し、告白を三通の文書にして天官《てんかん》・

地官《ちかん》・水官《すいかん》の神々に捧げて許しを乞う。これを「三官手書《さんかんしゆしょ》」という。

またおなじ信者の兄弟たちのために「伝舎《でんしゃ》」、すなわち会館を設《もう》け、無料で宿泊させて食事を供《きょう》し、互助の機能を十分に発揮した。各地の細胞のリーダーは「祭酒《さいしゅ》」とよばれ、信徒はそれぞれ軍人の位階に類する階級を称した。

一八八年に黄巾軍が四川に侵入して成都《せいと》の方面を荒らし、重慶《じゅうけい》を攻めた。このとき首都の洛《らく》陽《よう》から四川に着任した益州牧《えきしゅうぼく》（長官）の劉焉《りゅうえん》は、黄巾軍撃退のため五斗米道と連合して、リーダーの張脩と、創始者の張陵の孫（張衡の息子）である張魯《ちょうろ》を部下の軍隊の司令官に任命した。

その後、劉焉は張脩・張魯の五斗米道軍を派遣して漢江《かんこう》の上流の渓谷を平定させ、南鄭《なんてい》に駐《ちゅう》屯《とん》させた。彼らはその地に五斗米道の神政王国を建設し、教会の組織を通じて自治を実現した。

二〇〇年、張魯は張脩を殺し、劉焉から独立を宣言した。怒った劉焉は、自分の家に住み込んでいた張魯の母である巫女《みこ》を殺し、軍を送ったが、張魯はこれを撃退して、かえって嘉陵江《かりょうこう》の渓谷を劉焉からうばった。これ以後、張魯は陝西《せんせい》南部から四川東部にかけて独立の勢力をもち、二一五年にいたって後漢《ごかん》の将軍曹操《そうそう》に降《くだ》って閬中侯《ろうちゅうこう》に封ぜられ、曹操の息子は張魯の娘を妻にしたほどで、五斗米道はのちに曹操の魏《ぎ》の保護をうけて、中国全土に拡張する。

黄巾の乱をきっかけに各地で軍隊の反乱がおこり、それを鎮圧する将軍たちの勢力が大きくなっていった。そして、一八九年に董卓《とうたく》がクーデター（董卓《とうたく》の乱）をおこしたのを機に、将軍たちの実権争いがたちまち全中国の内戦に発展し、後漢の中央政府は事実上、消滅した。

第3章

第一期・後期

中国世界の拡大

三国の鼎立《ていりつ》と漢族の絶滅

曹操・劉備・孫権の「三国志」時代に人口は十分の一に激減した

黄巾《こうきん》の乱後、董卓《とうたく》がクーデターをおこして後漢《ごかん》最後の皇帝である献帝《けんてい》を擁立《ようりつ》した。諸侯をひきいた袁紹《えんしょう》がこれに対抗し、董卓は長安《ちょうあん》に都をうつしたが、養子の呂布《りょふ》に暗殺された。この混乱のなかから曹操《そうそう》が頭角をあらわして、洛陽《らくよう》にもどった献帝を名目上の主君にたて、二〇〇年に官渡《かんと》の戦いで袁紹を討って華北《かほく》を平定した。だが、二〇八年、劉備《りゅうび》・孫権《そんけん》の連合軍に赤壁《せきへき》の戦いでやぶれ、長江《ちょうこう》以南への進出を断念せざるをえなくなった曹操は、河南《かなん》省の鄴《ぎょう》に根拠地をおき、東南の建業《けんぎょう》（南京《ナンキン》）の孫権、西南の四川《しせん》省の成都《せいと》によった劉備と対抗した。

戦乱とともに中国の人口は激減し、ことに華北の平原地帯では住民がほとんど絶滅して、「千里人煙を絶ち、白骨が草木の生い茂る下に散らばる」といったありさまであったという。

この中国世界の全面的な崩壊と同時に、後漢の政権も事実上消滅し、たえまない内戦がつづいた。二二〇年には、この年亡くなった曹操の息子曹丕《そうひ》（文帝《ぶんてい》）が魏《ぎ》、二二一年には劉備が蜀《しょく》（前漢《ぜんかん》の正統として「漢《かん》」と称したため「蜀漢《しょくかん》」ともよばれる）、二二九年には孫権が呉《ご》をたて、それぞれ皇帝と自称した。こうして三国が鼎立《ていりつ》する三国時代がはじまり、その結果、かつて中国であった世界には三人の皇帝があらわれて、一つしかなかったはずの「正統《せいとう》」が三つに分裂する異常事態となった。

黄巾の乱から五十年をへたこの二三〇年代に、当時の魏の高官三人が明帝《めいてい》に提出した意見書から、当時の中国の人口が推計できる。杜恕《とじょ》は、「いま大魏《たいぎ》は十州の地を奄有《えんゆう》しているが、喪《そう》乱《らん》の弊《へい》を承《う》けて、その戸口《ここう》を計れば、往昔《おうせき》の一州の民にも如《し》かない」といっている。

十州というのは、後漢の十三州から、呉が支配する揚州《ようしゅう》・交州《こうしゅう》と、蜀が支配する益州《えきしゅう》をのぞいた数である。後漢の中国の総人口は、一四〇年の統計では四千九百十五万二百二十人だった。これから揚州、交州、益州の人口をさしひくと、十州では三千六百三十五万五千二百十人となる。魏の人口はその十分の一にもたりないというのだから、三百六十万人よりもすくなかったわけである。また陳群《ちんぐん》と蔣済《しょうさい》も、それぞれ「民の数は漢の時代の一大郡にすぎない」といっている。前漢の最大の郡であった汝南《じょなん》郡の人口は、紀元二年の統計では二百五十九万六千百四十八人、後漢朝では南陽《なんよう》郡の二百四十三万九千六百十八人が最大だったから、要するに三国時代初期の魏の人口は、約二百五十万人ということになる。

華北を支配した魏にたいして、現在の武漢《ぶかん》・南京を中心とした長江流域の地方だけを支配した呉はそれよりずっとすくなく、およそ百五十万人、四川盆地を支配した蜀は九十万人とも百万人ともいわれているから、三国の合計は五百万人ということになる。つまり、黄巾の乱から半世紀後、中国の人口は十分の一以下に激減した。これは事実上、漢族の絶滅といってよい。

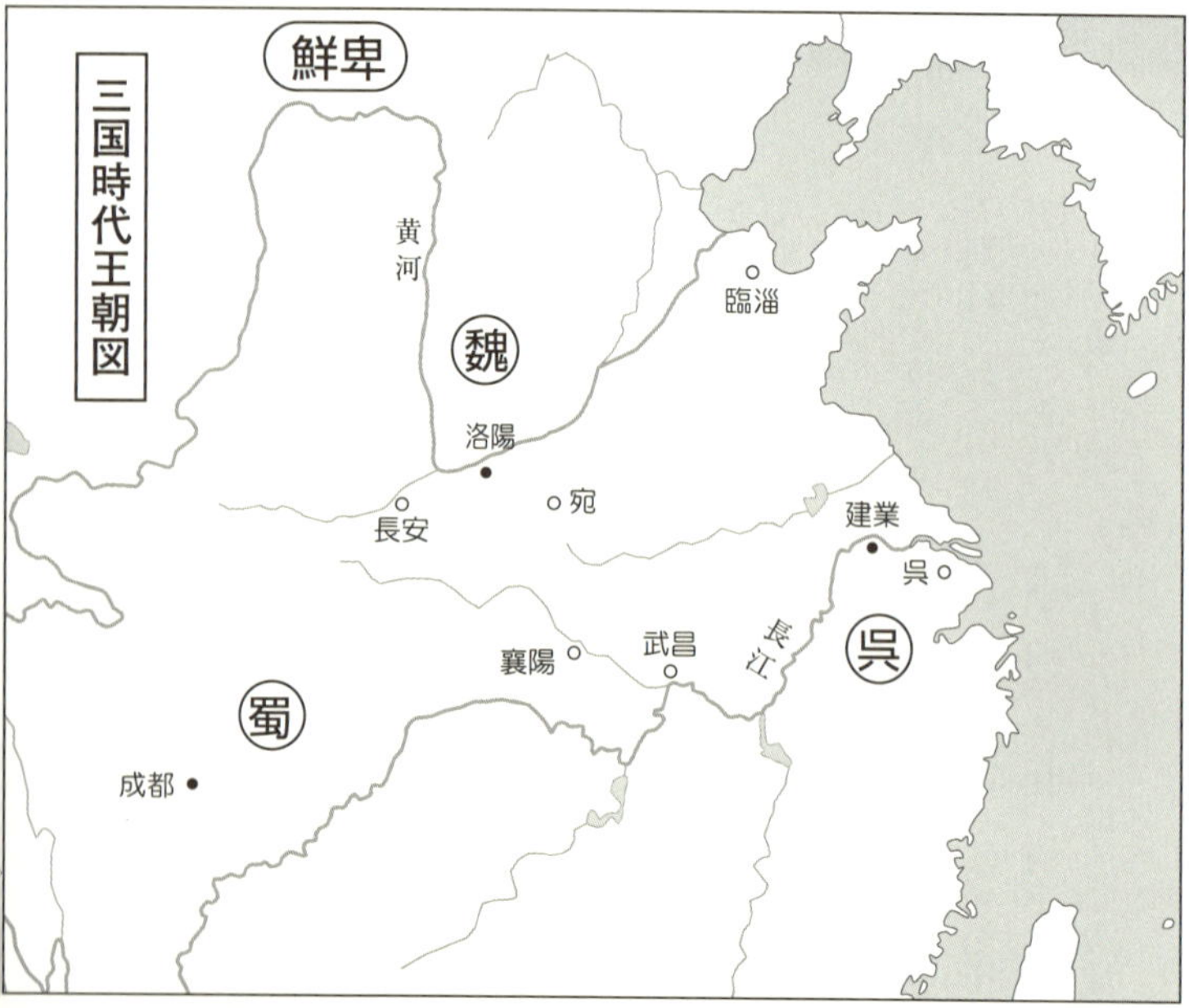

唐代に描かれた呉の孫権の肖像
（閻立本・画）

清朝時代の『三国志演義』に描かれた
魏の曹操

蜀の劉備（閻立本・画）

諸葛孔明《しよかつこうめい》の死と司馬懿《しばい》の栄進

蜀軍を撃退し、遼陽の公孫淵を討った司馬懿が魏の実権をにぎる

魏《ぎ》朝をひらいた文帝《ぶんてい》（曹丕《そうひ》）は二二六年に死に、息子の明帝《めいてい》が二十三歳の若さで帝位をついだ。文帝の遺言により、曹操《そうそう》の甥《おい》である曹真《そうしん》と曹休《そうきゅう》、司馬懿《しばい》（司馬仲達《ちゅうたつ》）と、近衛部隊司令官陳群《ちんぐん》の四人の実力者が新皇帝を後見《こうけん》することになった。曹真は西域諸国の工作にめざましい働きをみせ、二二九年には大月氏《だいげっし》王波調《はちょう》の使いが来朝した。大月氏はすなわちクシャンで、波調は仏教の保護者として有名なカニシカ王の二代あとの王、ヴァースデーヴァのことである。

なにしろ、東はいまの新疆《しんきょう》ウイグル自治区の西部からトルキスタン、アフガニスタン、パキスタン、北インドまで支配する大クシャン帝国からの表敬訪問である。魏はヴァースデーヴァに「親魏《しんぎ》大月氏王」の称号を贈り、これほどの大国に支持されていることを、国の内外に宣伝し、誇示した。

一段と株をあげた曹真は、しかし二三一年に病死してしまう。折も折、二二三年の劉備《りゅうび》の死後、丞相《じょうしょう》としてその遺志をついだ蜀《しょく》の諸葛亮《しょかつりょう》（諸葛孔明《こうめい》）が大軍をひきいて陝西《せんせい》省に攻め込んできた。病死した曹真のかわりに、文官出身の司馬懿が前線に急派され、それまでさんざん翻《ほん》

弄《ろう》されていた蜀軍を撃退する功績をあげた。そして諸葛亮は二三四年の二度目の侵入のとき、五丈原《ごじょうげん》で病死した。これを聞いた司馬懿が、ひきあげる蜀軍を追撃したところ、蜀軍が反撃のかまえをみせたので、司馬懿は、じつは諸葛亮は生きているのではないかとうたがって、追撃を中止した。これが有名な「死せる諸葛（孔明）、生ける仲達（司馬懿）を走らす」の故事である。

諸葛亮の死によって西部戦線は安全になったので魏の明帝は東方に目を向けた。当時、東北アジアには公孫淵《こうそんえん》という軍閥がいて、いまの遼寧省《りょうねい》の遼河《りょうが》以東と韓《かん》半島を支配して自立し、魏の敵である呉《ご》の皇帝孫権《そんけん》と手をむすんでいた。明帝は二三八年、司馬懿を司令官とする魏軍を送り、司馬懿は遼陽《りょうよう》城を攻め落として公孫淵を殺し、その領土を魏領とする功績をあげた。このときから、「倭人」をふくむ東北アジア一帯の種族は魏の皇帝とじかに接するようになる。

翌二三九年、司馬懿が戦地からもどると同時に明帝は死の床につき、曹真の息子の曹爽《そうそう》がその後見人に指名されたが、若い曹爽だけでは荷が重いので、司馬懿と二人でわずか八歳の新皇帝を補佐することとなった。かつて明帝の後見を託された四人の重臣のうち、曹真・曹休・陳群はすでに亡く、司馬懿はおしもおされもせぬ魏朝宮廷の第一人者となった。

司馬懿はその十年後の二四九年、クーデターで曹爽を倒して、魏の実権をうばった。司馬懿自身はその二年後の二五一年に死んだが、司馬懿の息子の司馬師《し》・司馬昭《しょう》兄弟が権力をひきつぎ、司馬昭の息子の司馬炎《えん》が二六五年、魏の最後の皇帝を廃位してみずから皇帝となり、晋《しん》朝をひらくことになる。これが晋の武帝《ぶてい》である。

倭の女王卑弥呼《ひみこ》の使節団が来訪

司馬懿の名誉と体面のためにさずけられた「親魏倭王」の称号

二三九年、倭《わ》の邪馬台国《やまたいこく》の女王卑弥呼《ひみこ》の使節団が魏《ぎ》の都洛陽《らくよう》に来訪してパレードをくりひろげ、八歳の新皇帝斉王《せいおう》に謁見《えつけん》した。これは後漢《ごかん》の安帝《あんてい》の永初《えいしょ》元年（一〇七年）に帥升《すいしょう》がおとずれて以来、百数十年ぶりの倭国からの使いであり、魏にとっては晴れがましいできごとである。これも司馬懿《しばい》が公孫淵《こうそんえん》をほろぼした結果だから、司馬懿にとってこれほど鼻の高いことはなかった。

丁重な詔書《しょうしょ》がくだり、卑弥呼には「親魏倭王《しんぎわおう》」の金印・紫綬《しじゅ》と、くさぐさの珍宝が贈られる。翌二四〇年の正月元日の朝礼には倭使が多くの外国使節の首席で参加して、皇帝はわざわざ「これは司馬懿のおかげである」と発言し、司馬懿の封邑《ほうゆう》（領地）をふやした。これは、司馬懿とともに新皇帝の後見人となった曹爽《そうそう》が、司馬懿の顔を立てるためにしたことであった。

曹爽は実権をみずからの手中におさめるため、周囲に若く有能な官僚をあつめる一方、司馬懿には太傅《たいふ》（皇帝の最高顧問）の肩書をはじめ、あらゆる栄誉をあたえて祭り上げる方策をとった。前述のとおり、曹爽の父の曹真《そうしん》は、西域諸国の工作に業績のあった人で、そのハイライトは二二九年のクシャン王ヴァースデーヴァの使節の訪問である（前項参照）。このとき魏の明帝《めいてい》は「親魏大月氏《だいげっし》王」の称号を贈って内外に宣伝し、曹真はおおいに面目をほどこした。そこで、曹爽をはじめとする魏の宮廷は、司馬懿にも曹真と同等の名誉をあたえることにした。

あらたに司馬懿の勢力圏にはいった東北方面から、なるべく遠くの酋長《しゅうちょう》として、倭の邪馬台国の女王が選ばれ、帯方太守劉夏《たいほうたいしゅりゅうか》のはたらきかけで、二三九年（明帝の死と斉王の即位の年）のうちに、はやくも卑弥呼の表敬使節団が洛陽に到着したのである。司馬懿の顔をたてて、卑弥呼にはヴァースデーヴァと同格の「親魏倭王」の称号が贈られた。

しかし、これはいかにも無理があった。「親魏大月氏王」のヴァースデーヴァは、クシャンという大帝国の君主なのに、「親魏倭王」の卑弥呼は、倭人の三十国すべてに君臨するわけでもない。伊都国《いとこく》には紀元五七年に後漢の光武帝《こうぶてい》から「漢委奴国王《かんいどこくおう》」の金印をあたえられた倭奴国王《わのなこくおう》の後裔《こうえい》がのこっているし、狗奴国《くなこく》の男王卑弥弓呼《ひみくこ》は卑弥呼と敵対していて、統一など思いもよらない。卑弥呼は、このような状況にあった倭人諸国の名目上の代表として選ばれただけのことである。

にもかかわらず、二九七年ごろに陳寿《ちんじゅ》の書いた正史『三国志《さんごくし》』の「魏書《ぎしょ》」における外国関係の記述は「烏丸《うがん》・鮮卑《せんぴ》・東夷伝《とういでん》」のみで、その「東夷伝」に卑弥呼と邪馬台国についてしるされてはいるが、「西域伝《さいいきでん》」はたてられておらず、したがって、「親魏大月氏王」ヴァースデーヴァについての記事はない。それは、まったく著者である陳寿の都合による（１００ページ参照）。

晋《しん》、三国を統一

魏・呉・蜀がほろび、「正統」は魏から晋へうつった

前述したように、黄巾《こうきん》の乱から半世紀後の三国時代に、中国の人口は十分の一以下に激減していた（91ページ参照）。

二二〇年、後漢《ごかん》の最後の皇帝から帝位をゆずられた魏《ぎ》の曹丕《そうひ》（文帝《ぶんてい》）は、その翌年の二二一年、西は宜陽《ぎよう》（河南《かなん》省の宜陽県、洛陽《らくよう》の西南）、北は太行《たいこう》山脈、東北は陽平《ようへい》（河北《かほく》省の大名《たいめい》県、山東《さんとう》省・河南省との境）、南は魯陽《ろよう》（伏牛山《ふくぎゅう》脈）、東は郯《たん》（山東省の郯城《たんじょう》県、江蘇《こうそ》省との境）までの範囲を限って石標を立て、その内側を「中都の地」、すなわち「中国」とし、わずかに生き残った領内の人々をかきあつめて、そのなかに移住させた。

その総数はせいぜい二百五十万人程度とみられる。「中都の地」は、ほぼ現在の河南省の全部と、山東省の西南部にあたる。このせまい範囲に中国人がたてこもることになり、その外側は、軍隊の駐屯《ちゅうとん》以外には、ほとんど住民がなくなったのである。

こうして真空状態となった中国の周辺地帯の人口の不足をおぎなうために、文帝の父である曹操《そうそう》の時代から、いまの内モンゴル西部に遊牧していた匈奴《きょうど》人をはじめ、鮮卑《せんぴ》、羯《かつ》、氐《てい》、羌《きょう》の

いわゆる「五胡《ごこ》」が傭兵《ようへい》として北方から移住させられ、定着した。

その間、劉備《りゅうび》と諸葛亮《しょかつりょう》（孔明《こうめい》）なきあとの蜀《しょく》は急速におとろえ、二六三年、わずか二代で魏に併合され、その二年後には司馬炎《しばえん》（晋《しん》の武帝《ぶてい》）が魏の最後の皇帝を廃位してみずから皇帝となり晋《しん》朝をひらいた。つづいて晋の武帝は、孫権《そんけん》の孫の孫皓《そんこう》の悪政によって混乱していた呉《ご》を攻めほろぼし、黄巾の乱からおよそ百年後の二八〇年、晋による中国の再統一が成って、三国時代は終わりをつげた。この三国分裂時代の中国の「正史」が、三世紀後半に晋の陳寿《ちんじゅ》（二三三〜二九七年）によって書かれた『三国志《さんごくし》』六十五巻である。

陳寿は魏の旧敵国である蜀の出身ということもあり、若いころは不遇であったが、晋の武帝の次席秘書官（中書令《ちゅうしょれい》）であった張華《ちょうか》に才能をみこまれ、その庇護《ひご》のおかげで著作郎《ちょさくろう》（修史官《しゅうしかん》）となり、『三国志』を書き上げることができた。

三国時代は、「中国」に三人の皇帝があらわれ、一つしかなかったはずの「正統《せいとう》」が三つに分裂する異常な時期であったから、陳寿は『三国志』を「魏書《ぎしょ》」「蜀書《しょくしょ》」「呉書《ごしょ》」にわけている。それは当然としても、皇帝の「本紀」をたててあるのは「魏書」だけであって、「蜀書」の劉備も、「呉書」の孫権も、事績は「列伝」として記述されている。この不公平な取り扱いは、「正統」が後漢から魏に、魏から現王朝の晋につたわったという政治的な主張のあらわれにほかならない。

唯一の「正統」の皇帝を中心とする中国世界、という歴史観はここですでに破綻《はたん》しているが、次の中国の変化の第二波で、「正統」歴史観はさらに大きなほころびをみせることになる。

『三国志』の成立――「魏志倭人伝」

熱帯の大国に祭り上げられた邪馬台国。じつは下関あたりにあった？

陳寿《ちんじゅ》の『三国志《さんごくし》』には、古代へのロマンをかきたててやまない、日本人の大好きないわゆる「魏志倭人伝《ぎしわじんでん》」がおさめられている。これは『三国志』の「魏書《ぎしょ》」（一般的に「魏志」と略される）第三十巻「烏丸《うがん》・鮮卑《せんぴ》・東夷伝《とういでん》」第二部「東夷伝」にしるされている東北アジアの七種族の最後に登場する「倭人」の部分のみをとりだして、日本だけでそう呼ぶのである。

前項で述べたように陳寿には張華《ちょうか》という大恩人がいた。したがって、張華がつかえた司馬昭《しばしょう》と、その父である司馬懿《しばい》の功績を『三国志』ではとくに強調する必要がある。その結果、陳寿が故意にねじまげて書いたのが、古来の邪馬台国研究者を悩ませつづけ、九州説と大和説の対立を生んだ、あの悪名高い道里《どうり》記事である。

「倭人伝」には、韓半島の帯方郡《たいほうぐん》から邪馬台国にいたる道筋と里程が明瞭にしるされているが、そのとおりに計算すると、邪馬台国は台湾、あるいはグアム島あたりに位置することになる。しかし、これはべつに書きまちがえたわけではない。それこそが「魏志倭人伝」で陳寿がいおうとしたことなのである。

司馬懿の公孫淵《こうそんえん》平定、東北アジア征服の功績を強調しようとすれば、「親魏倭王《しんぎわおう》」卑弥呼《ひみこ》の邪馬台国を敵国・呉《ご》の背後でにらみをきかせる熱帯の大国にするのがもっとも効果的である。倭の諸国が南へ南へとならんでいるのはそのためで、その証拠に、邪馬台国について、「その道里を計るに、まさに会稽郡《かいけいぐん》の東冶《とうや》（いまの福建《ふくけん》省の福州《ふくしゅう》市）の東に在《あ》るべし」といっている。

「魏志倭人伝」によれば、帯方郡から邪馬台国までは一万二千余里である。「親魏大月氏王《しんぎだいげっしおう》」ヴァースデーヴァのいるクシャンの都カーピシーは、『後漢書《ごかんじょ》』（四三二年）に「洛陽《らくよう》を去ること一万六千三百七十里」とあるから、ほぼおなじ距離といってよい。これは、中央アジアに君臨する大帝国であったクシャンとおなじくらい遠方の、同程度の大国であることにする配慮だった。

ちなみに、『三国志』には「東夷伝」はあるが、「親魏大月氏王」の大帝国が存在したにもかかわらず、「西域伝《さいいきでん》」はたてられていない。「西域伝」を書くとすれば、当然、「親魏大月氏王」ヴァースデーヴァの朝貢にふれなければならないが、それでは司馬懿が暴力で倒した政敵・曹爽《そうそう》の父である曹真《そうしん》の功績をたたえることになる。陳寿に「西域伝」が書けるわけがない。

また、「倭人伝」に書かれている諸国の人口も、おなじようにつくられた数字である。すべてを合計すると十五万余戸で、クシャンの十万戸に匹敵する。ことに女王の都の七万余戸は、人口の激減した当時の中国からみるとおどろくべき数字である。『晋書《しんじょ》』（六四八年）の「地理志」によると、洛陽をふくむ河南郡《かなんぐん》の戸数は、十二県で十一万四千四百戸となっている。洛陽だけではおそらく十万戸以下で、邪馬台国の七万戸と同程度だったにちがいない。こうした倭国の戸口の数字も、卑弥呼が遠方の大国の君主だというフィクションをささえるためにでっちあげられたものなのだ。

陳寿のパトロンである張華は、まさに「烏丸・鮮卑・東夷伝」の舞台において、東北国境防衛軍の総司令官として活躍した人だから、当然、その子分である陳寿も朝鮮・日本の実際の地理を知っていたはずである。

にもかかわらず、陳寿は「帯方郡から邪馬台国まで一万二千余里」と書かねばならなかった。なぜか。それは二三九年に司馬懿が演出した卑弥呼の使者の朝貢をむかえる盛儀の公報がそうなっていたからである。司馬懿は自分の偉大な功績をいやがうえにも輝かせるために、倭国の対呉戦略上の価値をおもいきって誇張し、邪馬台国を呉の背後の熱帯にもっていったのだ。

陳寿は親切にも千七百年後の二十一世紀に生きる現代の日本人にその祖先の事蹟をつたえるために「倭人伝」を書いたのではない。ここで、「正史」がなんのために書かれるのかを思い出していただきたい。陳寿は現王朝の晋《しん》の帝権の起源を説き、それが「正統」であることを証明するために『三国志』を書いているのである。書くべきことは建前であって本音ではなく、「真実」でもない。あきらかに事実でないとわかっていても、公式の記録を訂正してはならない。そんなことをしたら、それはもう「正史」ではない。

陳寿は帯方郡以南の韓半島の大きさを、距離にして四倍、面積にして十六倍、すなわちインド亜大陸なみに誇張しなければならなかったし、邪馬台国の実態を書くこともできなかった。

それは、司馬懿と現帝室の名誉にかかわる重大な政治問題だったからである。陳寿が採用したのは、卑弥呼に「親魏倭王」の称号をさずけるにあたり司馬懿派がでっちあげた誇大な報告書であった。「魏志倭人伝」の道里も、戸数も、方位も、こうしてわれわれにつたわったのである。

しかし、邪馬台国の女王の魅力にとりつかれた日本人は、その道里記事がいかに現実を無視していようとあきらめきれず、そこになんらかの事実がかくされているはずだと、方向を九十度東にふって邪馬台国を大和《やまと》へもっていったり、里程を一里一〇〇メートルほどの短里に換算して、方向はそのまま九州にもっていくというむなしい努力をくりかえしている。

しかし、この文献の本質がわかってしまえば、もはや不可解な道里記事に頭を悩ませる必要はなくなる。九州説・大和説の論争も無意味になる。倭人の諸国の戸数が多すぎることも不思議ではなくなる。そもそも「魏志倭人伝」の文面をどう厳密に解釈したところで、どだいあてになるような史料ではないのだから、そんなむだな努力は、もうやめたほうがよかろう。

ただ、そうつっぱなしただけではあまりに愛想がないので、たよりなくはあるが、邪馬台国の位置を考えてみよう。

「魏志倭人伝」に列挙されている倭人の諸国の順序が実際の地理を反映したものと仮定するならば、そこにしるされている長い交通路として考えられるのは瀬戸内海の水路しかないから、邪馬台国は瀬戸内海の西部沿岸の関門海峡の近く、下関あたりにあったはずである。その根拠をくわしくお知りになりたければ、拙著『日本史の誕生』(ちくま文庫)をご参照いただきたい。

八王の乱／五胡十六国時代はじまる

晋の内紛と異民族の反乱によってふたたび瓦解した中国世界

晋《しん》の中国統一によって人口は一時、順調に回復しはじめ、『晋書《しんじょ》』（六四八年成立）の「地理志」は、二八〇年の人口を千六百十六万三千八百六十三人としるしている。三国時代初期の魏《ぎ》・呉《ご》・蜀三国の人口の合計はおよそ五百万人だったから、その三倍以上になったわけである。

しかし、晋の統一からわずか二十年にして、皇族の将軍たちの争いから、三〇〇年には「八《はち》王《おう》の乱《らん》」とよばれる全面的内戦となり、統一はやぶれ、中国の人口はふたたび減少する。

二九〇年に晋の武帝《ぶてい》（司馬炎《しばえん》）が死ぬと、息子の恵帝《けいてい》が即位した。その後見人《こうけんにん》になったのは武帝の未亡人楊太后《ようたいこう》の父の楊駿《ようしゅん》である。ところがまずいことに、楊太后は恵帝の母ではなく、しかも恵帝には賈皇后《かこうごう》という気の強い妻がいた。気が弱くて凡庸《ぼんよう》な恵帝は、賈皇后のいいなりだった。

とうとう翌二九一年、賈皇后の一党はクーデターに打って出て、楊駿派を一掃した。権力をにぎった賈皇后は、張華《ちょうか》を首席秘書官に任命した。かつて武帝の次席秘書官をつとめたのち東北方面軍総司令官として功をたて、その後閑職にあった張華は、有能でしかも名家の出身でないことがかえって評価されたのである。中央政界に返り咲いた張華は、内外ともに困難な問題をかかえている晋朝の中国を、なんとかバランスをとって数年間はもちこたえさせた。

しかし、三〇〇年にいたって趙王司馬倫《ちょうおうしばりん》によるクーデターがまたもやおこり、賈皇后の一党とともに張華も殺され、司馬倫は翌年、恵帝を廃してみずから帝位についた。

これにたいして斉王司馬冏《せいおうしばけい》が、成都王司馬穎《せいとおうしばえい》、河間王司馬顒《かかんおうしばぎょう》らとともに兵をあげて司馬倫を殺し、恵帝は復位するが、これは名目だけであって、あとは皇族の将軍たちが首都洛陽《らくよう》の実権をうばいあって全面的な内戦となった。これが「八王の乱」である。晋によって二八〇年に回復した中国の統一はわずか二十年しかつづかず、中国はふたたび瓦解《がかい》した。

恵帝が変死した三〇六年、八王のうち最後まで生きのこった東海王司馬越《しばえつ》が懐帝《かいてい》を擁立《ようりつ》してようやく内紛は収束《しゅうそく》したが、この混乱に乗じて、内地に定着した匈奴《きょうど》など五つの遊牧民、いわゆる「五胡《ごこ》」の軍閥がおこり、三〇四年に匈奴の王族の劉淵《りゅうえん》が山西《さんせい》で反乱の旗をかかげ、漢《かん》（のちの前趙《ぜんちょう》）王と称して独立してから、「五胡十六国時代《ごこじゅうろっこくじだい》」がはじまる。

三一〇年の劉淵の死後、あとをついだ息子の劉聡《りゅうそう》ひきいる匈奴軍は三一一年には洛陽を占領して晋の懐帝をとらえた（永嘉《えいか》の乱《らん》）。二年後に懐帝が殺されると、晋の愍帝《びんてい》が長安《ちょうあん》（西安《せいあん》）で即位したが、三一六年には長安も匈奴軍に攻略されて、愍帝もとらえられた。その翌年、三一七年の一年間は、中国世界には「正統」も何も、そもそも皇帝というものがなかった。これは中国史上、空前絶後の大事件であった。

439

南北朝時代はじまる

遊牧民の北朝、漢人の亡命政権である弱体の南朝

「八王の乱」と「永嘉《えいか》の乱《らん》」によって、中原《ちゅうげん》の地（中国）は壊滅《かいめつ》状態となり、華北《かほく》は遊牧民（五胡《ご》）の手におちた。だが、愍帝《びんてい》が死に、晋《しん》が滅亡したことがつたえられると、長江《ちょうこう》の南の建康《けんこう》（南京《ナンキン》）にいた晋の皇族で、司馬懿《しばい》の曾孫《ひまご》である司馬睿《しばえい》（東晋《とうしん》の元帝《げんてい》）が、三一八年に晋を再興して皇帝に即位した。これが東晋《とうしん》である（これと区別して前王朝を西晋《せいしん》という）。

ここにようやく皇帝の称号が復活することになったが、このころの江南《こうなん》（長江の南）の地は、まだまったく中国化していなくて、漢人の大きな集落は建康と武昌《ぶしょう》（武漢《ぶかん》）にしかなかった。

やがて東晋は宋《そう》（四二〇～四七九年）に、宋は南斉《なんせい》（四七九～五〇二年）に、南斉は梁《りょう》（五〇二～五五七年）に、梁は陳《ちん》（五五七～五八九年）にとってかわられる。建康に都をおいたこの歴代の王朝を南朝とよぶが、じつはこれらの「南朝」は、わずかに生きのこった漢人（中国人）が、長江の南の非漢人地帯に避難し、武昌を中心とする長江中流域と、建康を中心とする長江下流域に集結した亡命政権にすぎない。

ところが「正統」の歴史観からいうと、東晋の建国者は「正統」の晋の皇族であるから、東晋

の皇帝も「正統」の皇帝でなければならない。弱体の東晋が「正統」なら、その継承国家の宋も、南斉も、梁も、陳も「正統」だということになる。このこと自体が、すでに滑稽《こっけい》である。

弱体な南朝が江南でほそぼそとつづいていたあいだ、華北の情勢はすっかりかわってしまっていた。三〇四年の匈奴《きょうど》の劉淵《りゅうえん》の反乱にはじまり、匈奴と同様に華北に移住させられていた遊牧民の多くの種族がわれもわれもと反乱をおこして、それぞれ王国をたてた「五胡十六国《ごこじゅうろっこく》」時代は、百三十五年（三〇四〜四三九年）もつづいた。

四三九年にいたってようやく、遊牧民鮮卑《せんぴ》の拓跋氏族《たくばつし》が平城《へいじょう》（山西省大同市《さんせいだいどう》）にたてた北魏《ほくぎ》（三八六〜五三四年）が華北をことごとく統一して、ここに「南北朝《なんぼくちょう》」時代がはじまるが、この百三十五年間に、華北の中原の地は、まったく遊牧民の天下になってしまった。

約百年後の五三四年、北魏は東西に分裂し、東魏《とうぎ》（五三四〜五五〇年）は北斉《ほくせい》（五五〇〜五七七年）に、西魏《せいぎ》（五三五〜五五七年）は北周《ほくしゅう》（五五七〜五八一年）にとってかわられる。やがて北周は北斉をほろぼすが、その北周は隋《ずい》（五八一〜六一八年）にとってかわられる。これらはみな、鮮卑系の王朝である。そして隋の文帝《ぶんてい》は五八九年、南朝の陳を併合して、中国世界はふたたび統一される。もともと非中国人だった鮮卑が、中国を再建したのである。

わずか二十年間の晋の統一をはさんで、黄巾《こうきん》の乱から四百年以上も中国の統一回復ができなかった原因は、人口の減少により農業生産の復興がままならず、食糧の余剰がなくて、統一のための戦争の余力にとぼしかったことであろう。中国史第一期の後期は人口過少期でもあった。

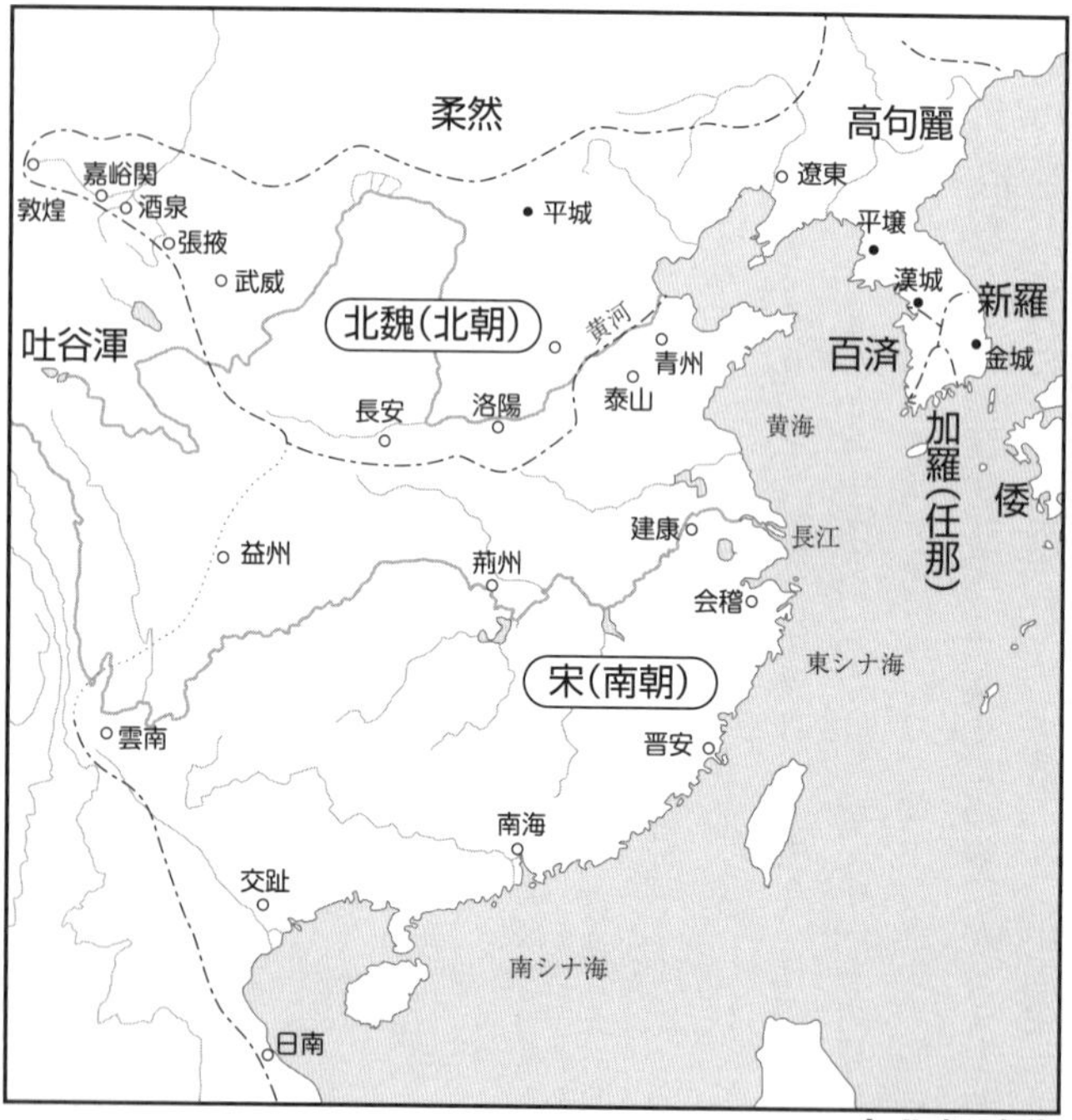
柔然
高句麗
嘉峪関
敦煌
酒泉
張掖
武威
遼東
平城
平壌
漢城
新羅
金城
百済
吐谷渾
北魏(北朝)
黄河
青州
泰山
長安
洛陽
黄海
加羅(任那)
倭
建康
長江
益州
荊州
会稽
東シナ海
宋(南朝)
雲南
晋安
南海
交趾
南シナ海
日南

南北朝時代

中国人と中国語の変質

中国語がアルタイ系言語化したことをしめす「反切」と「韻書」の出現

黄巾《こうきん》の乱《らん》からの四百年間にめだった現象は、中国人および中国語の変質である。すでに述べたように、黄巾の乱にさいして中国の人口は十分の一以下に激減し、しかもその減少の大部分は、これまで中国の都市文明の中心であった華北《かほく》の平野部でおこった。そして、それにつづいておこった遊牧民（五胡《ごこ》）の移住と、五胡十六国の乱、南北朝の時代をつうじて、華北の支配者が、すべて北方の遊牧民アルタイ系、もしくはチベット系の種族であったことから、漢語を話す人々もはや漢族ではなく、しかもその話す漢語も、それまでの秦《しん》・漢《かん》時代までの言語とおなじではなくなった。

それにともなっておこった、中国史の第一期・後期における漢語の発達史上みのがすことのできない現象は、「反切《はんせつ》」と「韻書《いんしょ》」の出現である。

儒教が国教となり、その経典の知識にもとづいて官吏《かんり》がえらばれた後漢《ごかん》時代においては、漢字の読みかたは公用のものがさだめられ、洛陽《らくよう》の太学《たいがく》において伝授されていたはずである（83ページ参照）。

ところが黄巾の乱以後、洛陽が荒廃して無人の地となり、しかも文人官僚の時代が去って軍閥の内戦時代となると、漢字とその読みかたの知識は、難をのがれて地方に亡命したごく少数の学者によって後世につたえられなければならなかった。そこで、これまで師から弟子へと口伝《でん》・口授《こうじゅ》によってつたえられるだけであった漢字の伝統的な発音を記録としてのこし、知識の亡逸《ぼういつ》をふせぐために考案されたのが「反切《はんせつ》」である。

これはたとえば「東《とう》」の音を「徳《とく》」と「紅《こう》」の組み合わせで示すやりかたで、「徳」をtək、「紅」をxungとかりに読むものとすると、「東」はtəkの頭子音《とうしいん》と、xungの母音《ぼいん》と尾子音《びしいん》を組み合わせてtungと読むことになる。

しかし、この「反切」方式は、三つの字のあいだの相関関係しかあらわさない。たとえば「徳」をtak、「紅」をanと読む方言では、「東」はtungではなくtanと読まれることになる。つまり、「反切」は絶対音価《ぜったいおんか》をあらわせないのである。

「反切」が黄巾の乱以後にはじめて記録にあらわれることは、文字の知識が滅亡に瀕《ひん》した当時の状況をものがたっている。

同様に「韻書《いんしょ》」も、こうした文化状況の産物である。これは漢字の読音の母音と尾子音がおなじものごとにグループわけして、記憶と検索に便利にしたもので、その最初のものは魏の李《り》登《とう》の『声類《せいるい》』であった。

こうした「反切」と「韻書」は、つぎの中国史の第二期のはじめに総合されて、六〇一年に書かれた陸法言《りくほうげん》の『切韻《せついん》』(119ページ参照)となるのだが、そこに反映されている漢字音には、きわだった特徴がある。

それはまず、これまで頭子音にあらわれていた二重子音が消失したことと、頭子音rがlに変化したことである。

アルタイ系の言語(満洲《まんしゅう》語などのツングース諸語、モンゴル諸語、テュルク諸語)では、語頭に二重子音がないことと、rが語頭に立ちえないことを考えれば、これはアルタイ的な特徴であるということができる。

これは後期の中国人の言語の基層がアルタイ系であったこと、いいかえれば、この時代の中国人は、すでに秦・漢時代の中国人の子孫ではなかったことを意味している。これが一八四年の黄巾の乱の後遺症であることはすでに述べた。

つまり南北朝時代の、ことに華北の中国語は、おたがい出身を異《こと》にする北アジア系の種族が、共通のコミュニケーションの手段として採用した、おおいになまりのつよい漢語だったのである。このことは、かつての漢語が、これまた四夷《しい》(異民族)の相互のコミュニケーションのためのピジンであったことのくりかえしである(48ページ参照)。

ただし、そのちがいは、昔に成立した「雅言《がげん》」はタイ系の夏人《かじん》の言語を基層にしたものであったのにたいし、今度のあたらしい漢語は、アルタイ系の言語の音韻《おんいん》を基層にしている点である。つまり、中国のアルタイ化であった。

突厥《とっけつ》(トルコ)帝国の建国

北周と北斉の皇帝を手玉にとった大遊牧帝国

南北朝の争いがつづいているあいだに、モンゴル高原でも大きな動きがあった。漢字で「突厥《とっけつ》」と音訳されるトルコ人はもともと、いまのモンゴル国と新疆《しんきょう》ウイグル自治区をへだてるアルタイ山脈に遊牧していた部族であった。モンゴル高原には六世紀のなかばまで柔然《じゅうぜん》(蠕々《ぜんぜん》)という遊牧民の王国があった。トルコ人には祖先はオオカミだったという神話があり、その子孫は代々柔然に奉仕する鍛冶《かじ》職人の部族だったという。

五四六年、トルコの部族長だったブミン(土門)は柔然から独立し、西魏《せいぎ》と同盟した。西魏の実力者宇文泰《うぶんたい》は、ブミンを皇女長楽公主《ちょうらくこうしゅ》と結婚させた。五五二年、ブミンは柔然の最後のカガン(君主)を倒し、イルリグ・カガン(伊利可汗)と称した。これが突厥(トルコ)帝国の建国である。これは、現在のトルコ共和国がこの年を建国年としているほどの大事件であった。

イルリグ・カガンの息子のムカン・カガン(木杆可汗)は、一代のあいだに東は満洲《まんしゅう》の遼河《りょうが》まで、北はシベリアのバイカル湖まで、西はカスピ海にいたるまでを征服した。こうして突厥(トルコ人)の領土は、ユーラシア大陸北部の「草原の道」にそって東西にひろがる大遊牧帝国になった。

この時期の華北《かほく》では、東に北斉《ほくせい》、西に北周《ほくしゅう》が対立して、はげしい闘争をくりかえしていた。モンゴル高原のトルコ帝国は高みの見物をきめこんで、そのときどきに貢《みつ》ぎ物《もの》が多かったほうに肩入れし、両方を適当にあやつっていた。北斉の皇帝たちも、北周の皇帝たちも、トルコを自分の側につなぎとめようと必死だった。ムカン・カガンのあとをついだ弟のタスパル・カガン（他鉢可汗）は、「わたしの南方にいる二人の息子たちさえ親孝行なら、なんで物資の不足の心配をする必要があろうか」といったとつたえられる。「二人の息子」とは北斉と北周の皇帝のことであった。ところが、突厥帝国はあまりに急激に発展したため国内の統一が弱くなって、ついに五八三年、北アジアの東突厥（東トルコ）と中央アジアの西突厥（西トルコ）に分裂した。

北周に取ってかわった隋《ずい》の文帝《ぶんてい》は、東トルコのイシュバラ・カガン（沙鉢略可汗）の妻、北周の皇族の娘の千金公主《せんきんこうしゅ》に大義公主という称号をあたえてイシュバラ・カガンの機嫌をとった。

イシュバラ・カガンの弟はバガ・カガン（莫何可汗）、バガ・カガンの息子は「意利珍豆啓《いりちんとうけい》民《みん》」カガンである。この奇妙な名前は隋の文帝があたえた称号で、たぶん鮮卑《せんぴ》語であろう。

この啓民《けいみん》カガンは名目上、突厥帝国の大カガンだったが、実際にはたいした力はなく、隋の文帝と煬帝《ようだい》のあとおしのおかげで、他のトルコ人君主たちにたいして優位をたもっていた。六〇九年に啓民カガンは亡くなり、あとをついだ息子の始畢《しひつ》カガンのときに、隋王朝にたいして兵をあげた李淵《りえん》（のちの唐《とう》の高祖《こうそ》）が突厥帝国に同盟をもとめ、援軍を要請することになる。

周武帝宇文邕在
在位七年

北周の武帝（左）と南朝・陳の最後の皇帝、後主（こうしゅ）
『歴代帝王図巻』（閻立本・画）より（部分）

第4章

第二期・前期

新しい「漢族」の時代

隋の天下統一

「非中国人」たちの王朝が、「中国史」の新たなページをしるした

隋《ずい》の文帝《ぶんてい》が五八九年に南朝《なんちょう》の陳《ちん》を併合して南北朝時代《なんぼくちょうじだい》は終わりをつげ、中国世界はふたたび統一されたが、隋とそれにつづく唐《とう》の帝室は、ともに西魏《せいぎ》の宇文泰《うぶんたい》とともに興《おこ》った。

宇文泰は鮮卑人《せんぴじん》だったが、五三四年、北魏《ほくぎ》が東西に分裂すると、西魏の文帝《ぶんてい》を奉じて長安《ちょうあん》に独立し、東魏《とうぎ》の高歓《こうかん》（やはり鮮卑）と対立した。五五〇年、宇文泰は自分をふくめ、おなじ立場の八人の鮮卑人を「八柱国《はっちゅうこく》」とし、その下に二人ずつの「大将軍《だいしょうぐん》」をおいた。

八柱国の一人は隴西郡《ろうせいぐん》開国公李虎《りこ》であり、もう一人の柱国独孤信《どくこしん》の下の大将軍の一人は陳《ちん》留郡《りゅうぐん》開国公楊忠《ようちゅう》である。楊忠の息子楊堅《ようけん》が隋初代の皇帝、高祖《こうそ》文帝であり、李虎の孫の李淵《りえん》が唐の初代皇帝高祖《こうそ》である。

これでわかるように、隋も唐も、その帝室は鮮卑系の王朝であった北魏、西魏、北周《ほくしゅう》の鮮卑族と鮮卑化した集団のなかから生まれた。いずれの王朝も、北周の根拠地であった陝西省《せんせいしょう》に本拠をおく一方、交通の要衝《ようしょう》である洛陽《らくよう》盆地と華中《かちゅう》の生産力の中心をむすぶ大運河によって、東南方、南方への勢力を維持した。

隋・唐時代の中国人は、もはや二世紀の末にほとんど絶滅した秦《しん》・漢《かん》時代の中国人の子孫ではない。北方から移住した遊牧民・狩猟民の子孫がとってかわっている。だから、現代の中国人も、じつはもともと非中国人たちの子孫なのだ。こうして中国史の新しい時代がはじまった。

　こうした時代を象徴するのが、隋の天下統一の直後、六〇一年にこれも鮮卑人の陸法言《りくほうげん》が編《へん》纂《さん》した字典『切韻《せついん》』五巻である。これは、古来の韻書《いんしょ》の記述を総合して漢字を発音別に分類し、漢字の発音の標準をさだめようとしたものである。

『切韻』は二百六の韻をトーンで分類して、平声《ひょうじょう》（たいらトーン）五十七韻、上声《じょうしょう》（あがりトーン）五十五韻、去声《きょしょう》（さがりトーン）六十韻、入声《にっしょう》（つまりトーン）三十四韻にわけ、さらに各韻のなかをこまかくグループわけしている。これは、後漢《ごかん》時代の太学《たいがく》での標準発音としてそれぞれの地方で師から弟子へ口うつしにつたえられ、それをもとにそれぞれの時代にさまざまな流儀でまとめられた韻書の分類を総合し統一して、新たな標準発音をつくりだそうとしたのである。六〇一年当時、著者の陸法言自身も、ことごとく明瞭に発音しわけられたはずはない。

　111ページで述べたように、『切韻』では二重子音がなくなって音が単純化し、「r」ではじまる音もなくなって、「l」にかわっている。これは、六世紀、七世紀に漢字を学んだ中国人が、じつは遊牧民の出身で、字音をアルタイ語族のなまりで発音していたことをしめしている。

　この『切韻』に記録された漢字音が、その後、現代にいたるまでのあらゆる方言の出発点になった。このことも、隋・唐以前の秦・漢時代の中国人が絶滅したことを物語る。

科挙制度はじまる

受験教育の普及が中国人の話しことばから感情表現をうばった

隋《ずい》王朝における重要な事件の一つは、科挙《かきょ》の制度がはじまったことである。

貴族階級に有利だったそれまでの官吏《かんり》登用システム「九品官人法《きゅうひんかんじんほう》」が五八七年に廃止され、家柄ではなく能力によって選抜する制度として、文帝《ぶんてい》が採用し、煬帝《ようだい》が確立したものである。

詩文の能力試験の成績によって人材を登用し、官吏とするこの制度は、身分や出身地にかかわりなく、漢字の使用能力さえすぐれていればだれでも政府の要職について富と権力を手中にすることを可能にした。これは多言語国家であり、漢字とその組み合わせにもとづいた人工的な言語以外にコミュニケーションの手段がなかった中国においては、きわめて必然的なことであったから、科挙制度はこれ以後一九〇五年まで、およそ千三百年にわたってつづいた。

しかし、詩文を読みこなし、つくりこなすためには、標準的な漢字音に精通していなければならない。その標準的な漢字音を知るための手引書としておおいに重宝されたのが六〇一年に鮮卑人《せんぴじん》の陸法言《りくほうげん》があらわした『切韻《せついん》』であった（前項参照）。六七七年に長孫訥言《ちょうそんとつげん》（名前からみて、やはり鮮卑系）によって改訂本がつくられ、七五一年に孫愐《そんめん》が増訂して『唐韻《とういん》』となり、一〇一一年（宋《そう》代）の『広韻《こういん》』となった。中国の歴代の韻書《いんしょ》における韻の分類はことごとく『切韻』を基礎とし、切韻音は、これ以後の「中国語」の基準とされるにいたったのである。

しかし、それは中国王朝の首都の標準語が切韻音になったという意味ではない。中国では、話しことばの発音はあくまでも漢字の読みかたとは別個の系統のものであって、漢字の読音は、ふつうの中国人にとっては意味のわからない、まったく人工的なものであった。

にもかかわらず、科挙の試験を受けるための教育の普及によって、本来はあくまでも人工的な記号体系である漢文が、中国人の日常の話しことばに大きな影響をもたらすことになった。

文字の世界から言語の世界に侵入してきた切韻音によって、これまで地方ごとに異なっていた中国各地の日常語に、共通の借用語が厖大《ぼうだい》にはいりこみ、それらの日常語を漢字で書きあらわすことを、ある程度までは可能にした。そのかぎりにおいて、ことなった話しことばが字面《じづら》のうえでは「中国語」の方言であるかのような外観をあたえるようになったのである。

しかし、いくら漢文からの借用語が共通でも、地方ごとに発音がちがうから、耳できいただけでは理解できない。そして、高度に発達した漢字の組み合わせ、すなわち熟字は、それを借用した話しことばの未発達な語彙《ごい》をさらに圧迫して、情緒的な語彙の発達を阻害することとなり、その結果、さらに熟字の借用が促進されるという悪循環をまねいた。もともと抽象的な表現にむいていない漢字の性質がこれに拍車をかけ、中国人の自由な感情表現はほとんど不可能になったのである。

倭王多利思比孤《たらしひこ》が隋の煬帝《ようだい》に朝貢

「日出づる処の天子」の国書を送ったのは聖徳太子ではなかった

隋《ずい》の文帝《ぶんてい》が南北朝《なんぼくちょう》を統一してから十一年後の六〇〇年に、『隋書《ずいしょ》』（六三六年）の「東夷列伝《とういれつでん》」によれば、倭王《わおう》が隋の都大興《だいこう》（現在の西安《せいあん》）に使者をつかわしてきた。倭王の姓は阿毎《あま》、字《あざな》は多利思比孤《たらしひこ》、号は阿輩雞弥《おほきみ》といい、王の妻は号を雞弥《きみ》、太子は利歌弥多弗利《りかみたふつり》であるという。

文帝のあとをついだ煬帝《ようだい》の六〇八年に、倭王・多利思比孤の使者が、仏法を学びにきた数十人の僧侶をともなってふたたび朝貢におとずれた。そのときの倭王の国書に、「日出《い》づる処《ところ》の天子、書を日没《ぼっ》する処の天子に致《いた》す。恙《つつが》なきや」という文句があった。煬帝はこれをみて悦《よろこ》ばず、鴻臚卿《こうろけい》（外務大臣）に「蛮夷《ばんい》の手紙に無礼なものがあれば、今後は奏上《そうじょう》するな」といった。

それでも煬帝は、翌六〇九年に、裴清《はいせい》（『日本書紀《にほんしょき》』は裴世清《はいせいせい》という）を答礼使節として倭国に派遣する。裴清は船で竹斯《つくし》（筑紫）にいたり、そこからさらに東にすすんで秦王国に着《しん》いた。この竹斯国はもちろん博多であるが、不思議なことに秦王国の住民は「華夏《かか》に同じ」、つまり中国人だった。裴清は、ここは伝説の夷洲《いしゅう》の地ではないかと疑った（この「夷洲」は「亶《たん》洲」の誤りで、秦《しん》の始皇帝《しこうてい》の時代に仙薬《せんやく》をもとめて海をわたった徐福《じょふく》がとどまった地のこと）。

この秦王国から、さらに十余国をへて「海岸」に達し、「竹斯国より以東は、みな倭に附庸《ふよう》している」と『隋書』にある。「附庸」とは、小国が大国に外交権を委託して、戦争のときには兵力を供出《きようしゆつ》する義務を負うということである。すると、壱岐《いき》と対馬《つしま》は倭国の勢力圏外にあり、北九州の筑紫から東も倭国ではなく、倭国に附庸はしていても、いちおうは独立した国々であって、倭国というのは河内《かわち》・大和《やまと》などの現在の近畿地方の中心部だけだということになる。

もう一つ、『隋書』には重大な記述がある。右に引用した、有名な「日出づる処の天子」の国書は、聖徳太子《しようとくたいし》が煬帝に送ったものというのが常識になっている。『日本書紀』（七二〇年成立）にも、この時期は推古《すいこ》天皇の治世であり、聖徳太子が摂政《せつしよう》だったとある。いうまでもなく、推古天皇は女王だ。ところが、『隋書』では倭国の王はアマ・タラシヒコ・オホキミで、名前からみて男王であることはまちがいなく、しかも裴清はこの男王に直接会って話をしている。摂政である聖徳太子を王と誤認したのだという説は成り立たない。なぜなら、太子は王と王妃のほかにいたと、『隋書』ははっきり書いているからだ。つまり、「日出づる処の天子」の国書を送ったのは聖徳太子ではなく、『日本書紀』には名前の出てこない、だれかべつの倭王だった。これについて『隋書』にはウソを書く理由がないから、『隋書』のほうが正しいと考えるべきだろう。

したがって、『隋書』によれば日本列島の内部はまだ統一されておらず、倭国は「邪靡堆《やまと》」という都を中心としたかぎられた一地域を支配しているだけで、それ以西には、それぞれ独立した諸国があり、そのなかには中国人の国もあった。これが七世紀はじめの日本の実情だった。

煬帝の高句麗征伐と南方遊幸

韓半島の回収と大運河の開鑿《かいさく》という大事業に熱意を燃やした皇帝

六〇四年に父の文帝《ぶんてい》のあとをついで煬帝《ようだい》が即位した当時、南満洲から韓半島にかけての地域は高句麗《こうくり》王国の領土になっていた。だが、この地域は、前漢《ぜんかん》の武帝《ぶてい》が紀元前一〇八年に朝鮮王国を征服して以来、四世紀の五胡十六国《ごこじゆうろっこく》の乱までは歴代の中国皇帝の直轄領《ちょっかつりょう》であった。

高句麗は、もともと鴨緑江《おうりよくこう》の上流の山中にいた狩猟民で、一世紀のはじめに王国をたて、しだいに大きくなった。五胡十六国の乱がはじまって、三一三年に中国軍が韓半島から撤退すると、高句麗王国は韓半島北部の楽浪郡《らくろうぐん》の故地を占領し、韓半島中部の帯方郡《たいほうぐん》の故地に建国した百済《ひやくさい》王国と対立した。西方では、高句麗の領域は遼河《りょうが》の東岸までひろがった。

三六九年、高句麗の故国原王《ここくげんおう》は軍をひきいて韓半島で南下を開始した。百済王国はこれに対抗するため、大阪湾岸の倭王《わおう》と同盟し、毎年のように高句麗とたたかった。この戦争は、四九一年に高句麗の長寿王《ちょうじゆおう》が死んで高句麗の南下がやむまでつづいた。この間の四二七年、高句麗はいまの中朝国境の吉林《きつりん》省輯安《しゆうあん》県から都を平壌《へいじょう》にうつしている。

そこで煬帝は、中国皇帝の面目にかけて韓半島をうばいかえす事業にのりだし、いまの北京《ペキン》に基地をおいて人員と物資をあつめた。六一二年、煬帝はみずから百十三万人の大軍をひきいて高句麗に遠征したが、高句麗が勇敢にたたかって抵抗したので、隋軍はついに平壌に達することができず、むなしく撤退した。あせった煬帝は、翌六一三年にも動員令をくだしたが、隋の国力はもはや疲弊《ひへい》しきっていて、各地に反乱が続出し、兵力が思うように北京にあつまらなかったので、さすがの煬帝も高句麗征伐を断念するほかはなかった。

煬帝はほかにも、皇帝の権力をふりかざして大事業を派手に展開した。その度《ど》をこした積極性は、漢の武帝に匹敵する。

煬帝のめざましい大事業の一つに、大運河の開鑿《かいさく》がある。この運河は、浙江省《せっこう》の杭州《こうしゅう》から長《ちょう》江《こう》デルタを縦断して北上し、長江の北岸の揚州《ようしゅう》から淮河《わいが》の下流域の沼沢《しょうたく》地帯をとおって河南省《かなん》の開封《かいほう》の西で黄河《こうが》に入る。ここから黄河《こうが》をさかのぼれば、首都の大興《だいこう》(西安《せいあん》)に達する。この運河によって、歴史上はじめて、江南《こうなん》の物資が直通で首都にはこべるようになった。

煬帝は六一六年、完成したばかりの大運河を利用して、鮮卑《せんぴ》系の皇帝としてはじめて南方に遊幸《ゆうこう》した。揚州の港では、インド洋方面からペルシア人やアラビア人がたくさんやってきて商業に従事していた。当時の東アジアでは広州とならぶ国際都市であり、外国貿易の中心地であった揚州の町が気に入った煬帝は北方の都に帰ろうとせず、南方の生活をたのしんだ。

ところが、煬帝が南方にいるあいだに、ついに全国で反乱がおきた。六一七年には、唐国公《とうこくこう》李淵《りえん》(のちの唐の高祖《こうそ》)が太原《たいげん》(山西省《さんせいしょう》太原市)で兵をあげる。

唐の建国

突厥(トルコ)と同盟し、隋の帝位を「禅譲」させた鮮卑系の唐の高祖

太原《たいげん》(山西省太原市《さんせいしょうたいげんし》)の駐屯軍司令官《ちゅうとんぐんしれいかん》(太原留守《りゅうしゅ》)であった鮮卑《せんぴ》系の李淵《りえん》(118ページ参照)は、次男の李世民《りせいみん》にうながされ、隋《ずい》王朝にたいして太原で叛旗《はんき》をひるがえした。挙兵にあたって頼みとしたのは突厥《とっけつ》(トルコ)帝国の始畢《しひつ》カガンであった(113ページ参照)。

李淵はカガンに使者をつかわして忠誠を誓い、隋の首都大興《だいこう》(長安《ちょうあん》。現在の西安《せいあん》)をおとしたら帝室の財宝をすべてさしだすと申し出た。カガンはおおいによろこび、軍隊の出動を約した。

六一七年、トルコの援軍を得て李淵は大興に入城し、代王楊侑《だいおうようゆう》(煬帝《ようだい》の孫)を皇帝にたて、自分は唐王《とうおう》と称した。ところが、長江《ちょうこう》南岸の揚州《ようしゅう》に遊幸《ゆうこう》していた煬帝は乱を避けて酒色におぼれ、大興に帰ろうとしなかった。北方の故郷に帰還を望む鮮卑人の近衛兵たちはついに反乱をおこし、煬帝は宇文化及《うぶんかきゅう》らに殺されてしまった。六一八年のことであった。

煬帝の死の知らせが大興にとどくと、李淵は代王を廃位して、自分で皇帝(唐《とう》の高祖《こうそ》)になった。これが以後九〇七年まで、二百八十九年間つづく唐朝の建国である。

李淵はもともと唐国公《とうこくこう》であった。それがまず唐王になり、隋の代王を皇帝にたてておいてか

ら自分が皇帝になるというまわりくどい手続きをふんだ。これは、中国の伝統的な「禅譲《ぜんじょう》」の形式にのっとるためだった。紀元前一世紀前後に書かれた司馬遷《しばせん》の『史記《しき》』以来、中国の歴史の理論では、およそ皇帝は天命をうけた「正統」の皇帝でなければならない。そうでなければ天下を支配する権利はない。天命は原則として男系の血統でつたわるのが「正統」だが、例外として「禅譲」による継承と、「放伐《ほうばつ》」による継承があることになっている。

「放伐」は実力で先の皇帝から位をうばいとることであり、「禅譲」は先の皇帝が自発的に退位して、自分より資格のある者に位を譲ることであるが、「禅譲」とはいっても、つきつめれば「放伐」とおなじことで、弱い皇帝を脅迫して位を譲らせるだけのことで、この形式は、西暦八年に王莽《おうもう》が前漢《ぜんかん》の帝位をうばったとき以来のものである。

李淵が皇帝になると同時に、長子の李建成《りけんせい》が皇太子となり、次男の李世民は尚書令《しょうしょれい》（官僚のトップ）秦王《しんおう》となった。

建国当時、唐の支配は陝西省《せんせい》、甘粛省《かんしゅく》の外にはおよんでいなかった。洛陽《らくよう》では代王の弟の越《えつ》王《おう》が皇帝になって隋の政権を維持していた。越王の帝位はその後、王世充《おうせいじゅう》という中央アジア出身のソグド人にのっとられた。河北省《かほく》南部の永年《えいねん》県には竇建徳《とうけんとく》という匪賊《ひぞく》出身の軍閥がいた。国内のあらゆるところで反乱軍が跋扈《ばっこ》し、群雄割拠《ぐんゆうかっきょ》の状況だった。

李世民は東に西に遠征をくりかえし、六二一年、ついに洛陽を陥落させ、唐の最大のライバルであった王世充と竇建徳を捕虜にして、華北《かほく》をほぼ平定した。

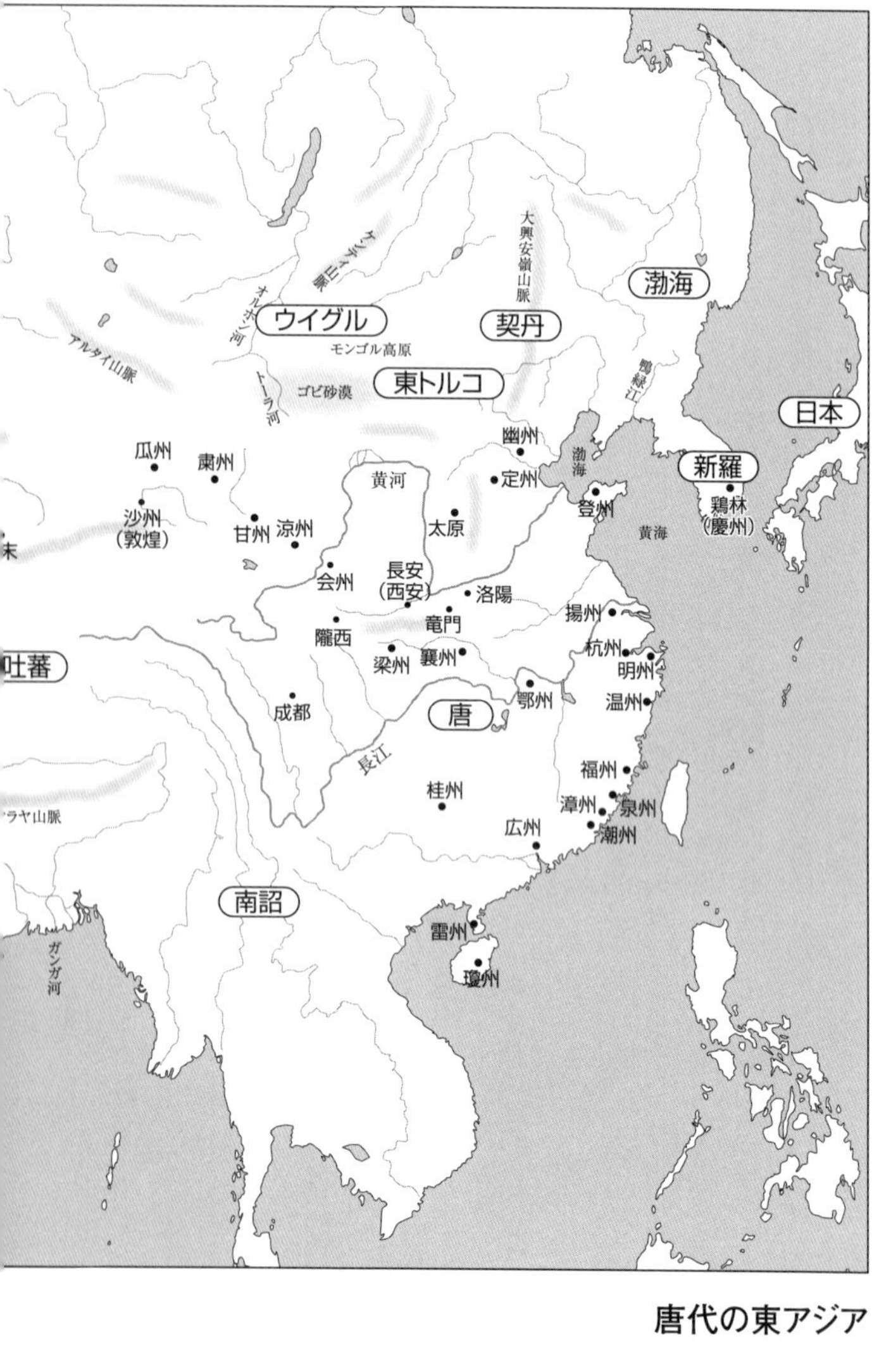
ケンテイ山脈
オルホン河
ウイグル
モンゴル高原
アルタイ山脈
トーラ河
ゴビ砂漠
東トルコ
大興安嶺山脈
契丹
渤海
鴨緑江
日本
新羅
鶏林
(慶州)
黄海
渤海
登州
幽州
定州
太原
黄河
瓜州
粛州
沙州
(敦煌)
甘州
涼州
会州
長安
(西安)
洛陽
竜門
隴西
梁州
襄州
揚州
杭州
明州
温州
鄂州
唐
成都
長江
吐蕃
福州
桂州
漳州
泉州
潮州
広州
ラヤ山脈
南詔
雷州
瓊州
ガンガ河

唐代の東アジア

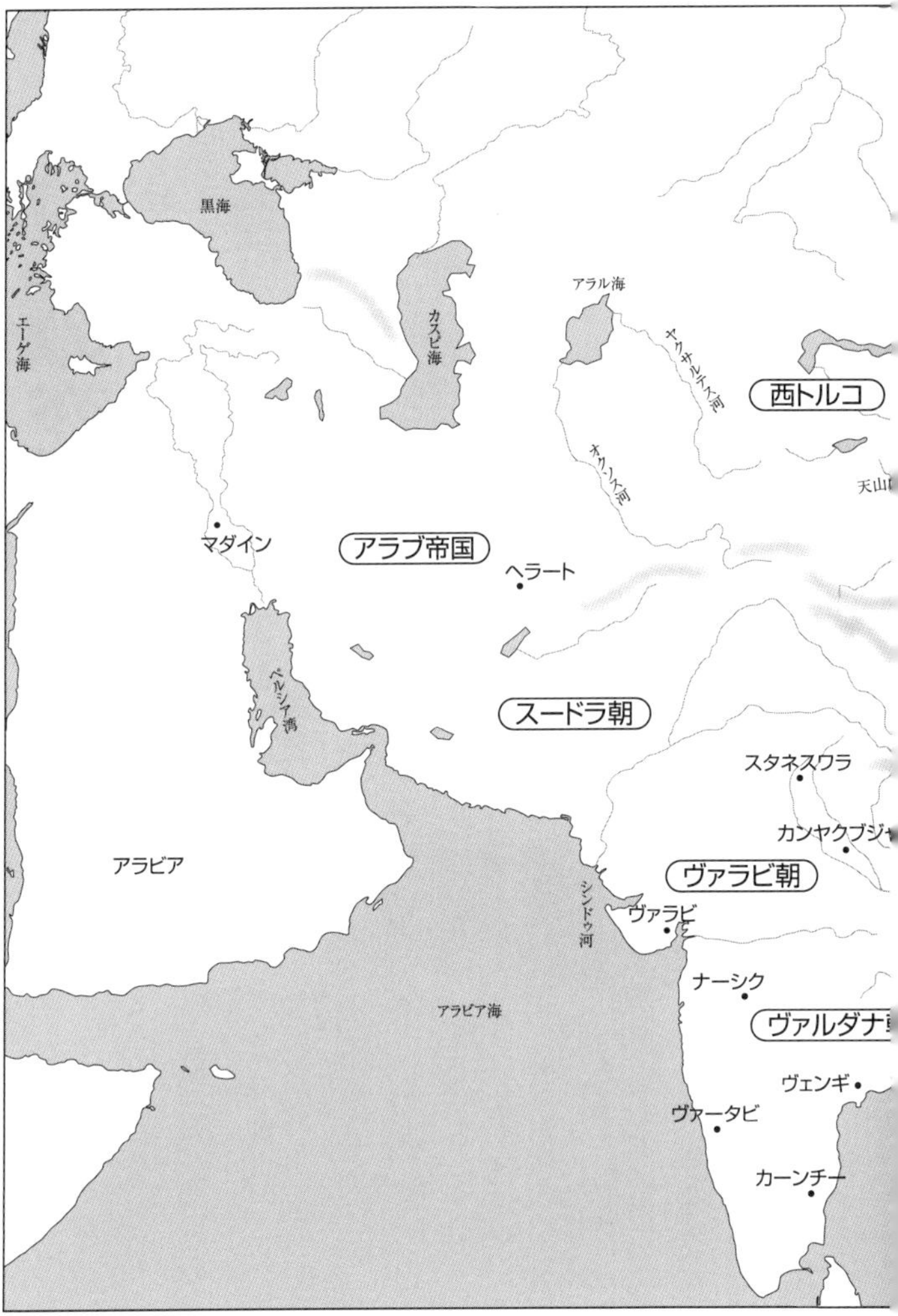
黒海
エーゲ海
カスピ海
アラル海
ヤクサルテス河
西トルコ
オクソス河
天山
マダイン
アラブ帝国
ヘラート
ペルシア湾
スードラ朝
スタネスワラ
カンヤクブジ
ヴァラビ朝
アラビア
シンドゥ河
ヴァラビ
ナーシク
アラビア海
ヴァルダナ
ヴェンギ
ヴァータピ
カーンチー

626

玄武門の変——唐の太宗即位

兄と弟を殺して皇帝となった秦王李世民《りせいみん》

高祖《こうそ》（李淵《りえん》）の次男、秦王李世民《しんおうりせいみん》が名実ともに唐《とう》王朝のトップとなると、当然のことながら皇太子李建成《りけんせい》との間柄は緊張する。そして、ついに「玄武門《げんぶもん》の変」がおこった。

六二六年七月二日、李世民は兵をひきいて、長安《ちょうあん》城の宮城《きゅうじょう》（皇帝の私的な生活の場）最北の城壁にあった玄武門を占領し、兄の皇太子李建成と弟の斉王李元吉《せいおうりげんきつ》を殺して宮城を制圧した。

父の高祖は李世民を皇太子にたて、皇帝の全権を委譲してみずからは退位した。こうして李世民は唐の太宗《たいそう》となった。

皇太子の部下であった将軍常何《じょうか》の墓銘《ぼめい》によれば、常何は事件の夜、玄武門の守備隊を指揮していたが、じつはすでに李世民に買収されていた。そのおかげで、李世民はやすやすと玄武門を占領することができたのだ。

ついでにいえば、太宗の時代の六二九年に玄奘三蔵《げんじょうさんぞう》（三蔵法師《ほうし》）がインドに経典《きょうてん》をとりに行き、六四五年に帰国している。小説『西遊記《さいゆうき》』では、太宗は玄武門の変で兄の皇太子を殺して帝位をうばったことで良心の呵責《かしゃく》にたえかね、兄の霊をとむらうために玄奘三蔵をインドにつかわしたことになっている。もちろん、これはつくり話である。実際の三蔵は、太宗に出国を禁じられたのをふりきって不法に出国したのだ。

　次項でくわしく述べるが、太宗は東突厥《ひがしとっけつ》（東トルコ）を倒し、草原の遊牧部族たちから「天可《てんか》汗《がん》」の称号を贈られるなど、ほとんどの事業を成功させた。

　東トルコをほろぼした勢いをかって、太宗はかつて隋の煬帝《ようだい》が三回こころみて失敗におわり、ついに隋の滅亡の原因となった高句麗征伐を、自分の手で完成させようとした。

六四四年の冬、太宗は皇太子李治《りち》とともに長安の都を出て洛陽《らくよう》にうつり、兵士十万人を動員した。翌年の春に洛陽を出発し、幽州《ゆうしゅう》（北京《ペキン》）に大本営をおいた。そこから遼河《りょうが》の下流域の沼《しょう》沢《たく》地帯を横断して、高句麗の遼東《りょうとう》城（遼寧《りょうねい》省遼陽《りょうよう》市）を攻め落とし、鴨緑江《おうりょくこう》にむかった。ここまでは連戦連勝で、破竹《はちく》の勢いだったことになっている。

　ところが鴨緑江の手前の安市《あんし》城をどうしても落とすことができなかった。てまどっているうちに秋のおわりがやってきて寒さが加わり、食糧補給も困難になって、太宗はついに高句麗の征服をあきらめ、軍の引き揚げを命じた。帰り道は困難をきわめ、兵士の多くは凍傷《とうしょう》にかかって死んだ。

　冬のはじめにやっとのことで臨渝関《りんゆかん》（山海関《さんかいかん》）まで帰りついたところで、定州《ていしゅう》（河北《かほく》省中部の定県）にとどまっていた皇太子の出迎えをうけた。太宗はその年末を并州《へいしゅう》（山西《さんせい》省太原《たいげん》）ですごし、長安に帰りついたのは六四六年の春もおわりになってからのことだった。

東突厥《とっけつ》（トルコ第一帝国）の滅亡

遊牧部族の首領たちから「世界皇帝」に選ばれた唐の太宗

唐《とう》の高祖《こうそ》（李淵《りえん》）の息子の太宗《たいそう》（李世民《りせいみん》）は六二八年、いまの内モンゴル自治区西部の黄河の湾曲部の南にあって梁国《りょうこく》皇帝と自称していた梁師都《りょうしと》を倒して中国統一を完成させ、二年後の六三〇年には東突厥《ひがしとっけつ》（東トルコ帝国）をほろぼした。

李淵が同盟を申し入れて以来（126ページ参照）、唐の皇帝は突厥（トルコ）のカガンにたいして「臣」と称していたにもかかわらず、太宗は軍をモンゴル高原に派遣して、最後のカガン（頡利可汗《イリグ・カガン》）をとらえて連れ帰った。これが東突厥、いわゆるトルコ第一帝国の滅亡である。

ここにおいて北アジアの遊牧部族の首領たちは、太宗を自分たちの共通の君主に選挙して、「テングリ・カガン（天可汗《てんかがん》。世界皇帝）」の称号を贈った。これから太宗は、西北地方に送る手紙には「天可汗」と署名することにした。これは中国の「皇帝」と中央ユーラシアの遊牧帝国の「カガン」を一身にかねる君主がはじめて出現した画期的な事件で、いいかえれば、これまで中国だけであった歴史の舞台が、ここではじめて中央ユーラシアをもふくむようになった。

とはいえ、これは中国の領土がモンゴル高原までひろがったということではない。そもそも国家とか領土とかいう概念は、十八世紀末に国民国家という新しい概念とともにはじめて生まれたものである。この時代には、それぞれの部族長たちが唐の皇帝を自分の主君とみとめて、個人的な関係をむすぶということにすぎなかった。

その五十二年後の六八二年になって、東突厥はふたたび団結して唐の高宗《こうそう》から独立し、モンゴル高原にトルコ第二帝国をつくったが、この時代になると、ルーン文字とよばれるアルファベットでトルコ語を書きあらわした碑文がはじめて登場する。そうした碑文では、唐の皇帝のことを「タブガチ・カガン」と呼んでいる。「タブガチ」はおそらく、北魏《ほくぎ》の皇帝の姓の「拓跋《たくばつ》」氏とおなじであろう。トルコ人が唐の皇帝を「タブガチ・カガン」と呼んだということは、北アジアの遊牧民にとって、唐は漢人の国ではなく、鮮卑《せんぴ》の国だったことをしめしている。

また、唐の太宗の時代に、チベット（吐蕃《とばん》）がはじめて歴史に登場する。チベットのソンツェンガンポ王の「皇女を息子の嫁にもらいたい」という求めに応じて、六四〇年、太宗は文成《ぶんせん》公主《こうしゅ》をグンソングンツェン王に嫁がせたが、六四三年にグンソングンツェン王が馬から落ちて亡くなると、文成公主は復位した義父のソンツェンガンポ王と再婚した。唐の太宗もこの結婚を承認した。

もし唐の帝室が漢人だったら、これはとんでもない話である。なぜなら、嫁が夫の父親と再婚するなどというのは、漢人にはとうてい考えられない、儒教道徳に反する行為だからだ。これも唐の皇帝が漢人でなかった証拠である。

白村江の戦い

唐・新羅連合軍による百済・高句麗の滅亡と日本建国

さしもの唐の太宗《たいそう》も、鴨緑江《おうりょくこう》の手前の安市《あんし》城にはばまれて遼河《りょうが》の線をどうしても越えられず、高句麗《こうくり》征服に失敗したことは前述した。太宗のあとをついだ第三代皇帝高宗《こうそう》は作戦を変え、高句麗の友好国である百済《ひゃくさい》を攻めることにした。六六〇年、唐は百済の背後の新羅《しらぎ》と同盟し、黄海《こうかい》を横断して大艦隊を送りこみ、韓半島に上陸した唐・新羅連合軍によって百済は攻め滅ぼされた。

百済の遺臣である鬼室福信《きしつふくしん》、黒歯常之《こくしじょうし》らは、倭国に滞在していた百済王の太子余豊《よほう》（余豊璋《よほうしょう》）を擁立《ようりつ》して百済復興をめざし、倭国にその援助を求めた。当時の倭国は女王が治めており、『日本書紀』でいう皇極《こうぎょく》天皇＝斉明《さいめい》天皇の時代だったが、百済は倭人にとっては世界への窓口であったから、その存亡は死活問題だった。そこで翌六六一年、倭国の宮廷をあげて博多に移り、そこから百済復興作戦を展開することになった。ところが、天皇がその年のうちに亡くなったため、皇太子（のちの天智《てんち》天皇）が作戦の指揮をひきついだ。

六六三年、倭国・百済連合軍は白村江《はくそんこう》（錦江《きんこう》）の河口で唐・新羅連合軍と激突し、海戦となったが、この戦いで倭の艦隊は唐の水軍に大敗を喫した。倭国の水軍は、各地で戦闘中の陸上部隊と亡命を望む百済の遺民を引き連れて、やっとの思いで帰国した。こうして百済復興は失敗に終わり、韓半島南部は唐の占領下におかれて高句麗は孤立した。

六六八年に、高句麗の内紛に乗じて唐はついに高句麗を滅ぼすが、まもなく韓半島から手を引いて、遼河《りょうが》の西岸を国境とする。こうして六七〇年代には、韓半島の南半分は新羅によって統一された。

これは倭国にとっておよそ前例のない重大な危機であった。それまで彼らが知っていた全世界が、敵である唐帝国と、敵の同盟国である新羅王国によって征服されてしまったからだ。〝世界〟を敵にまわした前代未聞のこの非常事態に対処するため、日本列島の諸氏族は大同《だいどう》団結《だんけつ》して倭国王家のもとに結集し、統一国家を結成することとなった。こうして倭国王家の跡継ぎである天智天皇が六六八年の正月、近江《おうみ》の京で即位して、最初の日本天皇となった。「日本」という国号と「天皇」という称号は、このとき制定されたのだろう。

対馬・北九州から瀬戸内海・淀川・大和川の沿岸にかけて要塞を築き守りを固める一方、それまでの倭国王の勢力圏のなかでは最も遠い近江に都をおいたのも、唐軍の侵攻に対する防衛戦略にもとづくものであることを示している。つまり、当時の日本列島の住民は、いまにも唐の大軍が上陸して全土が中国の支配下におかれるのではないかと恐れたのだ。こうした危機にあたって建国されたのが日本なのである。

突厥（トルコ）第二帝国の建国

遊牧民がはじめて自分たちのことばを書き表す文字をもった

中国の正史『旧唐書《くとうじょ》』（九四五年）『新唐書《しんとうじょ》』（一〇六〇年）の「北狄《ほくてき》列伝」に「蒙兀室韋《もうごつしつい》」の名で記録されたモンゴル部族が、歴史上に姿を現わしたのは七世紀のことだった。そのころのモンゴル高原は唐《とう》帝国の支配下にあったが、六八二年、トルコの阿史那《あしな》族のクトルグという者が南モンゴルで兵を挙げて唐から独立し、エルテリシュ・カガンと自称して北モンゴルに進出し、ハンガイ山脈に本拠をおいた。これが突厥《とっけつ》（トルコ）第二帝国である。この帝国では、中央ユーラシアの歴史にとって大きな意義をもつ事件がおこった。それは遊牧民がはじめて自分たちのことばを書き表す文字をもったことである。

これより先、第一次突厥（トルコ）帝国では共通語としてソグド語がつかわれていたらしく、ソグド語でつづられた碑文が残っている。ソグドというのは、現在のウズベク共和国のサマルカンドを中心とする地方のことで、この地方の昔の住民はイラン語を話していた。ソグド人は古くからモンゴル高原や中国に商売にきており、彼らがつかった文字がソグド文字である。

この文字はアルファベットの一種で、もともとはアカイメーネス王朝ペルシア帝国で普及していたアラム文字からきている。突厥第二帝国が残した碑文には、ソグド文字に改良をくわえたアルファベットをつかってトルコ語の文章がつづられている。ここにいたって、中央ユーラシアの遊牧民は、はじめて自分たちの話しことばを文字に書きとめられるようになり、トルコ語が帝国の公用語になったのである。

ただし、この突厥第二帝国のトルコ語は、純粋のトルコ語ではなかった。「馬」は、トルコ語のどの方言でも「アト」であるが、第二次帝国時代の碑文では「ユント」である。これがシベリアのフィン・ウゴル系のサモイェド語であることから考えて、トルコ人のもともとの故郷はシベリアの森林地帯であろう。それはともかく、これからいろいろな種族がトルコ語を採用するようになり、トルコ語がひろく遊牧部族のあいだで通用するようになった。

七世紀はじめには、チベットにも帝国が成立した。四世紀の末頃、チベット高原の西部に初代の王が出現してからおよそ百五十年をへて、ソンツェンガンポ王があらわれ、唐《とう》が東突厥（トルコ第一帝国）をほろぼした六三〇年頃までにチベット高原を統一し、六四〇年には息子の嫁に唐の皇女文成公主《ぶんせいこうしゅ》を迎えて、唐と肩をならべる帝国となった。また、このソンツェンガンポ王の治世から、チベット語がチベット文字で書かれるようになった。

突厥（トルコ）第二帝国は、チベット帝国、唐帝国と三つ巴《どもえ》になって中央アジアの争奪戦をくりかえしたが、七四四年、北モンゴルのウイグル氏族のクトルグ・ボイラという指導者が突厥から独立し、翌年、突厥を攻めてこれをほろぼし、ウイグル帝国を建国することになる。

楽器を演奏する唐の女官たち(『唐人　宮楽図』作者不明)

則天武后《そくてんぶこう》が皇帝に即位

中国史上ただ一人の女性皇帝、国号を「周」とあらためる

唐の第三代皇帝、高宗《こうそう》（李治《りち》）は気が弱いうえに体も弱かったので、皇后の武《ぶ》氏、すなわち則天武后《そくてんぶこう》（武曌《ぶしょう》）のいいなりであった。

則天武后はまず高宗の父である太宗《たいそう》の妃となり、太宗亡きあといったんは出家したが、ふたたび高宗の後宮《こうきゅう》に入った。高宗は武曌を寵愛《ちょうあい》し、やがて王《おう》皇后を廃して武曌を皇后とした。

父親の妃をみずからの妻とするというのは、漢人の儒教的倫理観からすればありえない不道徳な話である。かつて太宗は皇女の文成公主《ぶんせんこうしゅ》をチベットのグンソングンツェン王に嫁がせ、王の死後、復位した父ソンツェンガンポ王と文成公主の再婚を容認したが（133ページ参照）、唐の宮中自体で同じようなことがおこったのは、唐の皇帝が鮮卑《せんぴ》だったからにほかならない。

高宗が亡くなったあとは事実上、武后の独裁となった。武后が生んだ高宗の七男中宗《ちゅうそう》（李《り》顕《けん》）をいったんは皇帝にしたが、中宗は母・武后への対抗心から皇后韋《い》氏（韋后《いこう》）の父を重用しようとしたため、武后は中宗を廃位し、中宗の異母弟睿宗《えいそう》（李旦《りたん》）を新皇帝にたてた。睿宗は名目上の皇帝にすぎず、とうとう六九〇年に武后は正式に即位して聖神《せいしん》皇帝となのり、国号を

唐から「周《しゅう》」へとあらためた。女で皇帝になったのは、中国史上、則天武后ただ一人である。

こうして李氏の唐の天下は、一度は武氏にのっとられ、唐の皇族たちの多くは殺されて、ほとんど根絶やしにされた。李氏の唐王朝は老子《ろうし》の末裔《まつえい》ということになっていたから、宮中での席次は道教を仏教の上に置いた（「道先仏後」）が、仏教を重んじる武后はそれを「仏先道後」にあらため、洛陽郊外の龍門《りゅうもん》にみずからの容貌を写した盧遮那仏《るしゃなぶつ》の石像を建造した。また、西魏《せいぎ》の宇文泰《うぶんたい》がつくった、鮮卑と鮮卑化した漢人の連合体「八柱国《はっちゅうこく》」（118ページ参照）と、これを基礎とした徴兵制による中央直轄《ちょっかつ》の「府兵制」を則天武后は骨抜きにした。これは権力を武氏一族の手に集中するためだったが、唐の基盤はこうして破壊された。

七〇五年に武后の病気が重くなると、当然のようにクーデターが起こった。武后は退位してその年のうちに亡くなり、中宗が皇帝に復位して、国号は周から唐にもどされた。

しかし、則天武后にならって朝廷支配をもくろむ韋后《いこう》によって中宗は毒殺されてしまう。韋后は中宗の末子、李重茂《りちょうも》（殤帝《しょうてい》）を帝位禅譲のための傀儡《かいらい》として一時的に即位させた。唐にまたも野心的な女帝が即位するところであったが、かつて武后の傀儡であった睿宗《えいそう》の子、李隆基《りりゅうき》（中宗の甥）が兵を挙げ、韋氏とその側近をことごとく殺してこれを阻止《そし》し、ふたたび睿宗を帝位にもどした。

睿宗のあとは李隆基がつぎ、即位して玄宗《げんそう》（在位七一二―七五六）となった。だが、このころにはすでに、地方の駐屯《ちゅうとん》軍司令官（節度使《せつどし》）たちの力は唐朝を上回るまでになっていた。

ウイグル帝国の建国とキルギズ人の反乱

モンゴル高原をめぐる遊牧民族の攻防

七四四年、北モンゴルのウイグル氏族のクトルグ・ボイラが突厥《とっけつ》（トルコ）帝国から独立してカガンとなった。ボイラは翌年、突厥帝国をほろぼし、ウイグル帝国を建国してモンゴル高原を支配した。ウイグル人は、それまで北モンゴルのトーラ河の北方に遊牧していて、トルコ語を話さなかったと思われるが、共通の公用語としてトルコ語を採用した。

ウイグル帝国の建国後まもなく、中国の唐で七五五年に「安史《あんし》の乱」がおこった（次項参照）。ウイグル人はこれに介入して第七代粛宗《しゅくそう》皇帝（玄宗《げんそう》の子）の長安《ちょうあん》（西安《せいあん》）奪回を援助し、七六三年に乱は終わった。

ウイグル帝国は建国から百年近く繁栄したが、八四〇年、キルギズ人の反乱がおこった。西北方から侵入してきたキルギズ軍に北モンゴルの本拠地を奪われて帝国は瓦解《がかい》し、ウイグル人たちは四散した。南モンゴルにのがれた者もあったが、甘粛《かんしゅく》省にのがれた者はチベット帝国の保護をうけて甘州《かんしゅう》（甘粛省張掖《ちょうえき》県）にウイグル王国をたてた。天山《てんざん》山脈に避難したウイグル人も、その北麓《ほくろく》、現在のウルムチの東方のベシュバリクの地にあらたなウイグル王国を建て、タリム盆地のオアシス都市を支配した。そのため、これらのオアシス都市では、それまで話されていたトカラ語にかわって、ウイグル人の持ち込んだトルコ語が話されるようになった。タリム盆地が、一名東トルキスタン（トルコ人の国。現・新疆《しんきょう》ウイグル自治区）とよばれるようになるのは、このためである。

ウイグル帝国をほろぼしたキルギズ人もトルコ語を話す種族で、もともとシベリアのイェニセイ河とオビ河のあいだに住んでいた。現在ではカザフ共和国の南、天山山脈の西部にキルギズ共和国があるが、キルギズ人がシベリアから天山に移住したのは、ずっとのちのジューンガル帝国時代の十七世紀のことで、西モンゴルのオイラト人にひきいられて南下したものらしい。

しかし、キルギズ部族のモンゴル高原支配は長つづきしなかった。

ウイグル部族の故郷セレンゲ河流域の東隣、ケンテイ山脈の東方には、タタル人とよばれる遊牧民が住んでいた。タタル人はキルギズに抵抗して、八六〇年代にはキルギズ人をアルタイ山脈の北方に撃退してしまった。かつてのウイグル人帝国の本拠地であった北モンゴル中部に進出したタタル人は、やがてケレイトとよばれる部族になる。このケレイト部族と、北モンゴル東部にのこったタタル部族とのあいだに、モンゴル族がふたたび姿を現すのである。

一方、チベットでは、ウイグル帝国滅亡から二年後の八四二年、十歳のダルマ・ウィドゥムテン王が宰相《さいしょう》の一党に殺され、王位の継承をめぐってチベット帝国は分裂した。もはや中央政府は存在せず、チベットはこれから百五十年間、記録のない暗黒時代に入る。

「安史の乱」がおこる

非漢人の軍人たちの力の強大化と唐の国際的立場の弱体化

唐の第六代皇帝、玄宗《げんそう》の時代（在位七一二〜七五六年）になると、地方の駐屯軍《ちゅうとんぐん》司令官（節度使《せつどし》）たちの力は唐朝よりも強くなっていた。その代表が安禄山《あんろくざん》である。

安禄山の父は不明であるが、母はトルコ人のシャマンで、安禄山は玄宗に信任され、さらに玄宗の寵妃《ちょうひ》である楊貴妃《ようきひ》にとりいって頭角を現した。遼寧《りょうねい》・河北《かほく》・山西《さんせい》の軍司令官を兼ねるまでになった安禄山は、やがて宰相楊国忠《ようこくちゅう》（楊貴妃の又従兄《またいとこ》）と対立し、七五六年、ついに唐から独立して幽州《ゆうしゅう》（北京《ペキン》）で大燕《だいえん》皇帝と自称し、唐の都、長安《ちょうあん》（西安《せいあん》）を攻め落とすにいたった。これが安禄山とその盟友史思明《ししめい》の名をとった「安史《あんし》の乱」である。

安禄山が息子安慶緒《あんけいしょ》に殺されたのち、さらに安慶緒を殺して大燕皇帝となった史思明も、父はトルコ人、母はソグド人の混血で、安禄山と史思明の部下の将兵も、大部分が非漢人であった。

安史の乱がおこるもとになったとして玄宗の兵に殺された楊貴妃には三人の姉（虢国《かくこく》夫人、韓国《かんこく》夫人、秦国《しんこく》夫人）がいたが、その虢国夫人と従者たちが馬に乗っている唐代の絵が残されている（張萱『虢国夫人遊春図』。次ページ参照）。それをみると、夫人をはじめ女性たちもみな横ずわりではなく、みずから馬にまたがっている。楊一族も遊牧民である証拠である。

唐の宮中ではペルシアを起源とするポロ（馬に乗りながらスティックで相手のゴールにボールを打ち込むゲーム）が盛んだったが、これはもともと遊牧民のスポーツである。現在、アフガニスタンなどに残っているものはボールのかわりに羊の頭の取り合いをする。それが遣唐使によって日本に伝わり、馬に乗らずにできる蹴鞠《けまり》になる。これをもってしても、日本人が騎馬民族の子孫などではないことがわかるだろう。

七六三年に史思明の息子の史朝義《しちょうぎ》が殺されて、九年つづいた安史の乱は終わったが、それからあとも、こうした非漢人の軍人たちは地方軍閥となって華北にいすわりつづけ、唐の皇帝の支配権を無視したので、皇帝は形ばかりのものとなり、地方軍閥が割拠《かっきょ》する時代が以後二百年あまりもつづいた。安史の乱からおよそ百五十年、十世紀のはじめにいたるまで、中国の政治を動かしたのは中央ユーラシア出身の人々だった。

七一〇年代からすでに中央アジアにはイスラム教徒のアラブ人も進出し、七五一年、現在のキルギズ共和国のタラス河のほとりで、アッバース朝アラブ帝国の将軍アブー・ムスリムの軍が、高句麗《こうくり》人の将軍高仙芝《こうせんし》ひきいる唐軍を破っていた。それにつづいておこったこの安史の乱による混乱によって、唐は中央アジアをめぐる国際競争から脱落し、唐の国際的な立場は弱体化した。そうして唐はついにほろび、五代十国《ごだいじっこく》の時代となる。

唐代の『虢国夫人游春図』（張萱・画）
先頭をいく男装の虢国夫人はじめ、
女性たちもみな馬にまたがっている

元朝時代に描かれた
『楊貴妃上馬図』（銭選・画）

唐詩の隆盛

〝外国語〟を話す李白と杜甫が漢字の表現力を大きく広げた

李白《りはく》（七〇一〜七六二）、杜甫《とほ》（七一二〜七七〇）という中国文学史上の二大詩人が同時代にあらわれた唐《とう》代は、漢詩の黄金期でもあった。後世、唐代の作品（唐詩）は漢詩の模範とされ、その傑作集『唐詩選《とうしせん》』は、現代日本においても広く愛読されている。

しかし、辞書をみればわかるように、漢語には形而上的《けいじじょう》・思想的な、目に見えない精神的なものをあらわす語彙《ごい》はほとんどないにひとしい。漢字はもともと商売上の符牒《ふちょう》のような表意文字であるから、哲学や思想を伝えるのにむかない不完全なコミュニケーション・ツールである。

漢詩も、そのほとんどが空や河、鳥や花など形而下的《けいじか》・具象的なものを詠《よ》んでいる。ところが、李白や杜甫は、「四書五経《ししょごきょう》」の漢字の配列にとらわれない、自由で豊かな配列を発明し、語彙を奔放《ほんぽう》に駆使して心情をあらわすなどの創造的な試みをおこなって、漢字の表現力を広げたのである。

それはおそらく、李白や杜甫が、「四書五経」や『論語』の決まりきった、限定された語彙のなかでしかことばをつかえない中国人とはべつのことばをもっていたからにちがいない。

唐代より二百年も前、北斉《ほくせい》の斛律金《こくりつきん》（四八八〜五六七）がうたったとされる「敕勒の歌《ちょくろく》」という有名な古詩《こし》があるが、小川環樹氏の説によれば、これはトルコ語の原詩を漢訳したものであるという。斛律金は漢字の読み書きができず、その字《あざな》を阿六敦《あろくとん》といったが、それは古代トルコ語で「金《きん》」を意味する「アルトゥン」の音を写したものだった。そして、「敕勒」とは、トルコ語で文字どおり「テュルク」、つまりトルコのことであった。

唐代になると、知識人のほとんどは北方からきた鮮卑《せんぴ》系の人々であった。テントのような遊牧民の移動式住居であるゲル（パオ）をたたえる白居易《はくきょい》（七七二〜八四六）の「青氈帳《せいせんちょう》」という五言排律《ごんはいりつ》の詩もある。モンゴル語やトルコ語のような「てにをは」のある話しことばを持っている人々が、外国の文字である漢字によって自分たちの思いをあらわそうとした結果、表現を大きく広げることができたのである。

この時代の詩は大きく「近体詩《きんたいし》」と「古詩」にわかれるが、唐代になってできた「近体詩」には、五言律詩《ごごんりつし》、五言排律、七言律詩《しちごんりつし》、五言絶句《ごごんぜっく》、七言絶句《しちごんぜっく》など、文字の数、平仄《ひょうそく》、押韻《おういん》、対句《ついく》、韻律《いんりつ》に厳格な規則がある。こうした制約のなかで、唐代の詩人たちは創造性を発揮して漢詩のレベルを引き上げ、これによって漢字文化圏において新しい表現が生みだされることになった。

これは異文化と漢字文化との融合であって、唐詩の完成は、漢字にとって画期的なできごとであった。こうして、唐代以降、科挙《かきょ》の試験では「四書五経」の解釈のみならず、詩作も大きな課題となったのである。

唐の滅亡と五代十国時代のはじまり

華北の「中国」の地を手に入れたトルコ人と、モンゴルに進出した契丹人

ウイグル帝国とチベット帝国の滅亡からまもなく、八七五年には中国で黄巣《こうそう》の乱がおこった。黄巣は河南《かなん》の漢人で、反乱軍をひきいて八八〇年に洛陽《らくよう》を、つづいて長安《ちょうあん》（西安《せいあん》）を攻め落として唐に大打撃を与え、みずから大斉《だいせい》皇帝の位についた。しかし、唐に寝返った漢人の朱全《しゅぜん》忠《ちゅう》と、トルコ人の将軍李克用《りこくよう》の反撃をうけて、黄巣は八八四年に敗死した。

朱全忠はもともと朱温《しゅおん》といい、宋州碭山《そうしゅうとうざん》県（安徽省《あんきしょう》碭山県）の出身で、まったくの漢人である。黄巣の反乱軍にくわわったのち、八八二年、黄巣に反して唐につき、唐の僖宗《きそう》皇帝から全忠という名をたまわっている。

李克用は、南モンゴルに遊牧していたトルコ系の沙陀《さだ》部族の人で、父は唐の大同《だいどう》の軍司令官であった。黄巣に占領された長安を八八三年に奪回した李克用は太原《たいげん》の領有を認められ、これから華北《かほく》では、山西《さんせい》高原を占拠する李克用の沙陀トルコ軍閥と、河南平原を本拠とする朱全忠軍閥との対立・抗争がつづいたが、九〇七年、朱全忠はついに唐の最後の皇帝（哀帝《あいてい》）を廃位してみずから皇帝となり、河南の開封《かいほう》に後梁朝《こうりょう》を建国した。これが「五代十国《じっこく》」とよばれる時

代のはじまりだった。

鮮卑《せんぴ》の唐朝がほろびて六百年ぶりに漢人の王朝が華北に成立したわけだが、中国世界の主導権が漢人の手にもどったわけではなく、そのわずか十六年後の九二三年、李克用の息子の李存勗《りそんきょく》が開封を攻め落として後梁をほろぼし、皇帝となって洛陽に後唐《こうとう》朝を建てた。これで華北全体はトルコ人の手に落ちたのである。

五代とは九〇七年から宋が建国される九六〇年までのあいだに華北の黄河流域（中原《ちゅうげん》）で興亡をくりかえした後梁・後唐・後晋《こうしん》・後漢《こうかん》・後周《こうしゅう》の五つの王朝をさすが、後梁をほろぼした後唐も、そのあとを継いだ後晋も、そのあとの後漢も、西突厥《にしとつけつ》の沙陀族のトルコ人だった。中原の地以外には前蜀《ぜんしょく》、後蜀《こうしょく》、呉《ご》、南唐《なんとう》、呉越《ごえつ》、荊南《けいなん》、閩《びん》、楚《そ》、南漢《なんかん》、北漢《ほくかん》など十余国が乱立した。これらを「十国」とよぶ。

ところが、この頃にはモンゴル高原に東方から契丹《きったん》（キタイ）人が進出していた。後唐の内部で太原を本拠地とするトルコ人と洛陽の朝廷とのあいだに対立が生じると、九三六年、太原のトルコ人石敬瑭《せきけいとう》は独立してキタイと同盟した。キタイ帝国の太宗《たいそう》（耶律徳光《やりつとくこう》）はみずから軍をひきいて石敬瑭の救援におもむいた。そのおかげで、石敬瑭は洛陽をおとしいれて後唐をほろぼし、みずから皇帝となって後晋朝を建てた。キタイの太宗は石敬瑭を中国の正統の君主とみとめ、後援の代償として、後晋の北部から河北の北部にかけての一帯、燕雲《えんうん》十六州の割譲《かつじょう》を受けた。このことが、のちの中国史上に大きな影響をおよぼすことになる。

五代十国時代（カッコ内の数字は成立年～滅亡年）

遼(契丹)
北漢 (951~979)
タングト
渭河
長安
洛陽
後周 (951~960)
後唐 (923~936)
吐蕃
後蜀 (934~965)
成都
前蜀 (902~925)
荊南 (907~963)
江陵
呉
長沙
大理
大理
楚 (927~951)
広州
大越
南漢 (967~971)
交州

第5章

第二期・後期

「北の遊牧民」の時代へ

916

契丹《きったん》(キタイ)帝国の建国

モンゴル・満洲・華北の接点に位置する北京が戦略上重要な都市となった

契丹《きったん》(キタイ)の名は四世紀の五胡十六国《ごこじゅうろっこく》の時代から記録にあらわれる。突厥《とっけつ》(トルコ)第二帝国時代のトルコ語の碑文《ひぶん》では「キタニ」とよばれ、のちのトルコ語では「キタイ」となった。

キタイ人は大興安嶺《だいこうあんれい》山脈の東斜面の遊牧民で、その始祖は木葉山《もくようざん》から出たとされるが、これは現在の遼寧《りょうねい》省と吉林《きつりん》省の境である。このあたりは隋《ずい》の煬帝《ようだい》、唐《とう》の太宗《たいそう》の時代に、高句麗《こうくり》王国を攻撃する皇帝軍の進軍路となったところである。皇帝軍の基地は現在の北京《ペキン》におかれ、そこからキタイ人の住地をとおって遼河《りょうが》のかなたの高句麗国境に向かった。モンゴル・満洲・華北の接点に位置する北京はこれ以降、戦略上重要な都市になり、唐代には東北辺境防衛の中心となって、安禄山《あんろくざん》はここを根拠として安史《あんし》の乱をおこした。この方面の唐軍には、安禄山、史思《しし》明《めい》のようなトルコ人、ソグド人にまじって、多くのキタイ人も軍人としてくわわっていた。

キタイ人の部族連合の政治組織では、王は三年一期の選挙制で、八部族の長が輪番で王に任じられていたが、十世紀のはじめに耶律阿保機《やりつあぼき》が契丹王になると、阿保機は自分の保護下にあつまった漢人移民の経済力を利用して軍事力をたくわえ、全種族を統合して終身の王となり、九一六年、皇帝を自称した。契丹（キタイ）帝国の建国である。この帝国は「遼《りょう》」という国号も使用したが、この名は種族の故郷の地をながれる遼河からきている。

キタイ帝国（遼）の建国当時、西隣の南モンゴルと南隣の河北《かほく》は沙陀《さだ》トルコ人の手中にあった。そのため耶律阿保機（遼の太祖《たいそ》）はこの方面を避けて西北方の北モンゴルのタタル人の住地に進出をはかり、そこからゴビ砂漠を南に横断して甘州《かんしゅう》（甘粛《かんしゅく》省張掖《ちょうえき》県）にあったウイグル人の国を攻撃した。その翌々年、阿保機は満洲東部の渤海《ぼっかい》王国に遠征してこれをほろぼし、その帰途に死んだ。

阿保機のあとをついで皇帝となったのは次男の徳光《とくこう》（太宗《たいそう》）である。太宗は父の政策をついで北モンゴルに進出をつづけ、九二八年にはケンテイ山脈以東のタタル人を征服した。その地にキタイ人が入植し、ケルレン河沿いにいくつもの都市が建設された。

九三六年には、太原《たいげん》のトルコ人石敬瑭《せきけいとう》の後晋朝《こうしんちょう》建国を助けた見返りとして、燕雲《えんうん》十六州の割譲をうけた（151ページ参照）。これによってキタイ人は中国への入口である北京と、南モンゴルの全部を手に入れた。この事件はまた、突厥（トルコ）帝国・ウイグル帝国以来つづいてきた、北アジアの帝国と中国の競争が、ついに北の帝国の優勢、中国の劣勢という段階に達したことを明らかに示したものであった。

これ以後、時とともに北の帝国は圧倒的に優位に立ち、その立場は女直《じょちょく》人の金《きん》帝国にひきつがれて、最後にはモンゴル帝国が中国全体をのみこんでしまうことになるのである。

宋の建国

出自不明の人々が再統合されてうまれた新たな「漢人」

鮮卑《せんぴ》系の王朝である唐《とう》が九〇七年にほろびてから、中国は「五代十国《ごだいじっこく》」の時代に入った。華北《かほく》の黄河《こうが》流域にいそがしく興亡した五つの王朝（五代）のうち、後唐《こうとう》・後晋《こうしん》・後漢《こうかん》は突厥《とっけつ》（トルコ人）の王朝であった。

遼《りょう》（契丹《きったん》＝キタイ帝国）の援助をうけて後唐をほろぼし、後晋の皇帝となった石敬瑭《せきけいとう》は、洛陽《らくよう》から開封《かいほう》に都をうつしたが、その結果、またもや開封の朝廷と太原《たいげん》の沙陀《さだ》トルコ（沙陀突厥）人とのあいだに対立がおこった。遼の太祖《たいそ》（耶律徳光《やりつとくこう》）はそれにつけこんで、燕雲《えんうん》十六州の割《かつ》譲《じょう》（151ページ参照）から十年後の九四六年、みずからキタイ軍をひきいて開封をおとしいれ、かつて同盟を結んだ後晋をほろぼした。

後晋のあとは太原のトルコ人劉知遠《りゅうちえん》が皇帝となり、開封に後漢《こうかん》朝をひらいた。しかし後漢はわずか四年で、劉知遠の側近の郭威《かくい》にのっとられてほろびた。郭威は開封に後周《こうしゅう》朝をたて、これとともに華北の平原地帯の沙陀トルコ人の勢力は消滅した。太原には沙陀トルコ人の北漢《ほくかん》朝がのこっていたが、これは遼の保護国にすぎなかった。こうしてトルコ人が中国で主導権をにぎった時代は二十八年間でおわった。

九六〇年になって、後周の最後の皇帝（恭帝《きょうてい》）の親衛隊長だった趙匡胤《ちょうきょういん》がクーデターをおこし、帝位をうばって宋《そう》王朝（北宋《ほくそう》）をたて、趙匡胤は太祖《たいそ》の廟号《びょうごう》でよばれることになる。こうして「五代十国」という混乱の時代に終止符がうたれた。

この北宋は、ひさしぶりに漢人がたてた王朝であると一般にはいわれている。しかし、正史『宋史』（一三四五年）によると、趙匡胤の父の趙弘殷《ちょうこういん》はトルコ人の後唐の荘宗《そうそう》の親衛隊長で、その祖先は涿《たく》郡、いまの北京《ペキン》の出身だった。唐《とう》の時代には北京も遊牧民の中心地で、七五五年に唐の玄宗《げんそう》皇帝にそむいて安史《あんし》の乱をおこした安禄山《あんろくざん》は、北京生まれのトルコ人だった。したがって北宋の帝室も、遊牧民の血をひいている可能性がある。

こうした例から類推《るいすい》すると、十〜十二世紀の北宋時代に漢人と呼ばれている人たちは、あからさまに言ってしまえば、唐の末から五代にかけての大混乱のなかで家系の伝承をうしなってごちゃごちゃに混ざり合い、もはや自分たちの祖先がだれであったか、はっきり覚えていない人々だった。こうした出自《しゅつじ》不明の人々が再統合されて、新たに「漢人」ということになったのである。

北宋時代の漢人、いわゆる中国人の大部分は、血統の面では、じつは隋《ずい》・唐の時代の中国人の主流であった遊牧民の後裔《こうえい》だったが、意識の面では、自分たちは秦《しん》・漢《かん》時代の中国人の直系の子孫であり、純粋の漢人だと思いこむようになっていたのである。

宋にみる中国の官僚制度

任地に派遣された地方知事は原則として無給だった

官僚《かんりょう》は、中国史の第一期前期の秦《しん》の始皇帝《しこうてい》のときにすでに存在したが、その実態はあまり明確ではないので、ここでは第二期後期、すなわち宋《そう》（北宋《ほくそう》）の官僚について叙述する。この時期は科挙《かきょ》の試験が盛んであったときでもある。

科挙の試験に合格すれば、中央の皇帝の秘書室にとどめおかれるごく少数の者はべつとして、多くは地方の県《けん》（首都に直結した都市）の知県《ちけん》（知事）として派遣される。支度金《したくきん》は出ないが、どんなに遠方の県でも心配はない。首都の商人のなかの心きいた者が差配《さはい》になって、金を貸してくれ、服をつくってくれ、通訳などしもじもの者を雇い入れ、行列をつくって地方に出発する。そうして目的地の県に着くと、国家官僚である知県は、ようやく以下にのべるような収入のめどがつくのである。そこで差配は貸した金に大枚の歩合《ぶあい》を付けて取り立て、帰ってゆく。

知県は、首都における朝礼（62ページ参照）と同日・同時刻に部下や住民の有力者をひきいて朝礼の儀を執行する。それとともに、田租《でんそ》の取り立てと裁判が大きな職務である。実務は小吏《しょうり》が担当し、知県はその監督にあたった。中国では官僚は原則として無給である。官僚はその地位を利用して適当にかせぐものとされ、そのため賄賂《わいろ》はあまり程度がひどくないかぎり合法であった。皇帝の辞令をうけた官僚ですら無給なのだから、まして辞令のない小吏はいうまでもない。

官僚の収入の大部分は、田租を取り立てたのこりである。田租はその年の実収によらず例年一定だから、とったもののなかから定額を省城（省の首都）におさめれば、のこりはいくらあってもそれは知県の収入になる。

もう一つの知県の収入は、裁判である。裁判があると、まず原告も被告も、県の牢屋にいれられる。原告からも被告からも、有利な判決を期待して付け届け（賄賂《わいろ》）が送られる。裁判では知県が裁判長をつとめ、審判を下す。勝ったほうから手厚い謝礼がある。そこできめられないほどの重罪だと、知県の手をはなれて上級の官庁にうつる。強盗などの犯人の逮捕も知県の重要な職務で、このため知県は夜中におきて家を出かけることもたびたびであった。

知県の支出は比較的すくない。県衙《けんが》（県の役所）の構造は南半分が「公」、北半分が「私」である。公的な部分は、裁判などにつかう正堂や牢屋から成っている。私的な部分は家屋で、知県とその家族が住む。そこには畑もあって、野菜などをつくって足しにするが、食料のおもなものは市場で手にいれる。これは市場の組合長が半額で売ってくれる。こうして知県は生活をたてるのである。これが中国の伝統で、現在でも公務員は月給が少なく、米や塩や油の現物支給にたよることが多いのは、ここに由来《ゆらい》する。

澶淵《せんえん》の盟

北宋が新興の遊牧民族・契丹《きったん》（キタイ）とむすんだ屈辱の和議

趙匡胤《ちょうきょういん》（太祖《たいそ》）が後周《こうしゅう》をのっとって建国した宋《そう》（北宋）は、まず南方の諸国をつぎつぎに併《へい》合《ごう》していった。志《こころざし》なかばで急死した太祖のあとをついだ弟の太宗《たいそう》（趙匡義《ちょうきょうぎ》）は、南方の統一がほぼおわると、九七九年、華北《かほく》・黄河《こうが》流域の太原《たいげん》をおとしいれて北漢《ほくかん》をほろぼした。勢いにのった太宗は、祖先の故郷である北京《ペキン》を契丹《きったん》（キタイ）人の手からとりもどそうと攻めのぼったが、北京南郊の高梁河《こうりょうが》で、キタイ軍に大敗してしまった。太宗は単身脱出し、驢馬《ろば》のひく荷車にかくれて命からがら逃げ帰るありさまで、燕雲《えんうん》十六州の奪回はならなかった。

九八二年、キタイの聖宗《せいそう》が十二歳で即位した。摂政《せっしょう》となった母の承天《しょうてん》皇太后は北モンゴルに遠征軍を派遣してケンテイ山脈以西のタタル人を攻撃し、一〇〇〇年までにこの地方の征服を終えた。キタイ帝国は、北モンゴル統治の中心として、一〇〇四年、オルホン河とトーラ河のあいだのウイグル人の都市カトゥンバリクの廃墟に鎮州建安軍《ちんしゅうけんあんぐん》という軍事基地を設置した。

同じ一〇〇四年、承天皇太后と聖宗は、みずから軍をひきいて華北の北宋領に侵入し、首都開封《かいほう》にせまった。キタイ軍が黄河の北岸の澶州《せんしゅう》（河南《かなん》省濮陽《ぼくよう》県の西）に達すると、その勢いに恐怖した宋の皇帝真宗《しんそう》（太宗の子）は和議を申し入れ、キタイはこれを受け入れた。

その条件として、現国境線をたがいに尊重すること、北宋の真宗は兄、三歳年下のキタイの聖宗は弟、聖宗の母の承天皇太后は真宗の叔母として親類づきあいをすること、宋はキタイに絹二十万匹と銀十万両を毎年支払うことがさだめられた。この盟約を「澶淵《せんえん》の盟」という。両国の関係はこれによって安定し、これから約百二十年間、キタイ帝国の滅亡まで平和がつづくことになる。

この和平の条件は、われわれの感覚からするときわめて現実的で、たいして問題ではないようにみえる。しかし、皇帝は天下に唯一無二の存在であるとする司馬遷《しばせん》の『史記《しき》』以来の「正統《せいとう》」の歴史観からすれば、これは大いに問題がある。北宋側からすれば、二人の皇帝の併存《へいぞん》を公式に承認したことになるからだ。いいかえれば、北宋の皇帝は、天下の統治権をもつただ一人の皇帝ではないことを認めたことになる。これは北宋にとって屈辱以外のなにものでもなかった。六百年ぶりにやっと「漢人（中国人）」の王朝が天下を統一したやさきに、遊牧帝国の一つであるキタイに高梁河で大敗し、さらにこの盟約によって自分たちの優位をうしなったからである。

こうした屈辱の反動で、実際には古い時代に先に入植した遊牧民の子孫であるにすぎない人々が、自分たちは正統の「中華」だ、「漢人」だと言いだして傷ついた自尊心をなぐさめ、あたらしく北方に興《おこ》った遊牧帝国を成り上がりの「夷狄《いてき》」とさげすんで、せめてもの腹いせにした。これが「中華思想」のはじまりだった。

1084

『資治通鑑《しじつがん》』完成

中国人の病的な劣等意識が負け惜しみの中華思想をうんだ

宋《そう》（北宋）が高梁河《こうりょうが》で契丹《きったん》（キタイ）に大敗し、また「澶淵《せんえん》の盟」で〝漢人〟の優位性を放棄せざるをえなかった屈辱を反映したのが、一〇八四年に完成した『資治通鑑《しじつがん》』である。その「中華思想」はいわゆる南北朝《なんぼくちょう》（106ページ参照）の扱いにもっともはっきりあらわれている。

『資治通鑑』は、宋の宰相《さいしょう》であった司馬光《しばこう》が主となって編纂《へんさん》した、秦《しん》の始皇帝《しこうてい》以前の紀元前四〇三年の戦国時代から、宋の太祖《たいそ》が皇帝になる前年の九五九年までの千三百六十二年間のできごとを、月日をおってしるした編年体の歴史書である。

この書物の南北朝時代（四三九〜五八九年）の記事は、南朝の年号だけをしるして北朝の年号を表記せず、南にのがれた漢民族の東晋《とうしん》・宋・南斉《なんせい》・梁《りょう》・陳《ちん》の南朝の皇帝のみを「皇帝」と呼び、北方民族の王朝である北魏《ほくぎ》・東魏《とうぎ》・西魏《せいぎ》・北斉《ほくせい》・北周《ほくしゅう》の北朝の皇帝を「魏主《ぎしゅ》」「斉主《せいしゅ》」「周主《しゅうしゅ》」としか呼ばない。北朝は「正統」ではなく、ほんとうの皇帝ではない、という態度である。

司馬光は、陳の滅亡の前年の五八八年まで、隋《ずい》の文帝《ぶんてい》を「隋主《ずいしゅ》」、陳の最後の皇帝である長《ちょう》城公《じょうこう》を「皇帝」と呼んでいる。ところが隋が天下を統一した五八九年になると、この年の正月の記事から、陳の皇帝は「陳主《ちんしゅ》」に格下げになり、かわって隋の文帝が「皇帝」と呼ばれている。陳の滅亡の年を境にして「正統」が南から北へ飛びうつるのである。

現実を無視した、ずいぶん強引な書きかただが、正統の理論を一貫させるためにはこれしかなかった。そうしないと、隋は正統ではなくなり、つづく唐《とう》も正統でなくなり、ひいては司馬光がつかえる宋も正統ではなくなるからである。

唐が編纂《へんさん》した『北史』が北朝も正統とみとめたのとちがって、『資治通鑑』が南朝しか正統とみとめないのは、宋と対立していた契丹《きったん》（キタイ）帝国を北朝になぞらえて、契丹の皇帝は正統ではなく、天下を支配する権利のないにせ皇帝だと遠まわしに主張しているわけだ。どんなに軍事力が強大でも、どんなに広大な地域を支配しても、「夷狄《いてき》」（非漢人）は文化をもたない人間以下の存在で正統ではなく、「中華」（漢人）だけがほんとうの人間だというこの負け惜しみの思想こそが、いわゆる「中華思想」の起源である。かつて「中国人」とは「都市に住む人」という意味で、種族の観念を含まなかったが、ここにおよんで「中国人」は種族の観念になった。

しかし、この「中華思想」は事実に反する。どんな社会でも、支配階級のほうが被支配階級よりも高い生活・文化水準を享受するのがあたりまえである。三一六年に晋《しん》朝がいったん滅亡してからは遊牧民出身の王朝がつづいたから、支配階級の「夷狄」のほうが、被支配階級の「中国人」よりも文化においてまさっていた。負け惜しみの中華思想は、中国人の病的な劣等意識の産物であった。

女直（ジュシェン）人が金帝国を建国

北に金、南に宋の両王朝が八十年にわたって並存した

女直《じょちょく》（女真《じょしん》、ジュシェン）族はトゥングース系の言語を話す森林地帯の狩猟民で、遼河《りょうが》（遼寧省《りょうねい》）と嫩江《のんこう》（黒竜江省《こくりゅうこう》）を結ぶ東経一二四度線の東側に住み、ひさしく契丹《きったん》（キタイ）帝国に服属していた。ジュシェン語はのちの満洲《まんしゅう》（マンジュ）語の祖語である。ジュシェン人も、キタイ人と同じように、漢字に手を加えて自分たちの言語を書きあらわす文字をつくった。

一一一四年、ジュシェン族の完顔《かんがん》（ワンヤン）部族長の阿骨打《アグダ》（金《きん》の太祖《たいそ》）がキタイと開戦し、翌一一一五年、独立して大金皇帝の位につき、金帝国を建国した。

金軍はキタイ軍に連戦連勝して、一一二〇年にはキタイの首都の上京臨潢府《じょうけいりんこうふ》を占領した。キタイの天祚帝《てんそてい》は南モンゴルに逃げ、羌族《きょう》のタングト族が一〇三八年に建国した西夏《せいか》王国にはいろうとしたが、一一二五年、南モンゴルでとらえられ、キタイ帝国は滅亡した。

金軍は引き続き宋《そう》に侵入し、一一二六年、開封《かいほう》を占領して、宋の徽宗《きそう》・欽宗《きんそう》父子をとらえた。金帝国はキタイの領土をほぼそっくりうけついだうえに、華北《かほく》の地は淮河《わいが》にいたるまで金の領土となった。欽宗の弟の康王趙構《こうおうちょうこう》は南にのがれ、一一二七年に南京《ナンキン》で皇帝の位についた（廟《びょう》

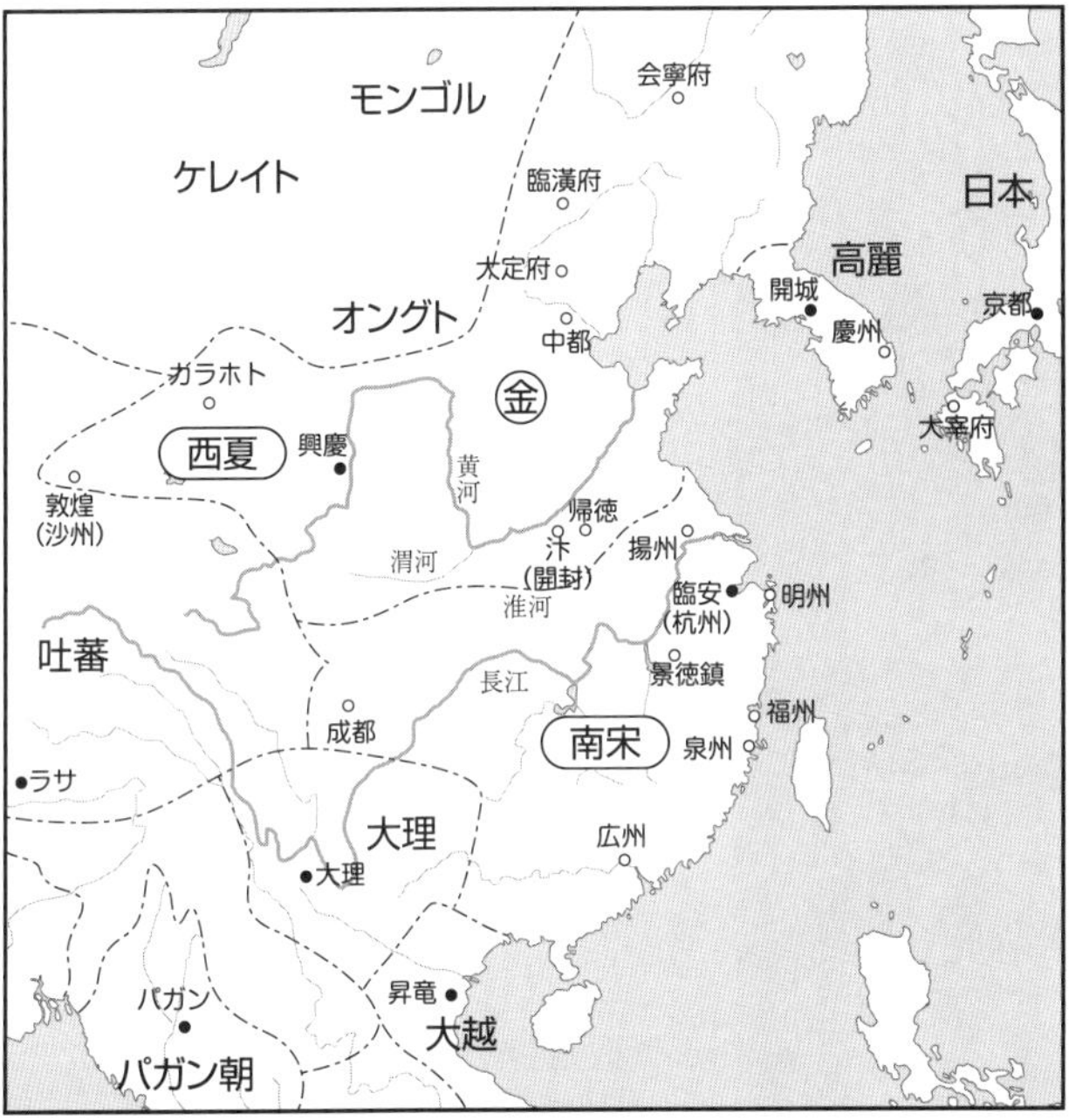

金・南宋・西夏

号《ごう》は高宗《こうそう》)。これからあとの宋朝を南宋《なんそう》といい、これと区別するために、それまでの宋は北宋《ほくそう》とよばれる。

一一三八年、南宋の高宗は杭《こう》州《しゅう》(臨安《りんあん》)に都をさだめ、一一四一年、金と講和して臣と称した。これから東アジアは、北の満洲・南モンゴル・華北は金帝国、南の華中《かちゅう》・華南《かなん》は南宋帝国となり、両国のあいだにはほぼ八十年にわたって平和が維持された。

金帝国をたてたジュシェン人は固定家屋に住み、狩猟や採集のかたわら農耕もおこなっていたので、草原の遊牧民のキタイ人よりも中国型の都市文明になじみやすかった。だが、宋からうばいとった華北の中国人地帯では商業が高度に発達していて通貨の需要が大きかったため、問題がおこった。通貨は銅貨であったが、華北には銅の鉱山がなかったので銅貨の鋳造《ちゆうぞう》ができず、流通の絶対量がつねに不足したのである。そのため金帝国は、通貨供給の補助手段として、約束手形を大量に発行した。これが信用取引の慣行を促進する結果となり、信用を基盤とする資本主義経済の萌芽を生みだした。このことも、きたるべきモンゴル帝国での商業繁栄の原因となり、ひいては世界経済の変化を決定することになる。

さらに、北モンゴルに直接手のとどかなかった金帝国は、この地域の遊牧民による侵入と掠《りやく》奪《だつ》になやまされた。その対策として金帝国は、遠方の遊牧部族と同盟して、国境にちかい遊牧民を挟《はさ》み撃《う》ちする戦略をとった。金帝国がえらんだ同盟相手の一人がケレイト王トグリル・オン・ハーンであり、その部下がモンゴル部族のテムジン、のちのチンギス・ハーンであった。

遊牧民の戦闘を描いた元朝時代の絵画(14世紀初頭・作者不明)

契丹《きったん》(キタイ)の耶律大石《やりつたいせき》が西遼を建国

チンギス・ハーンのモンゴル帝国への道をひらいたキタイ人

契丹《きったん》(キタイ)の天祚帝《てんそてい》が金《きん》軍にとらえられる(166ページ参照)三年前の一一二二年、キタイの皇族耶律大石《やりつたいせき》は天祚帝の一行からはなれて北モンゴルにのがれ、モンゴル高原の七州のキタイ人と遊牧民十八部族の代表を鎮州《ちんしゅう》建安軍《けんあんぐん》のカトゥンバリクに召集し、皇帝に選挙された。

翌年、耶律大石は全軍をひきいて西方に移動し、中央アジア遠征に出発した。天山《てんざん》山脈の北側のベシュバリクのウイグル王国を通過してサマルカンド(いまのウズベキスタンの都市)を占領し、その西方のケルミネの地において一一二四年、即位式をあげて西遼《せいりょう》をたてた。

耶律大石は、キタイ語ではグル・ハーン、中国語では天祐《てんゆう》皇帝と称号をあらためた。これが西遼の徳宗《とくそう》である。

徳宗は一一二六年、ベラサグン(バラーサーグーン。いまのキルギズ共和国の首都ビシュケクの東方のチュー河のほとり)を占領して本拠とし、この都を「クズ・オルド」と称した。オルドとはキタイの皇帝の私領、または皇帝の住む大天幕《テント》と、それにしたがう廷臣たちの住む天幕群のこともさす。このクズ・オルドの屯営《とんえい》は、馬に乗ってひと回りするのに夜明けから真昼までかかるほど規模が大きかったという。

西遼はこれから百年近く、中央アジアのトルコ系の部族を支配し、その勢力範囲は現在の東西トルキスタンにおよんだ。トルコ人は西遼をカラ・キタイ（黒い契丹）と呼んだ。

カラ・キタイが進出してくる以前、このベラサグンには十世紀以降、カラハーン朝というトルコ人イスラム教徒の王朝があり、中央アジアに大きな勢力をふるっていた。この王朝では、はじめてアラビア文字をつかってトルコ語が書かれるようになり、一〇六九～七〇年にはトルコ語で書かれたものとしては最初の文学作品、君主の心得を説くユースフ・ハス・ハージブの『クタトグ・ビリク』（幸福の智慧《ちえ》）が誕生していた。仏教徒のカラ・キタイ帝国は、このカラハーン朝の勢力を引き継いで、中央アジアのイスラム教徒を支配した。

一一四三年、耶律大石（徳宗）は、遼の故地を奪還すべく、七万の兵をひきいて金帝国にむけて遠征したが、その行軍中に病死した。

一二一一年、カラ・キタイは、チンギス・ハーンに敗れて亡命してきた遊牧部族ナイマンの王子クチュルクに国を簒奪《さんだつ》され、耶律大石が建国してから八十七年でほろびた。

キタイ人は、遊牧型の政治組織と中国型の都市文明の結合にはじめて成功した人々であった。中央アジアのイスラム地帯にカラ・キタイ帝国をたて、自分たちが東アジアで創り出した新しい経営形態をこの地域にもちこんで、やがてきたるべきチンギス・ハーンのモンゴル帝国に道をひらき、その先駆者となったのがキタイ人であった。

朱熹《しゅき》、朱子学（宋学）を完成

事実上消滅した儒教にかわり、道教によって再編成された「新儒教」

一八四年の黄巾《こうきん》の乱をさかいに、王莽《おうもう》以来の中国の国教であった儒教《じゅきょう》は事実上消滅し、これにかわって秘密結社の信仰から発生した道教《どうきょう》が中国の宗教の主流となった。

また、中央アジアから中国にやってきた商人集団の宗教であった仏教も、道教の一種として中国人のあいだに普及した。

道教と仏教とは、それぞれ宮廷において指導権をにぎるべく、たがいにはげしい闘争をくりかえしたが、仏教は「三武一宗《さんぶいっそう》の法難《ほうなん》」とよばれる四回の大迫害（北魏《ほくぎ》の太武帝《たいぶてい》の四四六年、北《ほく》周《しゅう》の武帝《ぶてい》の五七四年・五七七年、唐《とう》の武宗《ぶそう》の八四五年、後周《こうしゅう》の世宗《せいそう》の九五五年）をへて、すっかり勢力がおとろえ、宋《そう》代には道教が盛んとなった。

それとともに、儒教中心に統合されていた各種の学術も、道教を中心に再編成され、儒教・仏教・道教の三教の一致という考えかたが一般的になってきた。

やがて宋代にいたって道教中心の思想体系はそのままに、用語を古い儒教の経典におきかえた「新儒教」が出現した。

周敦頤《しゅうとんい》（一〇一七～一〇七三年）、張載《ちょうさい》（一〇二〇～一〇七七年）、程顥《ていこう》（一〇三二～一〇八五年）、程頤《ていい》（一〇三三～一一〇七年）らがその代表者で、福建《ふくけん》の新開地の地主朱熹《しゅき》（朱子《しゅし》。一一三〇～一二〇〇年）の手によって完成し、総合的な思想体系となった。これが新儒教で、また宋学《そうがく》、朱子学、道学、性理《せいり》（人間の本性を理とする）学ともいう。

新儒教は、万物の根源を理《り》・気《き》の二気とし、気よりも理に優位をあたえる理学をとなえた。気は形質の原因となるものであるが、理は、気の活動の法則であるとともに、宇宙の生成作用の秩序調和の大きな根源ととらえられている。これを「天理」といい、人にあっては人間の本質とされ、気にもとづいた人欲と対立するものとされる。それで道徳の実践は、外からあたえられたものではなく、やむにやまれぬ至上のものとして力強く説かれるようになった。朱熹はまた、君臣のあいだの道徳も天理とし、臣下の忠節を鼓吹《こすい》した。

宋代にはこの新儒教は政府の公認を受けることはできなかったが、モンゴル族の元朝《げんちょう》が一三一四年にはじめて朱子学の解釈を基準とした科挙《かきょ》を実施し、これ以来、新儒教は中国の国教となったのである。しかし、これは読書人層の公的なたてまえとしてであって、一般の中国人の信仰の内容は依然として道教と、それに習合《しゅうごう》した仏教であった。

この朱子学は日本でも徳川幕府の官学の中心となったが、李氏朝鮮《りしちょうせん》には国家の統治理念としてとくに大きな影響をあたえ、朝鮮における唯一の学問となり、今日まで韓国人の思想・文化をしばることとなった。

1206

チンギス・ハーン、モンゴル帝国建国

遊牧民共通の最高指導者にえらばれ、一代で大帝国を築いた英雄

北方から辺境に侵入して掠奪《りゃくだつ》をはたらくタタル部族の遊牧民に悩まされていた女直《じょちょく》（ジュシェン）人の金《きん》帝国は、一一九五年、大軍を動員してタタル部族の討伐にのりだし、他の遊牧部族に呼びかけて、敵の背後をつかせた。モンゴル部族の首領テムジン（のちのチンギス・ハーン）とケレイト王トグリル・ハーンも、この戦争に参加した。テムジンの亡き父イェスゲイとトグリル・ハーンとは、アンダ（盟友）の誓いをたてた仲であった。テムジンとトグリル・ハーンは協力して、金の皇帝に敵対する遊牧部族を征服していった。金の皇帝はそのはたらきをたたえ、トグリル・ハーンに「王」の称号をあたえたので、かれはオン・ハーンとして知られるようになった。また、テムジンには百人隊長の官職をさずけた。

二人は七年間、行動をともにしたが、ついに仲間割れをおこし、一二〇三年、テムジンはオン・ハーンを倒してケレイト王国をほろぼした。さらにモンゴル高原西部の大部族だったナイマンのタヤン・ハーンを倒し、ついで東方に転じて、タタル部族を完全にほろぼした。モンゴル高原の遊牧民はことごとくテムジンの軍旗のもとにあつまり、その号令にしたがうことにな

った。

一二〇六年の春、テムジンの故郷であるケンテイ山脈のなかのオノン河の源に近い草原に遊牧部族の代表者があつまって大会議をひらき、テムジンを自分たちの共通の最高指導者に選挙し、「チンギス・ハーン」の称号をたてまつった。これがモンゴル帝国の建国である。

チンギス・ハーンはそれまで金の皇帝の同盟者としてふるまっていたが、一二一〇年、金と絶縁することを宣言し、翌年からモンゴル軍を指揮して華北に侵入をはじめ、金の首都だった北京を攻め落とした。金は一二一四年、開封《かいほう》（河南《かなん》省）に都をうつした。

一二一八年、チンギス・ハーンは、戦死したナイマン王タヤン・ハーンの息子クチュルクがのっとった西遼《せいりょう》（カラ・キタイ）を攻めて、クチュルクを殺した。つづいて西方に向かい、イスラム教徒のトルコ人が中央アジアから西アジアまで支配していた大帝国ホラズムに戦争をしかけた。そして七年間におよんだ大遠征で、アフガニスタンを縦断し、いまのパキスタンのインダス河畔にまで達した。また、彼の一部隊は、コーカサス山脈を南から北へ通過し、ヴォルガ河岸に達して、カスピ海の北をまわって東にもどった。

一二二七年、チンギス・ハーンはいまの寧夏回族《ねいかかいぞく》自治区の西夏《せいか》王国に出征し、最後の西夏王が降伏すると同時に、病気で死んだ。チンギス・ハーンは西夏征伐をおえて死ぬまでの二十一年間に、一代で大帝国をつくりあげたのだった。チンギス・ハーンの遺体はモンゴル高原を横切ってはこばれ、ケンテイ山中の故郷の地にうめられた。

14世紀に描かれた
チンギス・ハーンの肖像

ペルシア語で書かれた
イルハン朝の史書『集史』
（1314年）に描かれた
チンギス・ハーン即位の図

金帝国の首都・中都を
包囲するモンゴル軍（『集史』より）

三男オゴデイが第二代ハーンに就任

チンギス・ハーンの四人の息子たちがユーラシア大陸を分割・継承した

チンギス・ハーンの息子のうち、有力だったのは最初の妻ボルテが生んだジョチ、チャガタイ、オゴデイ、トルイの四人であった。

長男ジョチには、いまのカザフスタンの草原があたえられた。ジョチ家がひきいたモンゴル人たちの子孫は、ロシア連邦のタタルスタン共和国のタタル人、カザフスタンのカザフ人、ウズベキスタンのウズベク人になった。これらの人々は、いまではトルコ語に近いことばを話すので、トルコ人だと誤解されているが、もともとはモンゴル人である。

次男のチャガタイには、いまの新疆《しんきょう》ウイグル自治区の天山《てんざん》山脈の北からカザフスタン東南部のバルハシ湖をとおって、西はシル・ダリヤ河にいたるまで。三男オゴデイには、新疆ウイグル自治区北部のジューンガル盆地を西に流れて、カザフスタン東部のアラ・コル湖に流れ込むエメール河（額敏河）のほとりがあたえられた。四男のトルイは、モンゴル高原で父チンギス・ハーンとともに暮らしていた。そのため、父の死後、トルイは遺産として四つの大オルド（大テントの移動宮殿）をそっくり引き継ぐことになった。

チンギス・ハーンのつぎのハーンをきめる大会議がようやくひらかれたのは、死の二年後の一二二九年になってからだった。モンゴル帝国はアジア大陸の端から端までひろがっていたので、あつまるのに時間がかかったのである。大会議は次男のチャガタイを議長として、モンゴル高原のケルレン河のほとりにあったチンギス・ハーンの大オルドでひらかれ、全員一致で三男のオゴデイが第二代のハーンにえらばれた（在位一二二九〜一二四一年）。

一二三四年、オゴデイ・ハーンの指揮のもと、女直《じょちょく》（ジュシェン）人の金《きん》帝国の最後の首都だった蔡州《さいしゅう》（いまの河南《かなん》省汝南《じょなん》県）は陥落し、金帝国は滅亡した。翌年、オゴデイ・ハーンは、モンゴル高原のカラコルムにオルホン河の水をひいて都市を建設した。カラコルムは、いまはハラホリンとよばれ、モンゴル国では数少ない農耕のできる場所である。ハーンの宮廷は、一年をつうじて草原を移動し、ときどきカラコルムに立ち寄って物資を補給しては離れていった。

一カ所に定住しない遊牧民のモンゴル人が都市を必要とするのは、オルド（宮廷）での生活に必要な食糧や物資を補給するためである。モンゴル高原は年間の降雨量がすくなく、草もまばらなため、遊牧民は家畜が食べる草の茂る広大な土地から土地へ移動する。多数の家臣と大規模な軍隊、それに家畜の群れがあつまるハーンのオルドは草原で移動をつづけ、冬には暖かい場所で冬ごもりする。都市はそうしたキャンプ地の近くに建設され、市場がひらかれて経済の中心地となったのである。政治の中心地ではないという意味では、カラコルムはモンゴル帝国の首都ではなかった。

オゴデイ・ハーンのヨーロッパ大遠征

世界史を変えたモンゴルの世界征服計画が実行にうつされた

一二三五年、オゴデイ・ハーンはカラコルム近くの草原に大会議を招集《しょうしゅう》した。モンゴル帝国のすみずみから代表者があつまり、議決されたのは世界征服計画だった。なかでも最も重要とされたのがヨーロッパ征服作戦であった。

この計画は翌年の春から実行にうつされた。チンギス・ハーンの長男であるジョチの次男バトが総司令官となり、その指揮下にチンギス家の分家からそれぞれの代表が、自分の軍隊をひきいて遠征にくわわった。

チンギス・ハーンの次男チャガタイ家からは孫のブリ、三男オゴデイ・ハーン家からは長男のグユク、四男トルイ家からは長男のモンケなど、多くの皇族が従軍した。

遠征軍はまずウラル山中の、いまのタタルスタン共和国の地にあったブルガル人の国を征服し、翌一二三七年、さらに西にむかってルーシの諸侯の町々をおとしていった。ルーシというのは「ノルマン人」を意味し、九世紀にスウェーデンからバルト海をわたってきて、東ヨーロッパに町々を建設し、スラヴ人、バルト人、フィン人を支配した種族である。のちのロシアという名前は、このルーシからきている。

モンゴル軍はつづいて北コーカサスを征服し、いまのウクライナの首都キエフを占領して、ポーランド王国に入り、一二四一年、レグニツァでポーランド王とドイツ騎士修道会の連合軍を粉砕した。ついでハンガリー王国を踏みにじり、オーストリアのウィーナー・ノイシュタットまで達した。さらに南方では、クロアティアのアドリア海岸にまで達した。

モンゴル軍の目的は、西ヨーロッパをことごとく征服して大西洋岸に達し、この地域を牧地とすることであったと思われる。モンゴル軍の先鋒《せんぽう》隊にはキリスト教徒との交渉担当としてイギリス貴族が従軍していた。もしモンゴル軍が大西洋に達していれば、かれはモンゴルの西ヨーロッパ総督に任命されていたであろう。

ところが同年、オゴデイ・ハーン死去の知らせがとどき、モンゴル軍は突然、進軍を中止して東方にひきあげた。

これをもって世界史を変えたモンゴルのヨーロッパ作戦は終わり、二度とくりかえされることはなかった。総司令官だったジョチ家のバトはヴォルガ河畔にとどまり、みずからの宮廷をひらいた。これは「黄金のオルド（白いオルド）」とよばれた（キプチャク・ハーン国）。バトの一族は十三世紀から十八世紀まで五百年間ロシアに君臨した。ロシアの君主がモンゴル支配からはじめて独立できたのは、ロマノフ家のピョートル一世（在位一六八二〜一七二五年）の時代になってからのことである。

フビライ、「パクパ文字」を公布

ハングルのもととなった新モンゴル文字

一二六〇年にモンゴル帝国の筆頭ハーンとなったフビライは、官庁の機構を整備するいっぽう、文化の面でも業績をのこした。有名なものにパクパ文字がある。

チベット仏教のサキャ派の教主に、サキャ・パンディタという高名な学僧があった。オゴデイ・ハーンの次男でチベット征服を担当していたゴデン皇子は、サキャ・パンディタをチベットの代表として、自分の牧地のある涼州《りょうしゅう》（甘粛省《かんしゅくしょう》の武威《ぶい》県）に呼び寄せた。サキャ・パンディタは甥《おい》のパクパをともなって一二四六年に涼州に到着したが、五年後に七十歳で死んだ。

サキャ・パンディタが亡くなった一二五一年、モンケ・ハーン（フビライの兄）が即位するとオゴデイ家にたいする大粛清がはじまった（184ページ参照）が、ゴデン皇子はモンケ・ハーンと親しかったので、ぶじだった。一二五三年、フビライがゴデンからパクパをゆずりうけて、自分の侍僧にした。一二六〇年、フビライがハーンになると、パクパに国師の称号と玉印をさずけ、新しいモンゴル文字をつくることを命じた。

それまでモンゴル語の表記にはウイグル文字がつかわれていたが、モンゴル帝国のすべてのウルス（所領）で使用できる文字が必要だったのである。パクパがつくったのは、横書きのチベット文字のアルファベットを改良して縦書きにし、左から右へ読むようにしたものである。フビライは、この新モンゴル文字を一二六九年に公布して国字とした。こののちはハーンの詔《しょう》勅《ちょく》のモンゴル語の本文はこの文字で書き、それに地方ごとの文字で訳文をつけることになった。

十四世紀には華北から華南一帯にかけてかなり普及し、通行手形としてもつかわれたパクパ文字の牌子《パイズ》がシベリアから出土している。パクパ文字による漢籍のモンゴル語訳もおこなわれ、漢字の注音にパクパ文字をもちいた字書・韻書『蒙古字韻《もうこじいん》』も現存する。

モンゴル語をウイグル文字で書く習慣がすでに確立していたこともあって、せっかくつくったパクパ文字はやがてつかわれなくなった。

パクパ文字が書かれた牌子

しかし、パクパ文字は元朝《げんちょう》支配下の高麗《こうらい》王国につたわり、その知識が基礎となって、高麗朝にかわった李氏朝鮮《りしちょうせん》の世宗《せいそう》王がハングル文字をつくり、それを解説した『訓民《くんみん》正音《せいおん》』という書物を一四四六年に刊行した。

フビライ・ハーンがパクパ文字をつくらせたおかげで、いまの韓国語・朝鮮語があるのである。

フビライ、元の国号を採用

補給基地であり漢人統治の行政センターでもあった大都（北京）

一二四一年のオゴデイ・ハーンの死後、一二四六年に長男グユクがあとを継いだが、在位わずか二年で死去した。その後、一二五一年にジョチ家とトルイ家が連合して、ジョチ家のバトが推薦したトルイ家のモンケがハーンに選挙されると、ただちにチャガタイ家とオゴデイ家にたいする大粛清《しゆくせい》が実施された。こうしてトルイ家がモンゴル帝国の頂上にのぼりつめた。

モンケ・ハーンは、すぐ下の弟フビライに南宋《なんそう》の討伐を命じた。フビライは南宋の背後をつくため、一二五二年、いまの雲南《うんなん》省にあったタイ人の大理《だいり》王国をまず征服した。タイ人たちはこれがきっかけで雲南省から南下をはじめ、ラオスと北タイにひろがった。

一二五七年、モンケ・ハーンはモンゴル高原の政務を末弟のアリク・ブガにゆだね、みずからモンゴル軍の本体をひきいて南下したが、戦いの途中の一二五九年、赤痢に感染して死んだ。

そのあとはモンゴル高原のゴビ砂漠の北のアリク・ブガ派と南のフビライ派が対立し、フビライは一二六〇年、開平府《かいへいふ》（現在の内モンゴル自治区の多倫《ドロン》県の西北）で、一方アリク・ブガはカラコルムの西のアルタン河でそれぞれハーンに選挙されたが、四年におよぶ内戦の結果、アリク・ブガは降伏し、フビライがモンゴル帝国の筆頭のハーン（世祖《せいそ》セチェン・ハーン）となった。

フビライは、自分の所領全体の呼び名として、一二七一年に「大元《だいげん》」という国号を採用した。「大元」とは「天」を意味する。こうして元朝は成立したが、その本拠地はあくまでモンゴル高原であり、元朝の歴代の皇帝は在位中、北京《ペキン》より南にはけっして足を踏み入れなかったが、その北京の地に、フビライ・ハーンは大都《だいと》という都市をあらたに建設した。これは、のちの明《みん》朝・清《しん》朝時代の北京の市街をふくんで東と北にひろがる広大な町で、トルコ語でカンバリク（ハーンの町）とよばれた。元朝の代々のハーンは、主として冬季の避寒キャンプ地、補給基地として大都を利用した。

大都は同時に、漢人を統治する行政センターでもあった。これ以前に女直《じょちょく》（ジュシェン）人の金《きん》帝国をほろぼしたオゴデイ・ハーンは、華北《かほく》の新占拠地で人口調査を実施したが、一二三六年の統計では百十一万戸という数字が出た。ということは、漢人はたった五百万人ほどしかいなかったことになる。しかも、この「漢人」には、のちの十四世紀の記録によると、宋代の漢人の子孫のほかに、契丹《きったん》人、女直人、渤海《ぼっかい》人、高麗《こうらい》人がふくまれていた。要するに、定住して都市生活をいとなんでいる種族をひっくるめて「漢人」とよんだのである。

フビライ・ハーンがモンゴル帝国に建設した開平府の町は昇格して上都《じょうと》とよばれたが、こちらは、春から秋にかけてハーンの宮廷がモンゴル高原各地を移動するときの補給基地であると同時に、遊牧地帯にたいする行政センターでもあった。

南宋の滅亡、元が中国統一

世界帝国のハーンが中国皇帝を兼任

朝鮮半島の高麗《こうらい》王国にたいしては、オゴデイ・ハーンの治世の一二三一年から、モンゴル軍の侵入がはじまっていた。このころ高麗の実権をにぎっていた軍人一家の崔《さい》氏は、都を陸の開《かい》城《じょう》から江華島《こうかとう》にうつし、三十年近くものあいだ抵抗をつづけたが、一二五八年、江華島でクーデターがおこって崔氏の政権が倒れたので、高麗王国はモンゴルに降伏することになった。

高麗の太子倎《てん》（のちの元宗《げんそう》王）は、モンケ・ハーンの死を知って鄂州《がくしゅう》（湖北《こほく》省武漢《ぶかん》市）の前線からひきあげていくフビライに、北京の郊外で降伏を申し入れた。これ以後、高麗国王はフビライ・ハーンの宮廷で高い地位をあたえられることになった。元宗王の息子の忠烈《ちゅうれつ》王は、フビライ・ハーンの皇女クトルグ・ケルミシュと結婚し、その腹に生まれた忠宣《ちゅうせん》王の子孫の高麗国王たちも、代々元朝の皇女の婿《むこ》となり、ハーンの側近にあってモンゴル風の宮廷生活をおくった。

フビライ・ハーンは一二六八年、南宋《なんそう》にたいする作戦を再開した。モンゴル軍は漢江《かんこう》のほとりの南宋の城塞、襄陽《じょうよう》城を包囲し、五年後の一二七三年にようやくこれを落とした。これで南宋の臨時首都、臨安《りんあん》（浙江《せっこう》省杭州《こうしゅう》市）への通路がひらけた。

この南宋討伐作戦の一部として、フビライ・ハーンは日本列島を占領して背後から南宋を突こうと考え、一二七四年、元（モンゴル）・高麗連合軍を送って北九州に上陸をこころみたが、失敗におわった。これが第一次蒙古《もうこ》襲来、いわゆる「元寇《げんこう》」の「文永《ぶんえい》の役」である。

バーリン氏族出身の将軍バヤンの指揮する元軍は漢江《かんこう》を下って、一二七五年、鄂州を占領し、ここから長江《ちょうこう》を下って、翌年、臨安を占領した。バヤンは、南宋の実質上最後の皇帝、当時六歳の瀛国公《えいこくこう》をとらえ、フビライ・ハーンのもとにつれていった。こうして南宋帝国は滅亡した。

南宋の残党の掃討作戦が完了した一二八一年、フビライ・ハーンは旧南宋の水軍を派遣してふたたび日本を攻めたが（弘安《こうあん》の役）、またも失敗におわった。

日本征服だけでなく、サハリンや台湾やジャワ島遠征にも失敗し、モンゴル帝国を海外にひろげることはできなかったものの、元朝による中国統一は完成した。中国人の皇帝の「正統」はふたたび断絶して中国は遊牧民の帝国の一部となった。突厥《とっけつ》（トルコ）・ウイグル・契丹《きったん》（キタイ）・金《きん》（女直《じょちょく》＝ジュシェン）と成長してきた、漢人とはべつの「正統」が勝って中国をのみこみ、東は日本海・東シナ海から、西は黒海《こっかい》・ペルシア湾にいたるアジア・東ヨーロッパの大陸部のほとんど全域がモンゴル帝国におおわれることになった。これは人類はじまって以来の最大の帝国である。

フビライは世界帝国のハーンでありながら中国の皇帝もかねる、歴史上はじめての君主となった。この年（一二七六年）をもって、中国史の第二期がおわり、第三期がはじまる。

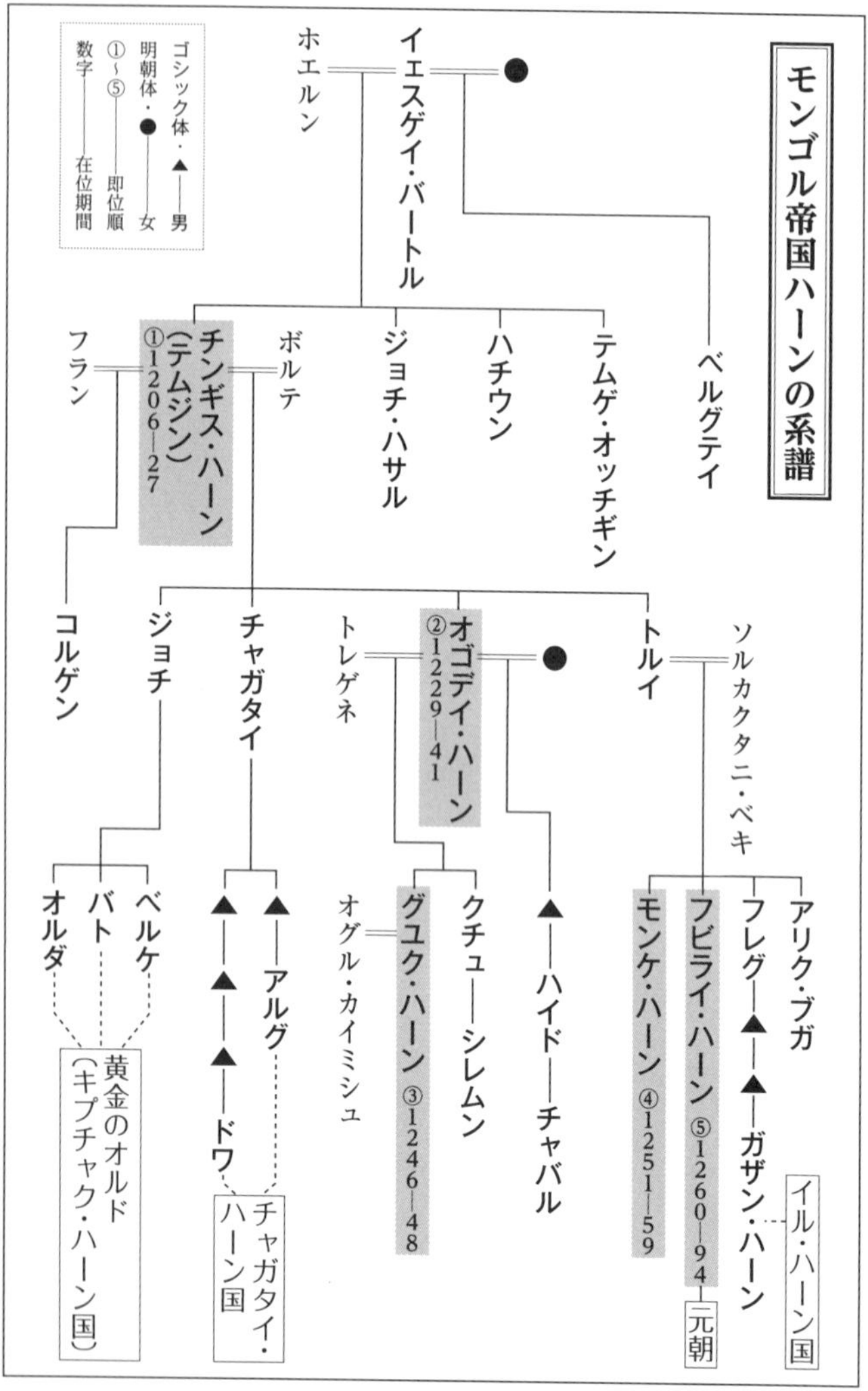
モンゴル帝国ハーンの系譜
ゴシック体・▲―男
明朝体・●―女
①〜⑤―即位順
数字―在位期間
●
イエスゲイ・バートル
ホエルン
ベルグテイ
テムゲ・オッチギン
ハチウン
ジョチ・ハサル
ボルテ
チンギス・ハーン（テムジン）
①1206―27
フラン
コルゲン
ソルカクタニ・ベキ
トルイ
●
オゴデイ・ハーン
②1229―41
トレゲネ
チャガタイ
ジョチ
アリク・ブガ
フレグ―▲―▲―ガザン・ハーン
イル・ハーン国
フビライ・ハーン
⑤1260―94
元朝
モンケ・ハーン
④1251―59
▲―ハイド―チャバル
クチュ―シレムン
グユク・ハーン
③1246―48
オグル・カイミシュ
▲―アルグ
▲―▲―▲―ドワ
チャガタイ・ハーン国
ベルケ
バト
オルダ
黄金のオルド（キプチャク・ハーン国）

第6章

第三期・前期

世界帝国と宗教秘密結社

フビライ・ハーン、元の行政組織をさだめる

中国式の要素はほとんどなかった遊牧帝国

モンゴル帝国は多数の領主のウルス（所領）の集合体で、もともと全体を統治する中央政府はなく、それらの領主のなかで筆頭の地位を占めたのがフビライ家の元朝《げんちょう》皇帝だった。その元朝でも、フビライ・ハーンは唯一の領主ではなかった。もと金《きん》の領地だった満洲《まんしゅう》・華北《かほく》、南宋《なんそう》領だった華中《かちゅう》・華南《かなん》などの定住地帯は、その地域の征服時に参加した皇族や将軍たちにわけあたえた領地・領民がモザイク状にいりまじり、そのあいだにハーンの直轄《ちょっかつ》領が散在しているという状況だった。

こうしたフビライ・ハーンの所領を経営し、かたわら他の皇族や貴族たちにかわってその所領を差配《さはい》したのは大都《だいと》（北京《ペキン》）におかれた中書省《ちゅうしょしょう》という役所だった。それ以外の地方には中書省から出向《しゅっこう》した行中書省《こうちゅうしょしょう》（行省《こうしょう》）という役所をおいて、現地の定住民を管理した。

北アジアの遊牧地帯にたいしては上都《じょうと》に行政センターがおかれていた。つまり元朝には、定住地帯を管理する大都、遊牧地帯を管理する上都と、文書行政の中心が二つあったことになる。

ほかに、商業に投資し、鉱山や工場を経営して、フビライ・ハーンの私的財産の利殖に従事

する尚書省《しょうしょしょう》、治安を担当する枢密院《すうみついん》などがあった。御史台《ぎょしだい》は、行政の監察《かんさつ》機関である。

漢人の明《みん》王朝が編纂《へんさん》した『元史《げんし》』は、『史記《しき》』以来の伝統的な枠組にしたがっているので、ユーラシア大陸全体におよんだモンゴル帝国の歴史ではなく、その一分家だったフビライ家の元朝の歴史を書いているのだが、その元朝の支配下にあったモンゴル高原、チベット高原、東トルキスタンの一部などでおこった事件は、ほとんど何も記載していない。書かれているのは長《ちょう》城《じょう》より南の、伝統的な漢文の正史における「天下」、いわゆる漢人地帯のことだけだ。

また、元朝の行政機構も、あたかも中国式のピラミッド型のように叙述しているが、遊牧部族間には上下関係も命令系統も存在しない。みんな横並びの関係なのだ。

元朝時代の「省」の実態は、地方行政の単位ではなかった。フビライ・ハーンが大都においた中書省は、フビライ家を支持する有力な部族長たちの合議《ごうぎ》機関で、この中央の中書省から高官が地方に出張して、作戦の指揮や占領地の軍政にあたることを「行省《こうしょう》」といった。だから、行中書省（行省）はもともと臨時の措置で、恒久的な地方行政組織ではなく、のちには地方の占領地に駐屯《ちゆうとん》する軍隊の司令官が行省の役名を帯びるばあいも多くなった。行省は中小都市を直接支配していたのではなく、それぞれの都市は、特定のモンゴル貴族が世襲する所領だった。

元朝が、あたかも遊牧民がつくった中国式の王朝であるかのような誤解があるが、実際には元朝は純然たる遊牧帝国で、中国式の要素はほとんどない。ただ、漢字でつづった官職名をつかっていたというだけなのだ。

モンゴル帝国の構造

四大ハーン国と大小の所領が並存する偉大なるチンギス・ハーンの国

モンゴル帝国が膨張《ぼうちょう》につぐ膨張をつづけた理由は、匈奴《きょうど》帝国以来の遊牧王権の性格にあった。一度成立した王権を維持するためには、君主は部下の遊牧民の戦士たちに絶えず掠奪《りゃくだつ》の機会をあたえるか、財物を下賜《かし》しつづけなければならない。そうでなければ、独立性の強い部下たちはたちまち他の君主にのりかえてしまうので、世界征服のための戦争をつづけることが、部下を満足させるのにいちばんてっとりばやい方法であった。

モンゴル帝国には遊牧君主のウルス（所領）がいくつも並存し、一つのウルスは、専属の遊牧民の集団とその家畜、おなじく専属の定住民から物資や労働力を徴発《ちょうはつ》する権利をもっていた。

最大のウルスは四つあった。東アジアにはフビライ・ハーン（チンギス・ハーンの四男トルイの子）のフビライ家による「大元《だいげん》」、すなわち元朝《げんちょう》があった。中央アジアにはチンギス・ハーンの次男を始祖とするチャガタイ家の「チャガタイ・ハーン国」、西アジアにはおなじくトルイの子（フビライ・ハーンの弟）フレグが創始したフレグ家の「イル・ハーン国」、そして東ヨーロッパにはチンギス・ハーンの長男の家系であるジョチ家の「キプチャク・ハーン国」（黄金のオルド）があった。しかしそれだけではなく、このほかにも中小のウルスがたくさんあった。俗に「モンゴル帝国は四大ハーン国に分裂した」などというが、これは不正確ないいかたである。モンゴル帝国には、創立者チンギス・ハーンの時代から、すでに多くのウルスが存在して、大ハーンといえども、支配権が直接およぶのは自分のウルスだけで、他のウルスの内政に介入する権利はなかった。

こうした雑多なモンゴル人のウルスから成るモンゴル帝国を統合していたのは、偉大なるチンギス・ハーンにたいする尊敬と、チンギス・ハーンが天から受けた世界征服の神聖な使命にたいする信仰であった。チンギス・ハーンがすなわちモンゴル帝国であり、モンゴル帝国がすなわちチンギス・ハーンだったのである。

モンゴル帝国の全土をつうじて、「チンギス統原理《とうげんり》」と呼ばれるものが固く信奉され、チンギス・ハーンの血を父方から承《う》けた男子だけがハーンの称号をなのる資格があるとされた。それにともなって、モンゴル以前からの遊牧民の部族名・氏族名はすべて消滅し、モンゴルの氏族名がこれらに代わった。

つまり中央ユーラシアの遊牧民は、ほとんどすべてがモンゴル人の社会組織に組み込まれ、モンゴル人になったのである。例外はキルギズ人とトルクメン人だけであった。もっともアルタイ山脈以西のモンゴル人は、十四世紀にはいってイスラムに改宗し、トルコ語を話すようになったが、それでも意識はあくまでモンゴル人で、トルコ人になったわけではなかった。

狩りをするフビライ・ハーン。右はチャブイ・ハトン。従者たちも国際色ゆたか
（『元世祖出猟図』部分　劉貫道・画）

テムルが元朝ハーン位を継承

オゴデイ家を再興したハイドの反乱のさなか、フビライ・ハーン病死

フビライ・ハーンは、祖父のチンギス・ハーンと同じように四つのオルド（宮廷）をもっており、それぞれのオルドに正式に結婚したハトン（皇后）が住んでいた。フビライ・ハーンには、それらのハトンから生まれた十二人の息子があったが、最愛の妻であるフンギラト氏族出身のチャブイ・ハトンが生んだドルジ、チンキム、マンガラ、ノムガンの四人の息子のなかから、一二七三年、フビライ・ハーンは次男のチンキムを皇太子にたてた。

中央アジアではオゴデイ・ハーンの孫のハイドが、一度トルイ家にとりつぶされたオゴデイ家を再興してチャガタイ家と同盟し、ジョチ家の後援をえて、一二六八年に反乱をおこしていた。元朝は大軍を西北辺境に集結させ、たえず防戦につとめなければならなかった。一二七七年には、ハイドの軍はモンゴル高原にふかく侵入してきた。南宋を征服したばかりの元朝の将軍バヤンが急ぎ呼びもどされて、オルホン河畔で反乱軍を撃破した。

一二七九年、チンキムは六十五歳の父フビライ・ハーンにかわって、あらゆる政務を決裁するようになり、チンキムがつぎのハーンになることはもはや決定的と思われたが、その矢先の

一二八五年、チンキムは父に先だって急死した。

チンキムの未亡人であるフンギラト氏族出身の妃ココジン・ハトンには、カマラ、ダルマパーラ、テムルの三人の息子があり、祖父フビライ・ハーンは、ダルマパーラをかわいがったが、ダルマパーラも一二九二年、二十九歳の若さで死んだ。そこでフビライ・ハーンは、長男のカマラを晋王《しんおう》に封《ほう》じてモンゴル高原の防衛を担当させ、ケルレン河畔にあるチンギス・ハーンの四大オルドを所領としてあたえた。

一二八七年には東北方面でも、チンギス・ハーンの弟の子孫で満洲北部にウルス（所領）をもっていたナヤンとハダンらが、ハイドと手をむすんでフビライ・ハーンにたいして反乱をおこした。フビライ・ハーンはみずから出陣してナヤンをほろぼし、翌一二八八年にはチンキムの三男テムルを派遣してハダンを倒し、反乱を鎮圧したが、一二九四年二月十八日、フビライ・ハーンは病死した。八十歳であった。

その年の夏、上都《じょうと》においてハーンの継承者を決める大会議がひらかれ、チンキムの長男の晋王カマラと三男のテムルのどちらがあとを継ぐべきかで論争となったが、二人の皇子の母であるチンキムの未亡人ココジン・ハトンの提案で、チンギス・ハーンのビリク（格言）を二人に唱えさせ、上手に美しく発音したテムル・ハーン（成宗《せいそう》）が選ばれた。こうしてフビライ・ハーンの後継者が決まった。オゴデイ家のハイドはテムルに決戦をいどんだが大敗し、一三〇一年に死んだ。

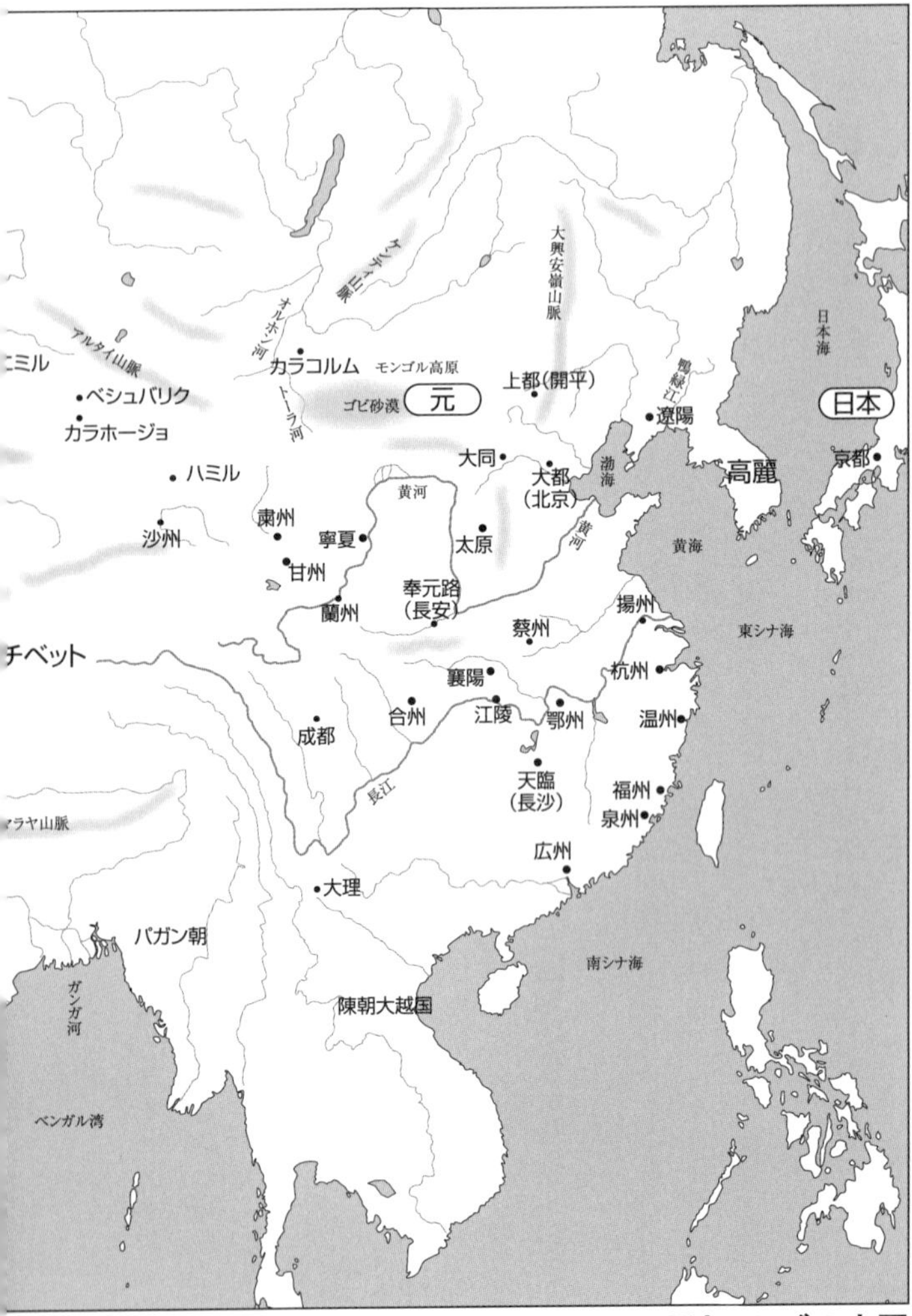
ケンテイ山脈
大興安嶺山脈
日本海
オルホン河
アルタイ山脈
カラコルム
モンゴル高原
上都(開平)
鴨緑江
ベシュバリク
ゴビ砂漠
元
トーラ河
遼陽
日本
カラホージョ
大同
大都
(北京)
渤海
高麗
京都
ハミル
黄河
粛州
寧夏
太原
黄河
黄海
沙州
甘州
奉元路
(長安)
揚州
蘭州
蔡州
東シナ海
チベット
襄陽
杭州
合州
江陵
鄂州
温州
成都
天臨
(長沙)
長江
福州
泉州
広州
大理
パガン朝
ガンガ河
南シナ海
陳朝大越国
ベンガル湾

元とモンゴル帝国

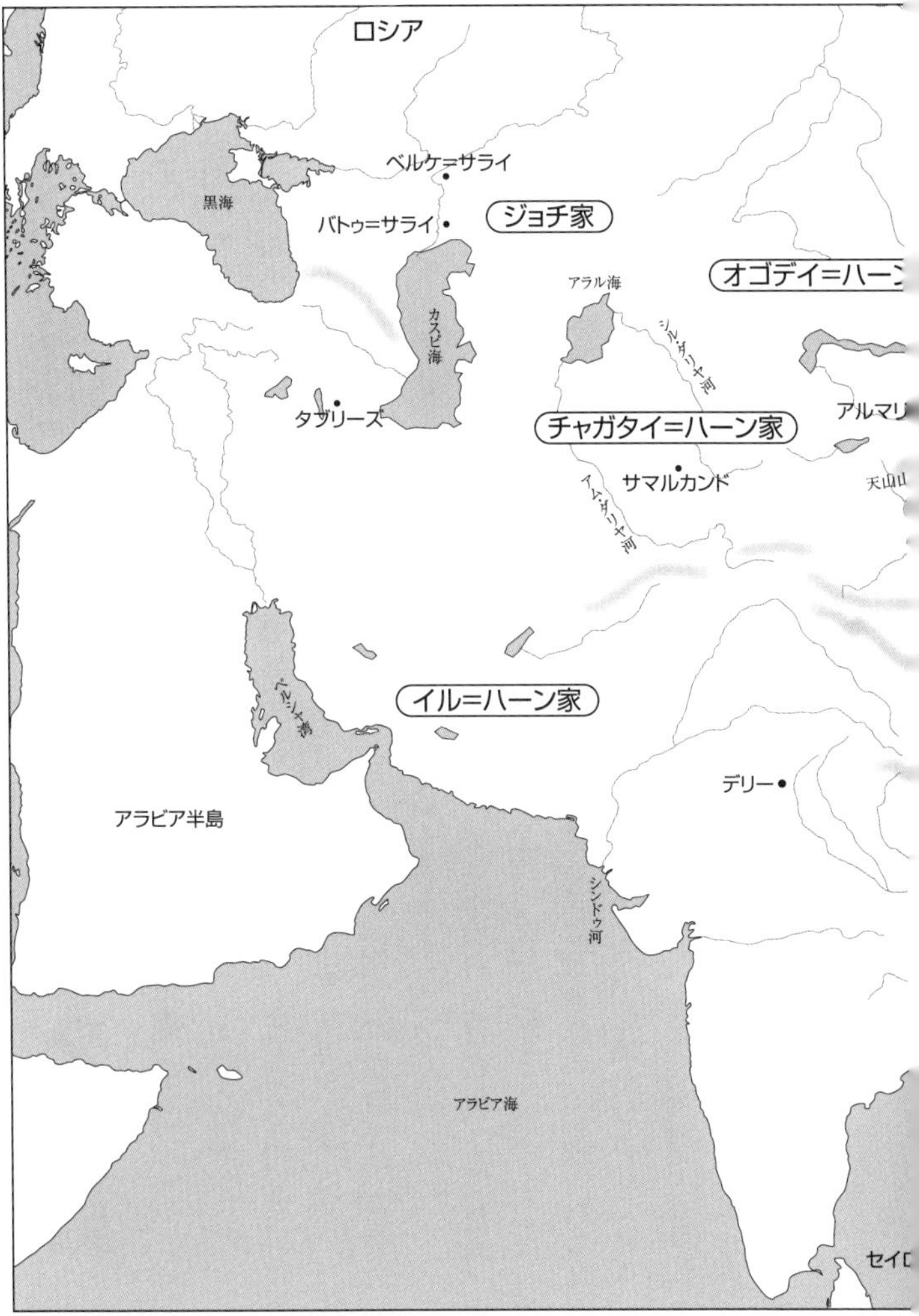

ロシア
ベルケ=サライ
黒海
バトゥ=サライ
ジョチ家
オゴデイ=ハーン
アラル海
カスピ海
シル・ダリヤ河
タブリーズ
アルマリ
チャガタイ=ハーン家
サマルカンド
天山山
アム・ダリヤ河
イル=ハーン家
ペルシャ湾
デリー
アラビア半島
シンドゥ河
アラビア海
セイロ

元朝、『遼史』『金史』『宋史』を編纂

中国以外の「正統」をみとめた、漢人には思いもよらない歴史観

元朝のハーンたちは当然のことながら、自分たちが中央ユーラシア草原の帝国の系列に属することをはっきり自覚していた。彼らは歴史書の編纂《へんさん》に熱心で、恵宗《けいそう》トゴン・テムル・ハーンの時代の一三四五年には『遼史《りょうし》』百十六巻、『金史《きんし》』百三十五巻、『宋史《そうし》』四百九十六巻という、三種の漢文の「正史《せいし》」が完成している。監修は中書右丞相《ちゅうしょうじょうしょう》トクトアらである。

三つの歴史書には、それぞれに「本紀《ほんぎ》」がたててある。宋は中国の王朝だが、遼（契丹《きったん》＝キタイ）と女直人《じょちょくじん》の金は中央ユーラシアの帝国である。これらすべてに本紀をたてたことは、隋《ずい》・唐《とう》以来の中国の「正統」を承《う》けた宋とはべつに、中央ユーラシアには独自の「正統」があり、それがキタイから金をへてモンゴルに伝わったのだというモンゴル人の認識をしめしている。

『史記《しき》』以来の「正統」の観念からすれば、唐の領土のほとんどすべてを再統合した北宋《ほくそう》を正統とし、その北宋の皇族が江南《こうなん》（長江《ちょうこう》の南）にたてた亡命政権で、北宋領の南半分を支配した南宋《なんそう》も、やはり正統としなければならない。だから元朝が編纂した『宋史』も、北宋の皇帝にも南宋の皇帝にも本紀をたてて、「正統」の待遇をあたえているのである。

ところが元朝は、北宋・南宋と並立した遼・金の皇帝にも、『遼史』『金史』で本紀をもうけて、やはり「正統」あつかいにしている。またもや天下は二つ、正統も二つという事態である。

これは元朝としては当然である。中国の外を支配した遼帝国をうけついで中国の北半分を支配したのが金帝国であり、金の同盟部族だったモンゴルからチンギス・ハーンが出て、金の皇帝から独立し、彼がたてたモンゴル帝国が金帝国と南宋帝国をほろぼして全中国を支配したのだから、遼と金と元は一連の、独自の「正統」の系列に属する。元朝としては、遼の皇帝も、金の皇帝も正統である。そうでなければ元朝は正統ではなくなる。それでは漢文の「正史」を書く意味がない。

江南の文人で楊維禎《ようい てい》という漢人は憤慨して、『遼史』『金史』の編纂に抗議する長文の意見書をハーンに提出している。元朝が中国を支配する権利は、フビライ・ハーンが南宋をほろぼしたときに得たのだから、あくまでも北宋・南宋のみを「正統」とみとめるべきで、遼・金の歴史は『宋史』のなかに「契丹列伝」「女直列伝」として附録するにとどめるべきだ、というのである。

もちろん元朝のモンゴル人の宮廷は、こんな非現実的な主張は相手にしなかった。南宋の遺民の文人たちは「正統」の歴史観で教育され、漢字で書かれたものだけが文明だと思い込んでいるから、彼らが考える歴史の対象は、『史記』に書かれた前漢《ぜんかん》の武帝《ぶてい》の時代の中国の範囲にかぎられていた。中国の外、ユーラシア大陸の東西にまで歴史の枠をひろげることなど、漢人の頭では思いもよらないことだったのだ。

1351

紅巾《こうきん》の乱がおこる

宗教秘密結社「白蓮教」と漢人の塩商人たちの反乱

一三〇七年にテムル・ハーンが亡くなり、皇太后ココジン・ハトンの出身氏族であるフンギラト派が実権をにぎると、モンゴル帝国と元朝では内紛と政争がくりかえされるようになった。その間に、モンゴル人支配にたいする反抗がはじまった。一三四八年、台州《たいしゅう》（浙江《せっこう》省の天台《てんだい》県）の塩商人方国珍《ほうこくちん》が反乱をおこして海賊となり、江蘇《こうそ》・浙江・福建《ふっけん》の海岸を荒らしはじめた。塩は中国では貴重品で、皇帝の専売制であったが、塩商人はそれを横流しし、莫大な富をえて大きな力をもったのである。

一三五一年には白蓮教《びゃくれんきょう》という秘密結社の組織する紅巾《こうきん》軍の反乱が、河北《かほく》・山東《さんとう》・河南《かなん》・安《あん》徽《き》・湖北《こほく》にわたって爆発し、穀倉《こくそう》地帯はことごとく反乱軍の手におちた。

白蓮教は、ペルシアのザラトゥシュトラ（ゾロアスター）教系の民間宗教で、その教えでは、この世界は光明の善神の陣営と、暗黒の悪神の陣営とのあいだの戦場であり、最終的に光明が勝つとともに世界は消滅するが、その前に救世主があらわれる至福の時期がおとずれる。

紅巾の反乱は、河北の漢人韓山童《かんさんどう》の「救世主降誕の日は近い」という予言によってはじまった。韓山童は逮捕されたが息子の韓林児《かんりんじ》はのがれ、一三五五年、亳州《はくしゅう》（安徽省亳州市）に成立した紅巾軍の中央政府に迎えられて即位し、大宋《だいそう》皇帝小明王《しょうめいおう》と称した。「明王《めいおう》」とは白蓮教の用語で救世主のことである。

元朝の実権をにぎっていた軍閥の将軍トクトアは、一三五二年、みずから大軍をひきいて紅巾の討伐にむかい、徐州《じょしゅう》（江蘇省徐州市）を奪回して紅巾軍に大打撃をあたえた。翌年、方国珍とおなじく塩商人出身の漢人張士誠《ちょうしせい》が江蘇で反乱をおこし、高郵《こうゆう》（江蘇省高郵県）に政権（国号は大周《だいしゅう》）をたてたので、トクトアはふたたび大軍をひきいて出征したが、その途中、トクトアの権勢をこころよく思っていなかった恵宗《けいそう》トゴン・テムル・ハーンによって解任され、追放されてしまった。これによって、内乱に乗じて台頭してきた軍閥の勢力はとりのぞかれたが、軍閥の没落は元軍の指揮系統を分裂させ、その戦闘力を弱める結果となった。

そのすきをついて樹立された亳州の韓林児の紅巾政権は、一時、元軍に撃破されて安豊《あんほう》（安徽省鳳陽《ほうよう》県）にしりぞいたが、たちまち勢いをもりかえし、一三五八年には汴梁《べんりょう》（河南省開封《かいほう》市）に進出して三手にわかれ、山東・山西・陝西《せんせい》にむけて進撃を開始した。このうち山西にむかった一軍は、山西から大同《だいどう》盆地をとおってモンゴル高原にはいり、一三五九年には遼陽《りょうよう》を占領し、さらに鴨緑江《おうりょくこう》をわたって高麗《こうらい》王国の平壌《へいじょう》をおとしいれた。この紅巾軍は、いったんは高麗軍によって鴨緑江外に撃退されたが、一三六一年にはふたたび侵入して、高麗の王都開京《かいきょう》（開《かい》城《じょう》）を翌年まで占領した。

高麗・恭愍王《きょうびんおう》のクーデター

元の高麗人皇后一族の圧迫に高麗でおこった反元運動

元朝の恵宗《けいそう》トゴン・テムル・ハーン（在位一三三三～七〇年）の最初の皇后ダナシュリー・ハトンは、将軍エル・テムルの娘であった。エル・テムルは、キプチャク人軍団をひきいて一三二八年の内乱に勝利し、文宗《ぶんそう》トゥク・テムル・ハーン（在位一三二八～三二）をたてて宮廷の最高実力者となっていた。しかし、エル・テムルの死後の一三三五年、息子のタンギシ（皇后ダナシュリー・ハトンの兄）がクーデターをおこして失敗し、アスト人軍団をひきいるメルキト人バヤンに殺されると、皇后も追放され、上都《じょうと》の民家で毒殺された。

つぎの皇后バヤン・フトゥク・ハトンはフンギラト氏であったが、子供がなかった。そこでトゴン・テムル・ハーンに気に入られたのが高麗《こうらい》の貴族奇子敖《きしごう》の娘である。

宮廷の実権をにぎっていたバヤンは奇氏を皇后とすることに反対であったが、バヤンが一三四〇年に将軍トクトアによって追放されると、奇氏は第二皇后の地位を獲得した。奇皇后が生んだ皇子アーユシュリーダラは一三五三年、皇太子にたてられた。このため奇皇后の一族の高麗人たちは、元朝の宮廷においても、高麗本国においても絶大な権力をふるい、ことに奇皇后の兄、奇バヤン・ブハ（奇轍《きてつ》）の権勢は、高麗本国の恭愍王《きょうびんおう》バヤン・テムルを圧した。
恭愍王は一三五六年、クーデターをおこしてバヤン・ブハとその一党を皆殺しにし、時をうつさず高麗軍を出動させて、ひさしく元朝の所領であった双城《そうじょう》（咸鏡南道《かんきょうなんどう》の永興《えいこう》）を攻め落とした。このとき双城で高麗軍に降伏した者のなかにウルス・ブハ（李子春《りししゅん》）という女直《じょちょく》（ジュシエン）人があったが、その息子が李成桂《りせいけい》（李氏朝鮮《りしちょうせん》の太祖王《たいそおう》）で、当時二十二歳であった。高麗軍はそのまま北に進んで、咸興《かんこう》・洪原《こうげん》・北青《ほくせい》の地を九十九年ぶりにモンゴルから奪回した。高麗軍のべつの一部隊は鴨緑江《おうりょくこう》をわたって遼陽《りょうよう》・瀋陽《しんよう》に通ずる交通路を攻撃した。

母方はチンギス・ハーンの血をひいている恭愍王の、このモンゴルにたいする反抗運動は、奇氏の一族の圧迫から身をまもるためにやむをえずとった行動であった。恭愍王は、高麗本国内の反対派の打倒に成功すると、ただちにトゴン・テムル・ハーンと和解した。

しかし元の奇皇后はけっして恭愍王をゆるさず、一三六四年、高麗の忠宣王《ちゅうせんおう》イジル・ブハの庶子《しょし》の徳興君《とくこうくん》タス・テムルという者を高麗国王にたて、元軍に高麗人部隊をつけて高麗本国に送りこみ、恭愍王を討とうとした。徳興君の軍は鴨緑江をわたったが、清川江《せいせんこう》の北で高麗本国軍に大敗した。

このとき本国軍にくわわって奮闘した李成桂は、のちに高麗の親元朝派を追放して王位につき、一三九三年、明《みん》の太祖洪武帝《たいそこうぶてい》（朱元璋《しゅげんしょう》）から「朝鮮」の国号をさずけられることになる。こうして韓半島はモンゴル帝国から分離して独立したのだった。

朱元璋《しゅげんしょう》、明朝を建国

盗賊団の首領が漢人王朝をたて、元は故郷モンゴルにひきあげた

紅巾《こうきん》の乱《らん》（202ページ参照）に直面した元朝の宮廷が頼りにしたのは、河南《かなん》のチャガーン・テムルの軍隊であった。チャガーン・テムルはウイグル人で、曾祖父《そうそふ》の時代から河南に定住した家柄である。一三五二年、紅巾軍の河南進出にさいして郷土防衛のために義勇軍を結成したチャガーン・テムルは、山東《さんとう》・山西《さんせい》・河南・陝西《せんせい》の紅巾軍を撃滅し、ついに一三五九年、紅巾の首都汴梁《べんりょう》をうばいかえしたが、一三六二年、山東の残敵を掃討中に殺され、その甥《おい》で養子のココ・テムル（王保保《おうほうほう》）がかわって河南軍閥をひきいた。

このころ元朝の宮廷では、皇太子アーユシュリーダラの一派と、それに反対する勢力との抗争がつづいていた。皇太子はココ・テムルを後《うし》ろ盾《だて》としたが、反皇太子派は山西の大同《だいどう》盆地の軍閥ボロ・テムルと手をにぎった。そして大同軍閥と河南軍閥とのあいだには山西の帰属をめぐって戦争が絶えず、トゴン・テムル・ハーンの調停も効果がなかった。ついに一三六四年、ボロ・テムルの軍が大都《だいと》を占領し、皇太子は太原《たいげん》に出奔《しゅつぽん》してココ・テムルの保護をもとめるという事態に発展した。翌年、ボロ・テムルはココ・テムルによってほろぼされ、皇太子は宮廷

に帰ることができた。

元朝が同士討ちによって軍事力を消耗《しょうもう》しているあいだに、南方では紅巾の一派の朱元璋《しゅげんしょう》が応《おう》天府《てんふ》（南京《ナンキン》）に拠《よ》って勢力をひろげていた。一三六四年、紅巾政府の「小明王《しょうめいおう》」韓林児《かんりんじ》の勅命《ちょくめい》をうけて呉《ご》王の位についた朱元璋は、その二年後、韓林児を長江《ちょうこう》にほうりこんで殺してしまった。

さらに最大の強敵であった大周《だいしゅう》の張士誠《ちょうしせい》を倒し、一三六七年、いよいよ北方にむかって総攻撃を開始した。翌年には南京で即位式をあげて皇帝となり、国号を「大明《だいみん》」とさだめた。「大明皇帝」というのは韓林児の「小明王」にたいする称号で、「大明」はまた、太陽を意味する。「天」の意味の「大元」にたいして、「太陽」の王朝が出現したわけだ。これが明朝の建国である。

同一三六八年の九月七日、明軍が大都にせまったので、トゴン・テムル・ハーンは大都城の北壁の建徳門《けんとくもん》から脱出し、居庸関《きょようかん》をとおってモンゴル高原に避難した。十四日、明軍が大都に入城した。トゴン・テムル・ハーンは上都《じょうと》にふみとどまっていたが、翌年、上都も明軍の手におちたので、さらに北の応昌府《おうしょうふ》の町にうつり、一三七〇年、彼《か》の地で病死した。ハーンの位は皇太子アーユシュリーダラが継いだ（北元《ほくげん》の昭宗《しょうそう》ビリクト・ハーン）。その直後、明軍が応昌府をおそい、アーユシュリーダラ・ハーンは命からがら旧都カラコルムに逃げのびた。

こうしてフビライ家は中国の所領をうしない、中国史第三期の元朝時代はおわったが、これで元朝が滅亡したわけではない。モンゴル人からみれば、故郷のモンゴルにひきあげただけのことである。これからあと、モンゴル高原で生きのこった元朝を、歴史の用語では北元《ほくげん》と呼ぶ。

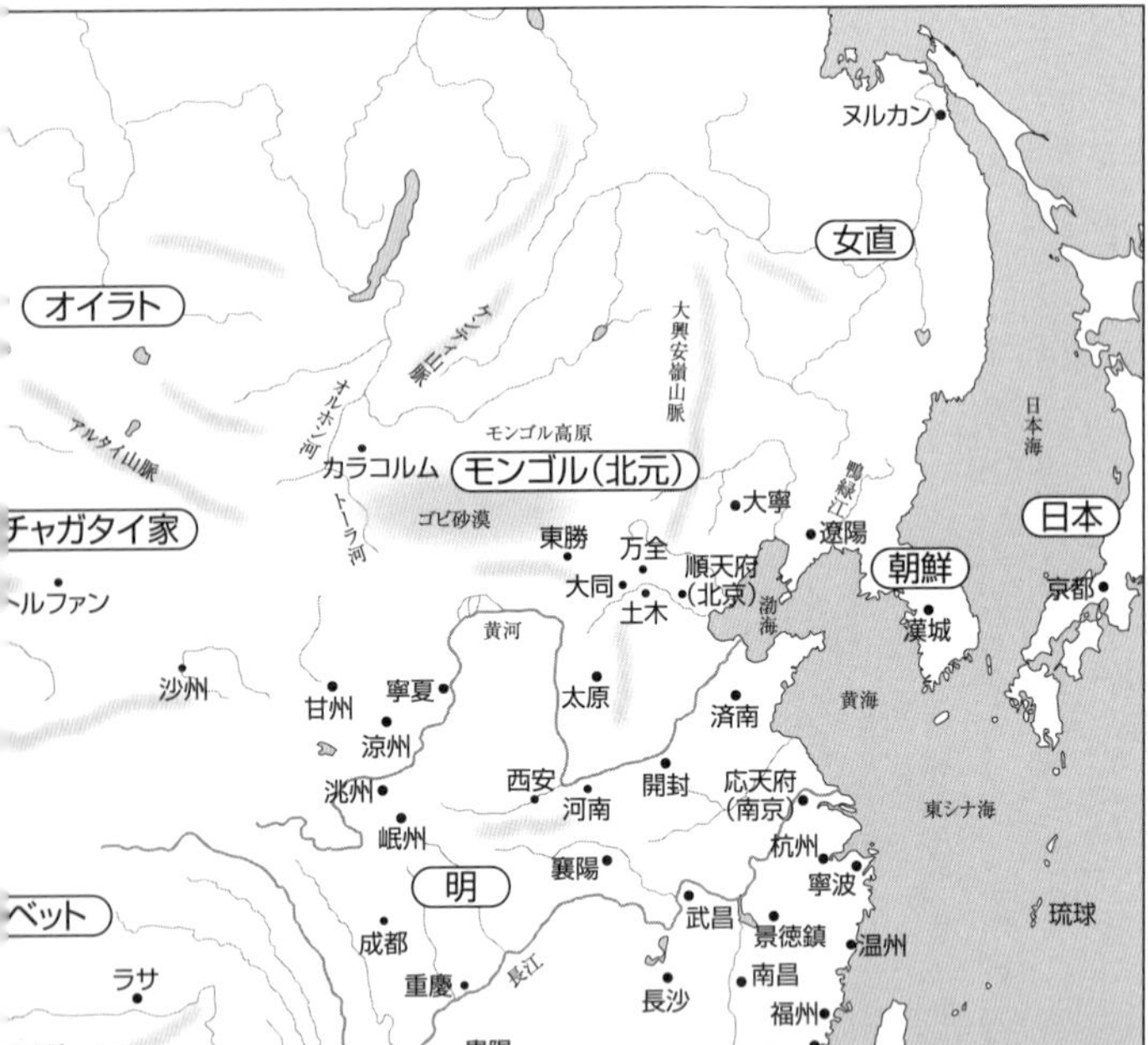

ヌルカン
女直
オイラト
ケンテイ山脈
大興安嶺山脈
アルタイ山脈
オルホン河
モンゴル高原
日本海
カラコルム
モンゴル(北元)
トーラ河
鴨緑江
大寧
チャガタイ家
ゴビ砂漠
日本
東勝
万全
遼陽
朝鮮
大同
順天府
(北京)
京都
ルファン
土木
渤海
漢城
黄河
沙州
甘州
寧夏
太原
済南
黄海
涼州
西安
開封
応天府
(南京)
洮州
河南
東シナ海
岷州
杭州
襄陽
寧波
明
ベット
武昌
景徳鎮
琉球
成都
温州
ラサ
重慶
長江
南昌
長沙
福州
ヤ山脈
貴陽
桂林
厦門
泉州
広州
太平洋
雲南
大理
ラウンジェー
南シナ海
ガンジス河
交都
(東京)
瓊州
ルソン
マニラ
ペグー
西都
アユタヤ朝
イラワディ河
ル湾
アユタヤ
プノンペン
メコン河

明代の東アジア

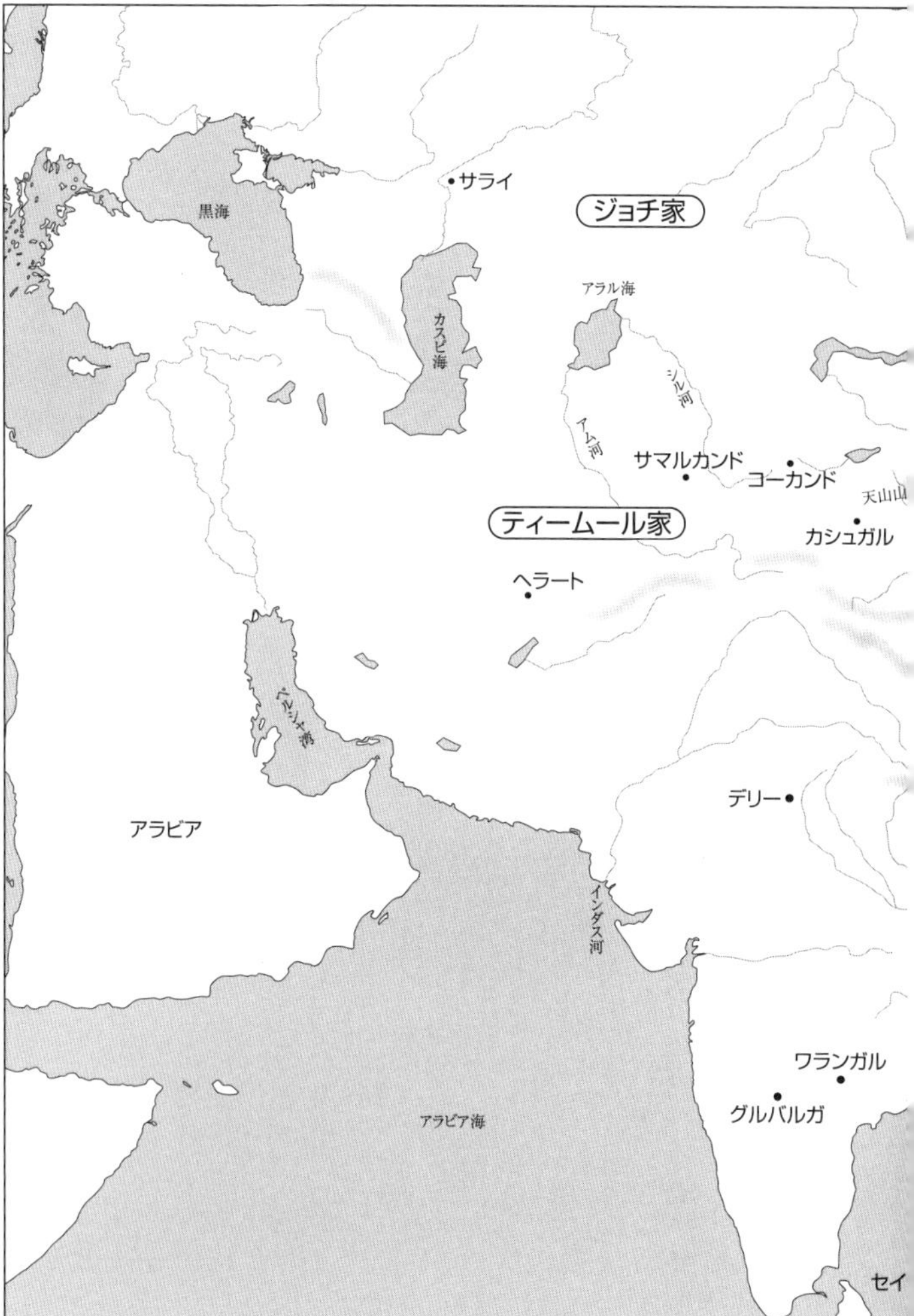
サライ
ジョチ家
黒海
アラル海
カスピ海
シル河
アム河
サマルカンド
コーカンド
天山山
ティームール家
カシュガル
ヘラート
ペルシャ湾
デリー
アラビア
インダス河
ワランガル
グルバルガ
アラビア海
セイ

胡《こ》惟《い》庸《よう》の獄《ごく》

洪武帝、昔の仲間「白蓮教」の実力者たちを大粛清

朱元璋《しゆげんしよう》は社会の最下層の貧民、それも乞食坊主から出発して、秘密結社白蓮教《びやくれんきよう》の内部で頭角をあらわし、白蓮教が組織した紅巾《こうきん》の乱にくわわって、四十一歳でついに皇帝にのぼりつめた（明《みん》の太祖洪武帝《たいそこうぶてい》）。盗賊団・秘密結社あがりの皇帝としては、漢《かん》の高祖劉邦《こうそりゆうほう》についで二人目ということになる。だが洪武帝は、すぐには思いのままに権力をふるうわけにはいかなかった。

洪武帝はもともと白蓮教徒の郭子興《かくしこう》の子分で、宮廷の側近も全員がおなじ組の出身の兄弟分だったから、皇帝と臣下のあいだに実際にはたいして格のちがいはなく、みんな「貴様」と「おれ」の間柄だった。とくに、いちばんの実力者で中書左丞相《ちゆうしよさじようしよう》（総理大臣）になった李善長《りぜんちよう》は、洪武帝より十四歳も年長の大兄貴分で、気やすく命令できるような関係ではなかった。

軍政をつかさどる大都督府《だいととくふ》（参謀本部）は紅巾の軍人たち、中書省《ちゆうしよしよう》（内閣）はそれと気脈をつうじる李善長、汪広洋《おうこうよう》、胡惟庸《こいよう》ら郭子興組の元組員たちに占領されていたから、洪武帝は名ばかりの皇帝であった。そこで洪武帝は、将来の独裁の布石として息子たちを秦《しん》王、晋《しん》王、燕《えん》王などの王位につけ、現地に護衛という名の専属の軍隊を設立させて、親衛隊の養成をはかった。

一三七九年、各自の護衛をひきいる息子たち諸王を首都南京《ナンキン》に集結させると、洪武帝は突如、中書右丞相《うじょうしょう》の汪広洋を罷免《ひめん》して海南島《かいなんとう》に追放し、その途中で首をはねさせた。翌一三八〇年には、中書左丞相となっていた胡惟庸も謀反の罪で逮捕され、ただちに死刑にされた。皇太子の指揮する皇帝軍は南京城内の紅巾系の軍隊を襲撃して一万五千人を虐殺した。洪武帝は皇子たちの軍隊をつかって、かっての同志だった紅巾軍を全面的に弾圧したのである。この事件を「胡惟庸の獄《ごく》」という。

胡惟庸事件につづいて洪武帝は、中央官庁である中書省と大都督府を廃止してすべての行政・軍事機関を皇帝の直属とし、その長官を兼任して権力を皇帝に集中させた。

その結果、官僚派の勢力が強まり、むかしの仲間のなかでただひとり、洪武帝が丁重に遇していた李善長も一三九〇年、反紅巾派の官僚たちによって粛清された。洪武帝は李善長を許すように頼んだが群臣は聞き入れない。李善長は首をくくり、連座して四人の功臣が死刑になった。洪武帝ですら対抗できないほど、紅巾派にかわった官僚の力が強くなったのである。

とはいえ洪武帝の脱紅巾・脱白蓮教政策はひとまず成功し、明朝の中国支配は安定したかにみえた。ところが、白蓮教徒時代からの伴侶である馬《ば》皇后が生んだ皇太子朱標《しゅひょう》が、一三九二年に三十九歳で早死にした。群臣の対立の調停につとめ、旧紅巾派と官僚派の仲をとりもつなど、人望のあった皇太子をなくして、すでに老いこんで病気がちであった洪武帝は、自分の手足をうしなったように嘆き悲しみ、いよいよ衰弱して一三九八年に亡くなった。

洪武帝、「里甲制」をさだめる

モンゴル時代の伝統を引き継いだ明朝の地方制度

洪武帝《こうぶてい》がさだめた明朝《みんちょう》の地方制度には、きわだった特色がある。

洪武帝は一三六八年の即位の直後、あらたな軍隊編成をおこなった。「衛所制度《えいしょ》」といわれるもので、人民を「軍戸《ぐんこ》」と「民戸《みんこ》」にわけ、別々の戸籍に登録する。「軍戸」に指定された家柄は、代々職業軍人を出すことになる。軍戸が構成する都市は「衛《えい》」と呼ばれ、民戸の「県《けん》」に相当する。衛の定員は兵士五千六百人。その司令官は「指揮《しき》」と呼ばれる。一つの衛の下には、五つの「千戸所《せんこしょ》」がおかれ、定員はそれぞれ兵士千百二十人、その指揮官は千戸（千人隊長）である。一つの「千戸所」の下には十の「百戸所《ひやつこしょ》」がおかれ、定員はそれぞれ兵士百十二人、その指揮官は百戸（百人隊長）。その下に下士官として総旗《そうき》（五十人隊長）二人、小旗《しょうき》（十人隊長）十人を任命する。

この十進法の組織は、モンゴル帝国の軍事制度であった「トゥメン」（万人隊）、「ミンガン」（千人隊）、「ジャウン」（百人隊）、「アルバン」（十人隊）とおなじである。

「胡惟庸《こいよう》の獄」のあと、洪武帝は、これまで行政と軍事の最高の中央官庁だった中書省《ちゆうしょしょう》と大都《だいと》督府《とくふ》を廃止し、中書省におかれていた六つの「部」、すなわち吏部《りぶ》（人事院）、戸部《こぶ》（財務省）、礼部《れいぶ》（外務省）、兵部《へいぶ》（防衛省）、刑部《けいぶ》（法務省）、工部《こうぶ》（建設省）をそれぞれ皇帝直属にあらためた。また、参謀本部に相当する大都督府を前軍《ぜんぐん》都督府、後軍《こうぐん》都督府、左軍《さぐん》都督府、右軍《うぐん》都督府、中《ちゅう》軍《ぐん》都督府の五つの司令部に分割し、皇帝が参謀総長を兼ねることとした。

こうして中央の権力をすべて皇帝の手に集中させたうえで、一三八一年、洪武帝は全国いっせいに戸口調査をおこない、「黄冊《こうさつ》」という戸籍をつくった。この戸籍に登録された一般人民である「民戸」が構成する「県」の下には、百戸所に相当する「里《り》」がおかれ、一つの里の定員は百十戸、その総代が里長《りちょう》で、その下には十の「甲《こう》」をおき、それぞれの甲の総代が甲首《こうしゅ》、一つの甲の定員は十戸だった。これが「里甲《りこう》制」である。

このように軍戸と民戸をわけて別々の編成にするのは、モンゴル帝国の、遊牧民と定住民の二重組織そのままである。実際、明朝の軍戸は、どうも元朝時代の非漢人の子孫らしい。東京駒込《こまごめ》にある東洋文庫には明代の世襲の将校たちの名簿が所蔵されていて、これを「選簿《せんぼ》」というが、それをみると、初代の将校たちはみなモンゴル風の名前をもっている。つまり元朝のとき地方に在住していた軍隊を、明朝がそのまま引き継いだのが、軍戸の起源だったらしい。

十進法の命令系統の組織は、匈奴《きょうど》以来の北アジアの遊牧帝国の伝統だったが、中国内地で施《し》行《こう》されたのは明朝がはじめてだった。このことは、明朝の制度が、漢人の伝統を復活させたものではなく、モンゴル時代の伝統を引き継いだことの明らかな証拠である。

フビライの王統断絶

北アジア・中央アジアでモンゴル人とオイラト人の抗争がはじまる

北のモンゴル高原に退却した元朝《げん》（北元《ほくげん》）はまだまだ強大な力をもち、失地回復をねらっていたため、一三七二年、明朝の将軍徐達《じょたつ》は十五万の大軍をひきいてゴビ砂漠を横切り、カラコルムにむかって進撃したが、モンゴル軍の奮戦にあって作戦は失敗に終わった。この敗戦によって、モンゴル帝国と中国をあわせた世界帝国の皇帝になる明の洪武帝《こうぶてい》の夢はやぶれた。

華北《かほく》・華中《かちゅう》・華南《かなん》は明朝の支配下にはいったが、十三世紀末から代々フビライ家の梁王《りょうおう》の領地であった雲南省《うんなん》のほかに、青海省《せいかい》にも元朝の大きな勢力があり、満洲《まんしゅう》にはモンゴル貴族ナガチュの王家があった。朝鮮半島の高麗《こうらい》国王家も元朝の姻戚《いんせき》だった。だが、洪武帝が派遣した将軍沐英《もくえい》らによって一三七八年には青海省が征服され、一三八一年には雲南省の梁王バザルワルミもほろぼされた。雲南省が中国の一部とみなされるようになったのはこのときからである。

北元では、明軍に追われてカラコルムに逃げのびたアーユシュリーダラ・ハーンが一三七八年に死んで、トクズ・テムル・ハーンが即位した。同年、ナガチュは二十万の明軍の大攻勢の前に降伏した。高麗王は北元をたすけるべく満洲に軍を派遣したが、副司令官であった李成桂《りせいけい》が反乱をおこし、一三九三年に朝鮮王国（李氏朝鮮）をたててモンゴル帝国から独立した。

一三八八年、トクズ・テムル・ハーンも明の将軍藍玉《らんぎょく》に敗れ、逃走の途中、百二十四年前にハーンの位を兄フビライと争って敗れたアリク・ブガの子孫であるイェスデルに殺された。これでフビライ家の王統はひとまず断絶し、イェスデルがハーン（ジョリクト・ハーン）になった。

イェスデルを支持したのはアリク・ブガ以来、その家臣であったオイラト部族の人々であった。オイラト部族は、チンギス・ハーンの時代以前からイェニセイ河の上流域（モンゴル国の西北端のダルハト盆地）に住んで、シベリアの森林地帯の狩猟民を支配した大部族である。

フビライ家のトクズ・テムル・ハーンをアリク・ブガ家のイェスデルが殺してハーンの位をうばったこの事件を境《さかい》に、モンゴル高原では、フビライ家を支持する遊牧民をモンゴル人、アリク・ブガ家を支持する遊牧民をオイラト人と呼ぶようになった。そのオイラトというのは、それまでのオイラト部族だけではなく、それにケンテイ山脈の西のケレイト部族、アルタイ山脈方面のナイマン部族、バイカル湖のまわりのバルグト部族がくわわって結成した、反フビライ家の部族連合であった。四つの部族の連合であるので「四（ドルベン）オイラト」とよばれる。これにたいして、ケンテイ山脈の東方、ゴビ砂漠以南の遊牧民は「四十（ドチン）モンゴル」と呼ばれた。

このモンゴルとオイラトの抗争が、以後四百年にわたって北アジア・中央アジアで繰り広げられることになる。

1399

靖難《せいなん》の役《えき》

紅巾派一掃後におこった帝位継承争いを制して永楽帝即位

洪武帝《こうぶてい》の皇太子朱標《しゅひょう》が一三九二年に亡くなると、翌一三九三年、藍玉《らんぎょく》の謀反《むほん》事件がおこった。藍玉は紅巾《こうきん》の乱をおこした白蓮教《びゃくれんきょう》の古い組員常遇春《じょうぐうしゅん》の義理の弟で、勇敢かつ知略に富んだ有能な将軍だったが、クーデターを計画した罪で逮捕され、死刑に処された。しかし、この事件は明らかに反紅巾派である諸王派と官僚派のでっちあげである。藍玉の一家は全員死刑になり、連座して逮捕・処刑された者は一万五千人にのぼった。紅巾軍出身の功臣、大官、小吏、兵士にいたるまでほとんどが殺され、白蓮教は社会の表面から姿を消した。しかし、白蓮教の組織は根づよく生きつづけ、やがて清《しん》末の十八世紀になって、またもや反乱をおこすのである。

紅巾派の排除が完了すると、これまで反紅巾派で結束していた諸王派と官僚派の協力関係も霧消《むしょう》した。亡き皇太子の同母弟である秦《しん》王と晋《しん》王が健在のうちはなんとか均衡をたもっていたが、秦王が一三九五年に、晋王が一三九八年に死ぬと、北平《ほくへい》（北京《ペキン》）に駐屯《ちゅうとん》している燕《えん》王朱棣《しゅてい》（のちの永楽帝《えいらくてい》）が諸王の筆頭となったため、ことは面倒になった。燕王の母は馬《ば》皇后ではなく、碽妃《こうひ》という人だった。腹違いだから、官僚派が擁立している皇太孫《こうたいそん》の朱允炆《しゅいんぶん》とは関係がうすい。

いきおい、官僚派と燕王の関係が緊張することになる。

太祖《たいそ》洪武帝が七十一歳で亡くなったのは晋王の死のわずか二カ月後のことであった。皇太孫朱允炆《しゅいんぶん》が二十二歳で皇帝（建文帝《けんぶんてい》）の位につくと、翌一三九九年、燕王朱棣《しゅてい》は北京ですぐさま反乱をおこした。これは「靖難《せいなん》の役《えき》」とよばれる四年間におよぶ大戦争となったが、一四〇二年、燕王軍はついに南京を攻め落とした。建文帝は行方不明となり、燕王は南京で即位して皇帝となった。これが明の太宗《たいそう》（成祖《せいそ》）永楽帝である。永楽帝は明朝の都を南京からみずからの本拠地北平《ほくへい》にうつして北京《ペキン》と名をあらため、一四二〇年、正式に首都とした。

永楽帝以後の明朝はモンゴル人の元朝《げんちょう》もどきであった。華北《かほく》の河北《かほく》省、山西《さんせい》省、山東《さんとう》省、河《か》南《なん》省、陝西《せんせい》省には、元朝の時代に多数のモンゴル人や中央アジアから来たイスラム教徒、キリスト教徒が住みつき、北京はその中心だった。そうした非漢人色のつよい華北を地盤とした永楽帝の后妃や宦官《かんがん》には非漢人が多かった。有名なインド洋遠征艦隊の提督鄭和《ていわ》も、イスラム教徒の宦官である。

永楽帝は、祖父洪武帝とおなじく大ハーンの地位にあこがれて北元征服をめざした。フビライ・ハーンが中国だけでなく東アジア全域の皇帝になって以来、モンゴル帝国の大ハーンであってはじめてほんものの中国皇帝であると認識がかわったためである。永楽帝はみずから大軍をひきいて五回もモンゴル高原に遠征し、そのうち三回はゴビ砂漠をわたっていまのモンゴル国の地に達したが、ついに野望かなわず、最後の遠征中にモンゴル高原で病死した。

土木の変

明の正統帝、オイラトの捕虜になる

明朝の時代の北辺の防衛は、俗に九辺鎮《きゅうへんちん》と称せられるものに託されていた。遼東鎮《りょうとう》、薊州鎮《けいしゅう》、宣府鎮《せんぷ》、大同鎮《だいどう》、山西鎮《さんせい》、延綏鎮《えんすい》、寧夏鎮《ねいか》、固原鎮《こげん》、甘粛鎮《かんしゅく》がこれであって、明朝はこれらに大軍を集結させて辺境の防禦《ぼうぎょ》にあたった。

永楽帝《えいらくてい》とその息子の洪熙帝《こうきてい》、孫の宣徳帝《せんとくてい》のときは、皇帝の威光がまだのこっていて、九辺鎮を懐柔《かいじゅう》する必要はなかったが、宣徳帝の息子の正統帝《せいとうてい》のころになると、九辺鎮の情勢が内政を左右するようになり、皇帝はその地位を確保するために、九辺鎮に重賞を下賜《かし》してその歓心を買うことに努めるようになった。そのあげく、「土木《どぼく》の変《へん》」がおこる。

このころ、モンゴル高原では、オイラトのエセンが覇権《はけん》をにぎっていて、ケンテイ山脈以東のモンゴルのタイスン・ハーンとともに明の北方を悩ませていた。一四四九年、エセンのオイラト軍は、モンゴル軍と協力して、四手にわかれていっせいに明領に侵攻した。エセン自身のひきいる本軍は、山西《さんせい》の大同《だいどう》を攻めた。

明朝の正統帝は当時まだ二十二歳の若さで、気はつよいが無分別な君主であった。そのころの明の宮廷でもっとも羽振りのよかった王振《おうしん》は宦官《かんがん》で、病的に名誉欲がつよく、皇帝をあおってオイラトにたいして必要以上に好戦的な態度をとらせた。明とオイラトの決裂の直接の原因となったのは、オイラト人使節の人数の問題で、正統帝は、三千人にものぼったその人数をきびしく制限し、オイラトにあたえる贈り物の額も大幅にけずったのである。この挑発はエセンを憤慨させた。

オイラトの大軍侵入の知らせをうけた正統帝と王振はただちに親征を決意し、八月五日、五十万の軍とともに北京を出発した。皇帝ひきいる明軍は居庸関《きょようかん》を出て、宣府《せんぷ》をへて十九日、大同に着いた。エセンの軍はひとわたり掠奪《りゃくだつ》をおえてひきあげたあとであったが、戦火の被害があまりに大きいのにおどろいた明軍は、にわかに恐怖にかられて北京にひきかえすことにし、二十八日には宣府にもどった。

しかし危険はたちまちせまってきた。皇帝と宦官たちの日用品いっさいを積みこんだ何万輛という牛車隊の足どりが遅々としてはかどらずにいるうちに、皇帝の所在を察知したエセンの騎兵部隊が全速力でおいついてきたのである。九月四日、宣府を出発しようとした皇帝の殿軍《しんがり》は、オイラト軍の攻撃をうけて四万人が戦死した。翌五日、宣府の東方の土木堡《どぼくほ》にたどりついた皇帝軍は、そこで二万のオイラト軍に包囲されて動くことができず、六日に総攻撃をうけて数十万人の死者を出して全滅した。王振をはじめ、従軍した大官、大将たちはみな死んだ。正統帝は捕虜になった。これが「土木《どぼく》の変《へん》」である。

明朝、万里の長城を建設

「北虜南倭《ほくりよなんわ》」に悩まされた明朝の歴代皇帝

一四四九年の「土木《どぼく》の変《へん》」で正統帝《せいとうてい》がオイラトの捕虜《ほりよ》になったため、明朝は正統帝の弟の景《けい》泰帝《たいてい》を新しい皇帝にたてた。オイラトのエセンは正統帝を人質にして有利な条件で和議をむすぼうとしたが、明朝は正統帝の帰国を歓迎しなかったのでなかなかまとまらず、しびれをきらしたエセンは翌一四五〇年の九月、無条件で正統帝を送還した。

正統帝は上皇《じようこう》として南宮に蟄居《ちつきよ》していたが、一四五七年、武清侯《ぶせい》石亨《せきこう》らがクーデター（奪門《だつもん》の変《へん》）をおこして景泰帝を廃し、ふたたび正統帝を擁立《ようりつ》して年号を景泰から天順《てんじゆん》にあらためた。すなわち正統帝あらため天順帝となった。

長城《ちようじよう》はすでに十五世紀初頭の永楽帝《えいらくてい》の時代に河北《かほく》・山西《さんせい》北辺にあらたに築かれていたが、捕虜になったことに懲《こ》りた天順帝は、オイラト軍の侵入をふせぐため、大同《だいどう》を囲む内長城の建設をはじめた。さらに成化帝《せいかてい》（在位一四六四～一四八七年）のときにはオルドス（次項参照）の南縁にそった長城が築かれた。以後、弘治帝《こうちてい》（在位一四八七～一五〇五年）、正徳帝《せいとくてい》（在位一五〇五～一五二一年）、嘉靖帝《かせいてい》（在位一五二一～一五六六年）の時代に嘉峪関《かよくかん》にいたる西方、渤海湾《ぼつかい》にいた

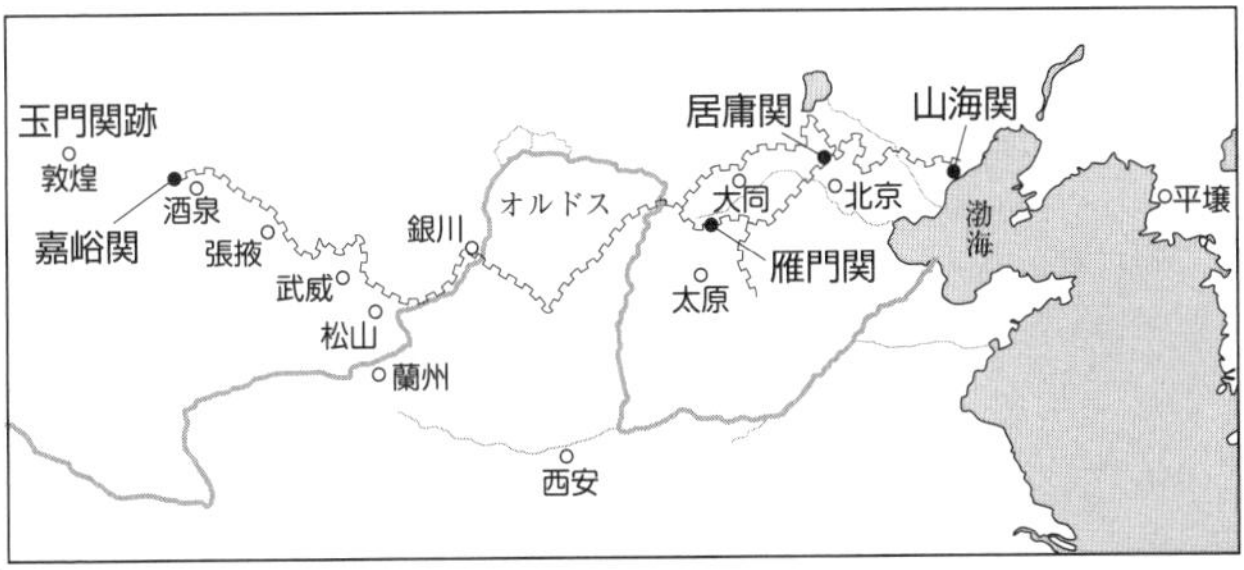

明代の万里の長城

る東方一帯、さらに十六世紀末に蘭州北方《らんしゅう》にも長城が建設されて、今日のような長大なものになった。

このいわゆる「万里《ばんり》の長城」は、一般的に紀元前二二一年に中国をはじめて統一した秦《しん》の始皇帝《しこうてい》がつくったものだと説明され、いま残っている長城は明代に修復されたものだということになっているが、始皇帝の時代の長城は、現在のものよりずっと北方、いまの内モンゴル自治区のなかを通っていた。

北方の遊牧民族をおそれた明は、さらに内側に引っ込んで、十六世紀末にいたるまで百五十年以上にわたって長城を築きつづけ、そのなかに閉じこもったのである。

北にはオイラトやモンゴルの脅威があり、東南部の海岸では日本の長崎県五島《ごとう》列島の平戸《ひらど》に根拠地をおく、もと塩商人王《おう》直《ちょく》を頭《かしら》とする倭寇《わこう》があばれていた。明朝では、オイラトとモンゴルの攻勢を「北虜《ほくりょ》」と呼び、倭寇の侵攻を「南倭《なんわ》」と呼んだ。

万暦帝《ばんれきてい》（在位一五七二〜一六二〇年）の一五九二年には豊臣秀吉の日本軍が突如として朝鮮国に侵入し、前後七年にわたって明を悩ませた（文禄《ぶんろく》・慶長《けいちょう》の役）。

明とモンゴルの和議が成立

明朝をふるえあがらせた新モンゴル人の英雄アルタン・ハーン

モンゴル高原ではフビライ家に対抗する遊牧連合のオイラトが長いあいだ実権をにぎっていたが、一四八七年にはフビライの後裔《こうえい》であるバト・モンケがハーンの位にのぼり、フビライ家の元《げん》朝の復興を期してダヤン・ハーンという称号を採用した。これは「大元《だいげん》皇帝」という意味で、そのもとに集まった遊牧民が新しいモンゴル人となった。

ダヤン・ハーンは即位から三十八年のその治世のあいだに、着々とモンゴル再統一の事業をなしとげた。モンゴルの結束をかためるため、支配下に結集した遊牧民を「万人隊」(トゥメン)に再編成し、ゴビ砂漠の東北の「左翼」と西南の「右翼」にわけ、十一人の息子たちをこれらの大部族に入り婿《むこ》として送りこんだ。かれらの子孫は、その部族の新しい領主の家柄になった。

左翼のチャハル部がモンゴル諸部の宗主の地位にあり、おなじ左翼のハルハ部は、いまのモンゴル国の領土にひろがった。右翼のオルドス部は、チンギス・ハーンの霊をまつった八白室《はちはくしつ》とよばれる廟《びょう》とともに、黄河の湾曲部に移住した。

しかし、一五二四年のダヤン・ハーンの死後すぐに内紛が表面化し、後継者のボディ・アラク・ハーンも一五四七年に死ぬと、それまでどうにか保《たも》たれていた左右両翼の平和がやぶれ、右翼のトゥメト部長アルタン・ハーンは、武力をもって本家チャハル部の故ハーンの長男ダライスン以下を東方に放逐《ほうちく》し、モンゴル高原の実権を正統のハーンからうばって絶大な勢力をふるった。ダライスンはチャハル部族とハルハ部族の一部をひきつれて大興安嶺《だいこうあんれい》山脈の東に移住した。

アルタン・ハーンは毎年のように明への侵入を繰り返し、一五五〇年には北京城を包囲攻撃して大打撃をあたえ、明人をふるえあがらせた。しかし、アルタンの孫のバーハン・エジがアルタンと不和になり、一五七〇年、明に投降したのを機に、明の隆慶帝《りゅうけいてい》はアルタンと和平交渉をおこない、翌一五七一年に講和が成立して、明はアルタンを順義王《じゅんぎ》に封《ほう》じ、その他の首領にもそれぞれ官職をあたえ、朝貢をゆるし、国境で定期の貿易市場をひらくことなどで合意した。

この講和のおかげで、明朝は防衛費の大幅削減に成功し、国境貿易が繁栄した。モンゴル側でも正常な貿易のチャンネルができたために経済が安定し、チベット仏教文化が流入するなど、文化水準も高まった。アルタンは馬市貿易で富を築き、一五七八年、チベット第一の高僧であったゲルク派のデプン寺の座主ソェナムギャツォにダライ・ラマ（第三世）の称号をおくった。

アルタン・ハーンが一五八二年、七十五歳で死ぬと、順義王の位は長子センゲが継いだが、その統制力はもはや諸部族にはおよばず、有力な部族長はそれぞれハーンを名のって各地に割拠するようになった。

女直族ヌルハチ、後金を建国

メキシコ産銀の流入による空前の消費ブームによって力をつけた「マンジュ」

十七世紀前半には、遼河《りょうが》の東方で女直《じょちょく》（ジュシェン）の王ヌルハチ（のちの清《しん》の太祖《たいそ》）の勢力がつよくなっていた。女直人は十二世紀に金《きん》帝国をたて、十三世紀にモンゴル帝国にほろぼされたが、金の後裔《こうえい》の女直人たちは故郷の満洲《まんしゅう》北部、黒龍江省《こくりゅうこう》のハルビン市あたりに生きのこって、明朝の時代には海西《かいせい》女直とよばれていた。また、これとはべつに、おなじ黒龍江省でももっと東寄りの依蘭《イラン》県のあたりにも建州《けんしゅう》女直とよばれる部族があって、満洲語ではこれを「マンジュ」といった。このマンジュが「満洲」の語源である。ヌルハチはこの建州部族の出身だった。

ヌルハチは十歳のときに母をなくし、継母と折り合いがわるかったので、十九歳のときに家を出て、佟《とう》氏の入り婿《むこ》になった。こうしたぱっとしない立場から身をおこして、ヌルハチは女直人の諸部族をほとんどすべて統合した。

ヌルハチが強大な勢力に急成長できた背景には、明朝の高度経済成長があった。

十四世紀にモンゴル帝国から独立した明朝は、ユーラシア大陸の東西をむすぶ貿易路のネットワークから脱落したうえ、元朝が世界最初の不換《ふかん》紙幣を発行して成功したのにたいして、これをまねた明朝の紙幣には信用がなく、たちまちインフレーションをおこして、紙くず同然になってしまった。ところが、メキシコから太平洋をわたってきたスペイン人が一五七一年、フィリピンにマニラ市を建設してからメキシコ産の銀が流れこみはじめ、そのおかげで中国では空前の消費ブームがおこった。その結果、女直人たちの住む森林地帯の特産品である高麗人参《こうらいにんじん》と毛皮の需要がたかまり、ヌルハチたちも富を蓄積して力をつけることができたのである。

ヌルハチは遼河デルタに駐屯《ちゆうとん》する明軍の司令官と結託して、もうけの一部を上納し、その見返りに保護をうけていたが、その司令官が一六〇八年に失脚してしまった。これで風向きがかわり、不利になったヌルハチは一六一六年、五十八歳でハンの位につき、国号を後金《こうきん》国、満洲語で「アマガ・アイシン・グルン」として独立した。やがて一六二一年、明に正式に宣戦して遼河デルタを占領し、一六二五年には瀋陽《しんよう》に都をたてた。

ヌルハチとしては、できれば明と平和的な貿易を再開したかったのだが、明の朝廷では主戦論ばかりが幅をきかせていた。中国では戦争などの臨時の費用は皇帝のポケットマネーから出るから、大臣たちからすれば、戦争があれば皇帝から軍事費を請求できるし、戦果があがれば恩賞にあずかれる。前線の将軍たちもそれぞれ昇格する。いいことずくめである。そうした明側の事情で戦争がずるずるとつづくうちに、ヌルハチは一六二六年、六十八歳で死んだ。そのあとを継いだのが八男のホンタイジ（清の太宗崇徳帝《たいそうすうとくてい》）で、三十五歳で二代目の後金国ハンに即位した。

満洲人の国「大清」建国

チンギス・ハーンの天命を受けついだホンタイジ

父ヌルハチのあとを継いで後金国《こうきん》ハンとなったホンタイジは、父が山海関《さんかいかん》方面で明《みん》軍と対陣してらちがあかなかったので戦略を転換し、西方のモンゴル高原回りで明を攻めることにした。

後金の都の瀋陽《しんよう》から西に遼河《りようが》をわたった、いまの内モンゴル自治区の赤峰《せきほう》市のあたりには、当時、北元《ほくげん》の宗主リンダン・フトゥクト・ハーンひきいるチャハル部族が遊牧していた。ホンタイジの後金軍の攻撃をうけたリンダン・ハーンは、一六二八年、大興安嶺《だいこうあんれい》山脈をこえて西に移動し、ゴビ砂漠の南のモンゴル人の諸部族を征服した。

リンダン・ハーンは一六三四年、さらにチベットを征服しようとして青海《せいかい》に進軍したが、その途中、甘粛《かんしゆく》の武威《ぶい》の草原で病死した。こうしてモンゴル高原が力の真空状態になったところへ、東方からホンタイジの軍が進出して、ゴビ砂漠の南を制圧した。

リンダン・ハーンの遺児エジェイは、母スタイ太后とともに後金軍に降伏した。このときスタイ太后から「制誥之宝《せいこうしほう》」の四字を刻んだ玉璽《ぎよくじ》がホンタイジに献上された。説明によると、これは歴代の皇帝がつかったもので、元朝のトゴン・テムル・ハーンが明の洪武帝《こうぶてい》に追われ、モンゴル高原にもっていったまま、その死後はゆくえ知れずになっていた。ところが、それから二百年あまりたってから、崖の下で家畜の番をしていたあるモンゴル人が、一頭のヤギが三日間草をたべずに地面を掘るのをみて不審に思い掘り返したところ、この玉璽が出てきた。それからは人手を転々としたが、リンダン・ハーンが元朝の後裔《こうえい》であるトゥメト部のボショクト・ハーンをほろぼしたときに手に入れたものだという。

ホンタイジは、元朝のハーンたちの玉璽が自分の手にはいったのはチンギス・ハーンの受けた天命がいまや自分にうつったしるしであると解釈した。ホンタイジはジュシェン（女直）という種族名を捨て、マンジュ（満洲）の名に統一すると、翌一六三六年、マンジュ人、ゴビ砂漠の南のモンゴル人、遼河デルタの高麗《こうらい》系漢人の代表による大会議を瀋陽に召集して、三つの種族の共通の皇帝に選挙され、新しい国号を「大清《だいしん》」とし、年号を「崇徳《すうとく》」とした。これが清の太宗崇徳帝《たいそう》である。

「大清」は「天」を意味する。「太陽」の意味の「大明」にたいして、おなじく「天」の意味だった「大元」の復活というふくみがある。こうして清朝が建国された。

太宗ホンタイジは結局、明と対決したまま、一六四三年に五十二歳で亡くなった。あとを継いだのはモンゴルのホルチン人の皇后から生まれた六歳のフリン（福臨、清朝の世祖順治帝《せいそじゅんち》）であった。その翌年、明朝がほろび、清朝は瀋陽から北京《ペキン》にはいった。こうしてマンジュ（満洲）人の清朝は、チンギス・ハーンの子孫にかわって中国を支配することになる。

1644

明朝の滅亡

盗賊団の首領から「大順」皇帝となった漢人李《り》自《じ》成《せい》の四十日天下

明《みん》末、崇禎帝《すうていてい》の一六二八年、陝西《せんせい》に大飢饉《だいききん》がおこり、土地をすてた飢民《きみん》たちが続々と盗賊団（58ページ参照）を組織し、明朝にたいして反乱をおこした。騒ぎは陝西省から山西省《さんせい》、河北省《かほく》、河南省《かなん》、陝西省《せんせい》、四川省《しせん》、安徽省《あんき》、湖北省《こほく》にひろがり、明政府軍には鎮圧のしようがなかった。

やがて、陝西省米脂県《べいし》の失業者であった李自成《りじせい》という漢人が反乱軍の指導者となって各地の盗賊団を傘下《さんか》にいれ、一六四一年、洛陽《らくよう》をおとしいれて福《ふく》王朱常洵《しゅじょうじゅん》を殺し、開封《かいほう》を攻略した。さらに一六四三年、南下して湖北省の襄陽《じょうよう》に達し、陝西省にもどって西安《せいあん》を占領してこれを西《せい》京《けい》と改称し、ここに「大順《だいじゅん》」という国をつくった。

翌一六四四年のはじめ、李自成は北京にむかい、山西省の太原《たいげん》、大同《だいどう》、宣府《せんぷ》（河北省の宣化《せんか》）、居庸関《きょようかん》をへて北京《ペキン》にせまった。北京はたちまち落城し、明の最後の皇帝崇禎帝は紫禁城《しきんじょう》の裏の万歳山《ばんざいざん》の寿皇亭《じゅこうてい》にのがれ、松の木に首をくくって死んだ。こうして、二百七十六年前に乞食坊主の朱元璋《しゅげんしょう》が皇帝（太祖洪武帝《たいそこうぶてい》）にのぼりつめて建国した明朝は、おなじ盗賊団に追いつめられて勝手にほろびた。

このとき、山海関《さんかいかん》に駐屯《ちゅうとん》して清軍にたいする防衛にあたっていた明の将軍呉三桂《ごさんけい》は、北京に皇帝がいなくなり、反乱軍と清軍のあいだで孤立してしまったので、窮地を打開すべく清朝の都瀋陽《しんよう》に使いを送り、いままで敵だった満洲《まんしゅう》人に同盟を申し入れた。

清朝の実権をにぎっていたのは、ヌルハチの十四男で順治帝《じゅんちてい》の叔父にあたるドルゴンという皇族の傑物《けつぶつ》で、まだおさない順治帝の後見人《こうけんにん》をつとめていた。ドルゴンはただちに呉三桂の提案を受け入れ、清の全軍をあげて山海関に進撃した。こうして、きのうまで敵味方だった呉三桂の明軍と清軍の満洲兵は共同作戦をとって北京にむかうことになった。

北京を占領していた李自成は、二十万の兵をひきいて山海関に押し寄せたが、呉三桂と清の連合軍に大敗した。李自成は北京に逃げ帰り、紫禁城の宮殿であわてて即位して皇帝をなのっておいてから宮殿に火をはなち、掠奪《りゃくだつ》した金銀を荷車に満載して北京を脱出し、西安にむかった。だが、結局は西安も追われ、湖北の山中に逃げ込んで盗賊団の首領に逆もどりしたあげく、翌一六四五年、農民の自警団に殺された。皇帝即位からわずか四十日後のことであった。

ドルゴンが兵をひきいて北京に入城すると、明の朝廷の百官は一致してドルゴンに皇帝になってくれと懇願《こんがん》したが、ドルゴンは笑って「ほんものの皇帝はあとからくる」といい、瀋陽から順治帝をむかえて紫禁城の玉座につけた。こうして中国の支配権は、建国から八年で清朝のふところにころがりこんできたのである。

この明朝の滅亡をもって中国史第三期は後期にはいる。

第7章

第三期・後期

満洲人による中国の変容

ヤブロノヴィ山脈
アムール河（黒竜江）
アルバジン
ネルチンスク
アイグン
ヤンティ山脈
大興安嶺山脈
チチハル
ニングタ
吉林
日本海
ウリヤスタイ
オルホン河
フレー（庫倫）
アルタイ山脈
古城子
モンゴル高原
ハルハ
盛京（瀋陽）
鴨緑江
日本
トーラ河
鎮西
ゴビ砂漠
ドロンノール
ハミ
山海関
平壌
京都
安西
粛州
朔平
北京
漢城
黄河
朝鮮
甘州
寧夏
太原
済南
黄海
西寧
ホシュート
西安
開封
江寧
東シナ海
乍浦
清
漢口
寧波
杭州
景徳鎮
成都
九江
ラサ
重慶
長江
長沙
福州
泉州
台湾
貴陽
桂林
廈門
広州
ビルマ王国
雲南
大理
マカオ
雷州
南シナ海
アヴァ
ハノイ
フィリピン
大越
マニラ
フエ
シャム王国
アユタヤ
プノンペン

清代の東アジア

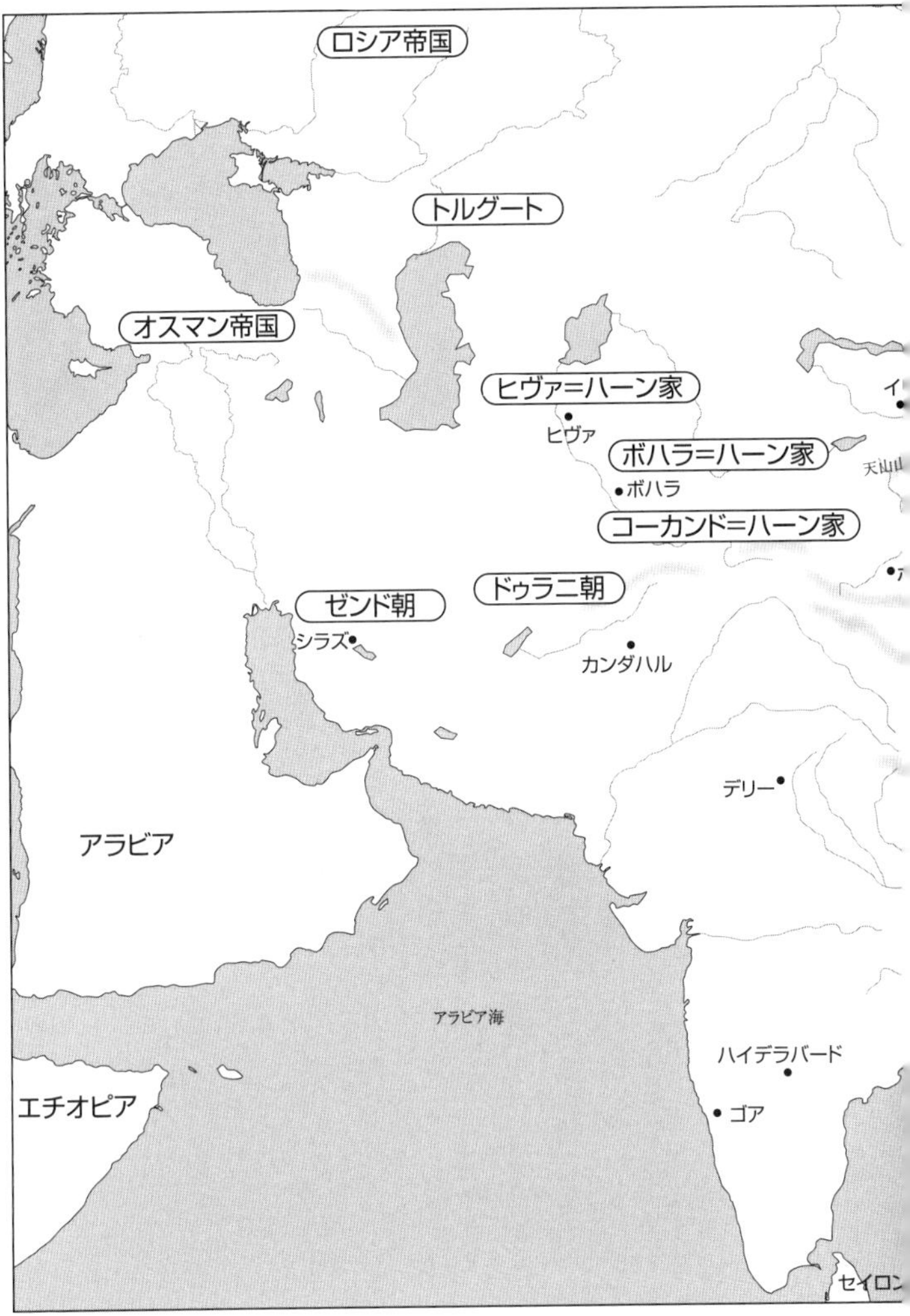
ロシア帝国
トルグート
オスマン帝国
ヒヴァ=ハーン家
ヒヴァ
ボハラ=ハーン家
ボハラ
コーカンド=ハーン家
ドゥラニ朝
ゼンド朝
シラズ
カンダハル
デリー
アラビア
アラビア海
ハイデラバード
ゴア
エチオピア

1645

清朝、漢人に辮髪《べんぱつ》を強制

満洲に同化した中国人があこがれた清朝の官服とチャイナ・ドレス

清《しん》の第三代皇帝、順治帝《じゅんちてい》が北京《ペキン》の玉座にあったころの中国は、けっして平穏ではなかった。北京は満洲《まんしゅう》人が占領したが、華中《かちゅう》・華南《かなん》の各地にはまだ明朝《みんちょう》の残党がいて、清朝の支配に抵抗をつづけていた。これらを平定したのは、主として呉三桂《ごさんけい》ら、明から投降した漢人の将軍たちだった。

その過程で、有名な辮髪《べんぱつ》の強制がおこなわれた。辮髪というのは、前半分の髪を剃《そ》り、うしろ半分の髪をのばして三《み》つ編《あ》みにして背中に長くたらす、満洲人の男独特の髪型である。

清朝は、明朝の残党と区別するために、降伏した漢人に頭を剃ることを強制した。剃ってしまうのはかんたんだが、いったん辮髪にすれば、それは清朝に降《くだ》ったしるしだから、もう明の残党に寝返るわけにはいかない。頭を剃ることを拒否した漢人は首を斬られて殺された。そのため、「髪をとどめれば頭をとどめない。頭をとどめれば髪をとどめない」という当時のことわざがのこっている。これは清朝による漢人の満洲化だが、その結果、二十世紀のはじめにいたるまで、この満洲人独特の辮髪が中国人の特徴ということになった。

中国人の歴史観では、北方の蛮族《ばんぞく》が中国にはいるとたちまち偉大な中華文明に感化されて、自分たちが蛮族であることを忘れて中国化し、やがて中国人に吸収されて消滅するということになっている。しかし、これは話が逆だ。中国が北アジアの遊牧民・狩猟民に征服されるたび、漢人が北アジアの文化に同化《どうか》したというのがほんとうで、清朝の時代に辮髪が漢人のあいだに普及したのはその一例である。

また、いわゆるチャイナ・ドレスはじつは中国服ではない。漢語で「旗袍」（チーパオ）ということからもわかるとおり、チャイナ・ドレスは旗人《きじん》（237ページ参照）、すなわち満洲人の服である。清朝の時代には、漢人は特権階級である満洲人の服装をすることは禁止されていたので、漢人たちは満洲服にあこがれながら、着ることができなかった。それが二十世紀はじめに清朝が国民国家化にふみきってから、はじめて漢人にも満洲服がゆるされ、漢人の女性たちは大喜びでチャイナ・ドレスを着るようになったのである。

清朝の役人の服装は、当然、満洲服だった。正式な場面では頭に編み笠（クーリー・ハット）をかぶる。香港《ホンコン》映画の殭尸（キョンシー）をみてもわかるとおり、いまでも中国人は死者をお棺にいれるときには清朝の官服を着せる。清朝の二百六十八年のあいだに、えらい人は満洲服を着るものだと相場がきまった。死んでから満洲服を着ることについてはおとがめがないので、死ねば念願の満洲服が着られた。死後に朝廷から官位を贈られれば晴れて満洲服を着た肖像画を描く権利を得た。清朝時代に、そのくらい中国人の意識は満洲化したのだった。

清朝の階級制度

二級市民である漢人は帝国の経営参加をゆるされなかった

清朝は一六四四年から二百六十八年間、中国を支配したが、中国だけを支配したのではない。清朝の皇帝は、清帝国を構成する五大種族にたいして、それぞれ別々の資格で君臨していた。

まず満洲人にたいしては、清朝の皇帝は満洲人の「八旗《はっき》」とよばれる八部族の部族長会議の議長だった。モンゴル人にたいしてはチンギス・ハーン以来の遊牧民の大ハーンだった。漢人にたいしては洪武帝《こうぶてい》以来の明朝の皇帝の地位を引き継いで皇帝として支配した。チベット人にたいしては、元《げん》の世祖《せいそ》フビライ・ハーン以来のチベット仏教の最高の保護者、大施主《だいせしゅ》だった。東トルキスタン（現・新疆《しんきょう》ウイグル自治区）にたいしては、「最後の遊牧帝国」ジューンガルの支配権を引き継いで、トルコ語を話すオアシス都市のイスラム教徒を支配していた。

漢人は清朝皇帝の使用人である官僚をとおして統治されていたが、他の四つの種族には官僚制度の管轄《かんかつ》はおよばず、原則として自治をみとめていた。漢人が中国以外の辺境に立ち入ることは厳重に制限されていた。漢人が科挙《かきょ》の試験に合格して官僚になれば中国の行政には参加できたが、辺境統治にも、帝国の経営にも漢人が参加することはゆるされなかった。漢人は清帝国の二級市民であり、中国は清朝の植民地の一つだったのである。

第一公用語は、もちろん満洲語だった。第二公用語はモンゴル語、第三公用語が漢文で、清朝の公式文書はこの三つのことばで書くのがきまりだった。皇帝の称号や年号も、三とおりの言語で併記された。たとえば康熙帝《こうきてい》の年号も、満洲語では「エルヘ・タイフィン」、モンゴル語では「エンケ・アムグラン」、漢文では「康熙」といった。みな「平和」という意味である。

北京は、もとは外城、内城の二重の城壁によってかこまれていた。内城の中央に紫禁城《しきんじょう》が南北にのび、その周囲に紅い城壁でかこまれた皇帝の使用人が住む皇城《こうじょう》があった。外城が漢人の居住区域で、内城には満洲人が住んでいた。内城の市街は紫禁城・皇城で東西にわかれ、それぞれ四つずつの区画に仕切られて、満洲人の「八旗」の兵営になっていた。

八旗というのは満洲人の部族組織である。それぞれの部族には黄色、白色、紅色、藍色の四色の軍旗があり、これに縁取りのあるものとないものの区別があって、計八種類の旗になる。満洲人以外に、満洲化したモンゴル人・漢人・朝鮮人・ロシア人なども八旗に組み込まれて「蒙古八旗《もうこはっき》」「漢軍八旗《かんぐんはっき》」と称され、満洲人としてあつかわれて、満洲人と八旗に編入された人々は「旗人《きじん》」とよばれた。

八旗のうち三旗は清朝皇帝の私的な領民だったが、他の五旗はそれぞれ皇族の領主に属し、皇帝でさえその内政には口出しできなかった。こういうところはモンゴルなど遊牧帝国のハーンと連合部族の関係によく似ていたのである。

「三藩《さんぱん》の乱」がおこる

康熙帝、宮中の内大臣と漢人の王たちを粛清して中国全土を支配下におく

清朝の功労者であった皇族出身の後見人《こうけんにん》ドルゴンは一六五〇年に死に、翌年から十四歳の順治《じゅんち》帝《てい》の親政がはじまったが、一六六一年、順治帝は天然痘《てんねんとう》にかかり、臨終の枕もとに八歳の三男玄燁《げんよう》（聖祖康熙帝《こうきてい》）をよびよせて皇太子に指名したのち亡くなった。二十四歳の若さだった。

康熙帝はまだおさなかったので、順治帝の腹心だった内大臣、ソニン、スクサハ、エビルン、オボーイがこれを補佐したが、この四人は漢地の有力者たち、ことに子飼いの軍隊をひきいて独立王国の様相を呈《てい》していた「三藩《さんぱん》」の漢人の王たちとむすびついて、大きな権力をふるった。「藩」とは北京の清朝皇帝をまもる「垣根《かきね》」という意味である。

康熙帝が十四歳の一六六七年にソニンが死ぬと、オボーイはスクサハをおとしいれ、康熙帝をおどしてスクサハとその一族全員を死刑にさせた。皇帝の補佐はオボーイとエルビンの二人だけになり、オボーイが独裁的な権力をにぎった。エビルンはそれに追随《ついずい》するだけだった。

康熙帝はオボーイの横暴をがまんしながら時を待ち、モンゴル相撲に興じるふりをして徐々に屈強な青年を身のまわりにあつめると、一六六九年、参内したオボーイをとらえて投獄し、

エビルンを追放した。それから康熙帝は、満洲人の貴族たちと百官《ひゃっかん》の前で堂々たる大演説をおこなった。こうして十六歳の少年皇帝は、じゃまものの内大臣たちをかたづけて、自分が独自の意志をもった主権者であることをはじめて天下に宣言したのである。

このクーデターがひきがねとなって、四年後の一六七三年、「三藩の乱」という大規模な反乱がおこった。三藩の王は、雲南《うんなん》の平西《へいせい》王呉三桂《ごさんけい》、広東《カントン》の平南《へいなん》王尚可喜《しょうかき》、福建《ふくけん》の靖南《せいなん》王耿継茂《こうけいぼ》だったが、このころ耿継茂は死んで、その長男耿精忠《こうせいちゅう》の代になっていた。これまで結託していた内大臣たちが康熙帝によって粛清されてしまい、不安を感じた彼らは康熙帝の腹をさぐるため、かたちだけ隠退《いんたい》を申し出たが、意外にも康熙帝があっさり許可してしまったので窮地におちいり、呉三桂と耿精忠の二人はやむなく反乱にふみきった。華南《かなん》・華中《かちゅう》は戦火におおわれ、西北の陝西《せんせい》省まで波及した。ところが満洲人の大臣、将軍たちはだらしがなく、皇帝軍はいたるところで敗退した。

二十歳になったばかりの康熙帝は、この困難な状況のもとで戦略家としての天才を発揮した。要領よく兵力を配分し、兵站《へいたん》線を確保して敵を長江《ちょうこう》の線でくいとめ、まず陝西省の反乱をかたづけ、つぎに耿精忠を降伏させて福建省をとりもどした。一六七八年、やぶれかぶれになった呉三桂は湖南《こなん》省の前線で即位式をあげて皇帝をなのったが、その直後に死んだ。孫の呉世璠《ごせいはん》があとを継いだものの、一六八一年に清軍が昆明《こんめい》を包囲して呉世璠は自殺し、八年間の長い内戦はやっと終わった。こうして康熙帝は二十八歳で中国全土を支配下におさめた。

ガルダン・ハーン、モンゴルのハルハ部に侵入

清の康熙帝をまきこんだモンゴル高原の内紛

モンゴル高原でフビライ家が復興してから（222ページ参照）、オイラト人は西へ西へと追いやられ、十七世紀にはモンゴルのハルハ部族（現在のモンゴル国民の大多数をしめている人々）の支配下にあったが、一六二三年、オイラトの連合軍がハルハのハーンを破って殺し、独立を達成すると形勢は逆転して、ふたたびオイラト人が優勢になった。

オイラトのホシュート部族はチベットと青海《せいかい》省を征服し、おなじくトルグート部族はヴォルガ河に移住して北コーカサス、ウクライナ、ロシアにたいして猛威をふるった。ジューンガル部族は現新疆《しんきょう》ウイグル自治区のイリ河の渓谷に本拠をおいて、タリム盆地のトルコ語を話すイスラム教徒の町々やカザフスタンやキルギスタンを制圧した。

ジューンガル部族長であるガルダン・ボショクト・ハーンは、一六四四年に生まれてすぐ、チベット仏教のダライ・ラマの宗派であるゲルク派の高僧、ウェンサ寺の座主（初代ウェンサ・トゥルク）の生まれ変わりであるとみとめられ、少年時代にチベットに留学して第五世ダライ・ラマに師事していた。野心的な政治家でもあったダライ・ラマ五世はガルダンを非常にかわい

がり、彼を清の康熙帝《こうきてい》に対抗させて大仏教帝国をつくる野望をいだいていた。一方、康熙帝は、「三藩《さんぱん》の乱」（238ページ参照）を鎮圧したとき、ダライ・ラマが雲南《うんなん》の平西王《へいせい》呉三桂《ごさんけい》と手をむすんでいた事実を知った。両者の対立の構図はここからはじまっていた。

ガルダンが一六七〇年にジューンガルの部族長になったころ、ゴビ砂漠の北で独立をたもっていたハルハ部族の左翼（東）と右翼（西）のあいだで内紛がおき、いつまでもおさまらなかった。康熙帝は仲裁にのりだし、一六八六年、チベット仏教ゲルク派のガンデン寺座主をモンゴルにまねいて、バイダラク河のほとりのクレーン・ベルチルの地で、講和のための大会議をひらいた。この会議にはハルハ左翼のハーンの弟、ジェブツンダンバ一世という僧侶も出席していたが、彼はダライ・ラマのゲルク派の仇敵《きゆうてき》チョナン派（サキャ派の分派）の高僧ターラナータの生まれ変わりで、皮肉にもガルダンの前世であるウェンサ・トゥルクから比丘戒《びくかい》をうけていた。しかもジェブツンダンバはダライ・ラマ派の代表であるガンデン寺の座主と対等にふるまった。これを自分の師であるダライ・ラマにたいする侮辱とうけとったガルダンは、ハルハ部族の内紛に介入し、一六八八年の春には三万のオイラト軍をひきいて北モンゴルのハルハ部族の地に侵攻した。

カラコルムにある寺を焼かれたジェブツンダンバは、ゴビ砂漠をこえて南モンゴルに逃げ、康熙帝の保護をもとめた。ガルダンがオロゴイ・ノール湖のほとりでハルハ軍と三日間の大決戦のすえこれを粉砕すると、ハルハの人々はなだれをうって南モンゴルに逃げだした。

ネルチンスク条約締結

ロシア人対策によってはじめて中国に領土国家の観念がめばえた

ロシア人は、もともとモンゴル帝国の西部のジョチ家の「白いオルド」、つまり「黄金のオルド」(キプチャク・ハーン国)の領民だった人々である。ロシア人という名前は、九世紀にスウェーデンからバルト海をわたってきたルーシ人から出たもので、そのルーシのリューリク家の末《まつ》裔《えい》、モスクワ大公イヴァン四世が一五七六年、チンギス・ハーンの子孫のシメオン・ベクブラトヴィチという皇子から譲位されてはじめて「全ルーシのツァーリ」と称した。「ツァーリ(皇帝)」というのは、モンゴル語の「ハーン」のスラヴ語訳である。

一五七七年、イエルマクというコサック人の強盗がイヴァン四世から死刑を宣告されて子分たちとともにウラル山中ににげこんだ。コサックというのはポーランド語から英語になったことばで、ロシア語ではカザークという。カザークはトルコ語で「離れ者」という意味である。それでわかるとおり、コサック人はもともとロシア人ではなく、ロシア正教に改宗した遊牧民であり、モンゴル風の百人隊に組織されてアタマン(トルコ語で「親分」)とよばれる隊長にひきいられていた。

イェルマクはウラル山中のストロガノフ家の領地でシベリアの富の話を聞いて遠征を計画し、一五八一年、モンゴル人のイスケルという町を占領した。この町はシビリともいい、ここからシベリアの名前が出た。いまのトボリスクの近くである。

イェルマクはその後まもなくタタール人の反撃にあって殺されたが、ともに行動していたコサック人たちはそれからもシベリアの河づたいに東へ東へと進み、一六四三年、清の太宗崇徳《たいそうすうとく》帝《てい》(ホンタイジ)が亡くなった年にはアムール河(黒龍江《こくりゅうこう》)に進出していた。清軍の討伐をうけて一度は姿を消したが、康熙帝《こうきてい》の時代になるとふたたびあらわれた。

満洲人の故郷の地がおびやかされるのをおそれた康熙帝は、ロシア人問題を解決するため、朝鮮から徴発《ちょうはつ》した小銃隊と清軍を派遣してアムール河上流まで遠征し、ロシア人の前線基地であるアルバジンを攻めおとした。いまでもアルバジノという地名がこのあたりにのこっている。

康熙帝は戦争と並行して外交交渉をおこない、その結果、一六八九年にはロシアの皇帝《ツァーリ》ピョートル一世とのあいだでネルチンスク条約の締結にこぎつけた。ネルチンスクはアムール河の支流シルカ河の分流ネルチャ河にのぞむ町である。この条約で、ヤブロノヴィ山脈から東は清朝、西はロシアの勢力圏とさだめられ、ロシア人はアムール河本流の渓谷から閉めだされた。

それまでは皇帝の権威のおよぶ範囲が中国だという観念はあっても、中国が四方を国境線にかこまれた一定のひろがりをもつ地域だという観念はまったくなかった。だが、この条約によってはじめて、はっきりした国境をもつ領土国家の観念が中国の王朝にめばえたのである。

ジョーン・モドの戦い

康熙帝の清軍とガルダン・ハーンのジューンガル軍との決戦

一六九〇年、ジューンガル部族のガルダン軍は南モンゴルの赤峰市《せきほう》のあたりのウラーン・ブトゥンの地まで南下し、清《しん》の康熙帝《こうきてい》が保護しているジェブツンダンバの引き渡しを要求した。康熙帝は大軍をおくってガルダン軍を迎え撃ったが、康熙帝の叔父、内大臣の佟国綱《とうこくこう》は額を弾丸で撃ちぬかれて戦死し、大打撃をうけた清軍は、ガルダン軍を追撃すらできなかった。

モンゴルの内紛に介入する気はなかった康熙帝も、ついにガルダンを討つことを決意し、翌年、南モンゴルのドローン・ノールに大集会を招集した。ガルダンの本拠地はアルタイ山脈の東麓のホブドの地にあった。いまのモンゴル国のいちばん西の端で、北京《ペキン》からはあまりに遠く、とうてい作戦圏内にはいらない。康熙帝はせっせと食糧をたくわえ、戦備をととのえ、敵がちかづいてくるのを待った。五年後の一六九六年、いよいよ機はおとずれた。ガルダンはモンゴル高原を東に進み、ケルレン河上流のバヤン・ウラーンに本営をおいた。

康熙帝はみずから遠征軍をひきいてゴビ砂漠縦断作戦に出発した。全軍を東路《とうろ》軍、西路《せいろ》軍、中路《ちゅうろ》軍にわけ、東路軍はメルゲンを出発して東からケルレン河に、西路軍は陝西省《せんせい》から陰山《いんざん》山脈をこえて西回りでトーラ河方面にむかう。皇帝自身がひきいるおよそ二万七千の中路軍は北京を出発して、ゴビ砂漠を突っ切り、ガルダンの本営をめざした。しかし、困難に耐えながらケルレン河に達してみると、ガルダン軍はすでにケンテイ山脈をこえて西方のトーラ河方面へ逃走していた。食糧がつきかけていた皇帝軍はやむなく帰途についたが、二日後、西方から伝令の早馬が到着した。西路軍がガルダン軍のゆく手をさえぎって、テレルジで戦って大勝利をおさめたという。康熙帝は狂喜して、天にむかってぬかずき、感謝の祈りをささげた。

テレルジ河はいまのウラーンバートル市の東方、トーラ河上流の支流である。その渓谷には温泉があり、現在はゴルヒ・テレルジ国立公園になっている。その橋のたもとが清軍とガルダン軍の決戦の古戦場である。河の南岸の橋の東側はひろい河原になっていて、たくさんの樹が生い茂っている。モンゴルで林があるのはめずらしい。これがモンゴル語でジョーン・モド、「百本の樹」である。この地で大激戦が繰り広げられたが、日が暮れて暗くなっても勝負はなかなかつかない。しかし、清軍はガルダン軍の後方に家畜と婦女子の一団を発見し、部隊を派遣してこれを襲撃した。ガルダン軍の動揺に乗じて清軍が突撃した。ガルダン軍は岸をころがりおちてばたばた死んだ。トーラ河の水面は死体でうまった。

ガルダンは夜の闇にまぎれて西方へにげて、モンゴル・アルタイ山脈にたてこもり、山中をさまよったのち翌年病死した。南モンゴルに避難していたハルハの領主たちと庶民は北モンゴルの故郷に帰り、康熙帝の勢力はゴビ砂漠の北のハンガイ山脈までおよぶことになった。

康熙帝《こうきてい》、チベットを保護下にいれる

清朝の領土拡大——チベットと台湾の事情

チベットの第五世ダライ・ラマは一六八二年に死んでいたが、その死が公表されたのは「ジョーン・モドの戦い」の翌年、一六九七年になってからのことであった。忠実な弟子であったオイラトのジューンガル部族長ガルダン・ハーンさえダライ・ラマの死を知らずに死んだ。

チベットの摂政《せっしょう》サンギェギャツオはその間に先代の生まれ変わりをさがしだし、ダライ・ラマの死を公表すると同時に第六世ダライ・ラマを即位させた。ところが、青海《せいかい》省のオイラトのホシュート部族長ラサン・ハーンは一七〇五年、チベットのラサにはいってサンギェギャツオを殺し、清の康熙帝《こうきてい》の許可をえて第六世ダライ・ラマを逮捕し、北京に護送したが、その途中でダライ・ラマは病死した。

康熙帝とラサン・ハーンはべつの僧侶を新たな第六世ダライ・ラマとしてラサに送りこんだが、だれもこのダライ・ラマを信用しなかった。ガルダンにそむいてジューンガル部族長となったガルダンの甥のツェワンラブタンは、この不安定なチベット情勢につけこんでホシュート部族からチベットをうばいとろうと計画し、一七一七年、ラサを奇襲した。ホシュートのラサン・ハーンはジューンガル軍と斬りむすんで殺された。

一七二〇年、康熙帝は青海省《せいかい》のホシュート部族が支持していた第七世ダライ・ラマの公認にふみきり、清軍をチベットに派遣して、第七世ダライ・ラマを送りこんだ。ツェワンラブタン配下のジューンガル軍は逃げ去った。こうしてチベットも康熙帝の保護下にはいり、清朝はチベット仏教の影響力を利用できることになった。

これより前に、台湾も清朝の影響下にはいった。台湾が歴史の舞台に登場するのは一六二四年にオランダ人がここに貿易拠点をおいてからのことで、少しおくれてスペイン人も入植したが、一六四二年にオランダ人に追い出された。オランダ人は海峡の対岸の福建省《ふくけん》から中国人農民を台湾によんで開墾《かいこん》にあたらせた。これから中国人が台湾に住みつくようになったのである。

明《みん》朝滅亡後、福建省を本拠とする明の皇族魯王《ろおう》をかついだ鄭成功《ていせいこう》（国姓爺《こくせんや》の名で知られる）は二万五千の兵をひきいて一六六一年、台湾にわたり、オランダ人を追い出して清に抵抗をつづけた。鄭成功は台湾占領の翌年死に、一六八三年に清軍が侵攻して鄭氏を降伏させた。

清朝は台湾渡航を厳重に制限したが、人口過剰の福建省からの密航者が絶えず、大量の浮浪者を生み、鄭氏の残党であるやくざの地下組織とあいまって、治安は極端にわるかった。中国人入植者どうしも、たがいをよそ者あつかいして仲がわるく、土地をうばいあってはげしい争いをくりかえした。こういった複雑な事情のために清朝は台湾をもてあまし、開発など考えもしないまま二百年がたったのである。

張廷玉《ちょうていぎょく》ら『明史』を完成

清朝による正史はモンゴルの正統をみとめた

これまでみてきたように、元朝《げんちょう》は一三六八年に中国をうしなったときに滅亡したわけではない。モンゴル人たちは、けっして明朝《みんちょう》を「正統」の皇帝とみとめず、チンギス・ハーンの子孫の王家は中央ユーラシアのいたるところに生きのこっていた。モンゴル高原でも、元朝(北元《ほくげん》)を名のる王家が十七世紀まで存続したが、最後のハーンの遺児は満洲《まんしゅう》人に降伏して、モンゴル帝国の統治権を清朝《しんちょう》に引き継いだ。清朝は元朝を上回る広大な地域を統一して、ユーラシア大陸の東半分を支配する大帝国となった。その清朝が編纂《へんさん》したのが、中国最後の「正史《せいし》」となった『明史《みんし》』である。

清朝が中国の北京を征服したのは一六四四年である。正史の編纂事業を担当する「明史館《みんしかん》」はその翌年におかれたが、なにしろ満洲族の中国支配がまだ確立していない時期だったので、結局ものにならなかった。

康熙帝《こうきてい》の一六七九年、ふたたび「明史館」がおかれ、多くの学者を動員して本格的な編纂にはいり、史稿もつぎつぎにつくられた。しかし、これらの監修が容易ではなかった。ついで

「列伝《れつでん》」を王鴻緒《おうこうしょ》、「本紀《ほんぎ》」を陳廷敬《ちんていけい》、「志《し》」を張玉書《ちょうぎょくしょ》がそれぞれ分担して、しだいに事業は進行していった。その後、「明史館」の重要メンバーがあいついで世を去ったり、館を去ったりして、また頓挫《とんざ》したが、雍正帝《ようせいてい》の一七二三年、総裁であった王鴻緒が『明史稿』三百十巻を完成させたので、それをもとに同年から「明史館」は三たび活動をはじめ、張廷玉《ちょうていぎょく》らが総裁となって、『明史』はその最後の段階にはいった。こうして一七三五年、すべての編纂をおえたのである。

この張廷玉らの『明史』は、「本紀」二十四巻、「志」七十五巻、「表《ひょう》」十三巻、「列伝」二百二十巻、総計三百三十二巻から成る。そのおもな材料は、明朝の科挙《かきょ》出身の文人官僚が書いた「実《じつ》録《ろく》」であって、編纂実務にあたったのも、やはり科挙出身の一派であった。そのため、『明史』の内容は文人官僚の功績を実際以上に高く評価し、明朝の実権をにぎっていた軍人や宦官《かんがん》たちのはたした役割を軽視する傾向が強い。

それでも、さすがに元朝の「正統」をうけた清朝の編纂だけあって、明朝とモンゴルとの関係のとりあつかいは筋がとおっている。『明史』ではモンゴルを外国としてとりあつかい、モンゴル関係の叙述を「外国列伝」にいれて、「韃靼《だったん》」と表題をつけている。そしてその書き出しには、「韃靼（タタル）はすなわち蒙古《もうこ》（モンゴル）で、元《げん》の後裔《こうえい》である」とことわっている。

明朝は中国だけの国家だったから、『明史』も中国だけをあつかう正史にならざるをえなかった。しかし、モンゴルが元朝の後裔《こうえい》であると明言するのは、中国の歴史学では、モンゴルに正統があることをみとめることにほかならないのである。

清朝、全モンゴル系種族を支配下におさめる

ジューンガル王国滅亡とオイラト人大虐殺

清の康熙帝《こうきてい》は一七二二年に歿し、世宗雍正帝《せいそうようせいてい》が帝位を継いだ。その翌年、青海《せいかい》のオイラト・ホシュート部族のロブサンダンジンが清朝からの独立をくわだてて兵を挙げたが、一七二四年に清軍に平定されて青海は完全に清朝の領土となり、青海のオイラト人はことごとく雍正帝の臣下となった。

一七三五年には清朝とオイラトのジューンガル王国とのあいだで国境画定《かくてい》の交渉がひらかれ、雍正帝の死後、高宗乾隆帝《こうそうけんりゅうてい》の一七三九年にいたってやっと協定がむすばれ、ジューンガルの牧地はアルタイ山脈以西、ハルハの牧地はハンガイ山のブヤント河以東とすることになった。

ガルダンの甥《おい》ツェワンラブタンのあとを継いだ部族長ガルダンツェリンが一七四五年に亡くなるとジューンガルではたちまち内紛がおこり、ジューンガル王国は急速に下り坂となった。

一七五二年にツェワンラブタンの孫であるホイト部族のアムルサナーはダワチを擁立《ようりつ》したが、やがて不和となり、一七五四年、アムルサナーは清に亡命した。同時にドルボト部族の首領たちもこぞって清に投降したので、乾隆帝はこの機会を利用してジューンガル問題を一気に解決

しようと、翌一七五五年、ジューンガルに大軍を送りこんだ。清軍はほとんど抵抗をうけずにイリに達し、ダワチは逃亡してカシュガルにむかう途中でとらえられ、北京に送られた。

こうしてジューンガル王国がほろびたあと、乾隆帝はオイラトのドルボト、ホシュート、ホイト、チョロース（ジューンガル系）の四部族にそれぞれハーンをたて、アムルサナーをホイトのハーンにする予定であったが、全オイラトの指導者になることを望んでいたアムルサナーはこれを不服として清朝にそむき、独立を宣言した。そこで清軍はアムルサナーを追撃し、シベリアにのがれたアムルサナーは、そこで天然痘《てんねんとう》にかかって死んだ。

たびかさなる反抗に手をやいた清朝は報復としてオイラト人の大虐殺をおこなった。そのうえ清軍がもちこんだ天然痘が大流行したためオイラト人の人口は激減し、ジューンガルが根拠地としたイリ渓谷はほとんど無人の地となった。乾隆帝はその地に満洲人、シベ人、ソロン人、ダグール人を入植させた。一七五九年、天山《てんざん》山脈の南の東トルキスタンも清朝に征服されて、清帝国の領土は最大になった。

十七世紀前半に西方に移動してヴォルガ河畔を支配していたオイラトのトルグート部族も、十八世紀になってロシアの圧力が増し草原への入植者がふえたため、一七七一年、その大多数がヴォルガ河畔をはなれ、イリにはいって清朝の保護をうけた。

こうして、バイカル湖の東のブリヤート人と、ヴォルガ河西岸にのこったトルグート人（カルムィク人）をのぞき、あらゆるモンゴル系の種族は清の皇帝の臣下となった。

（上）狩りをする康熙帝　（下）南巡する康熙帝

儀礼用の甲冑をまとった乾隆帝（18世紀半ば）ジュゼッペ・カスティリオーネ 画

天理教の乱／第一次阿片戦争

秘密宗教結社の反乱と「英夷」の脅威

乾隆帝《けんりゅうてい》は一七九六年に退位して、三年後の一七九九年に亡くなった。あとを継いだのは仁《じん》宗《そう》嘉慶帝《かけいてい》だが、このころから各地で反乱がおこりはじめる。

一七九五年、貴州《きしゅう》省の銅仁《どうじん》県（現・松桃《しょうとう》ミャオ族自治県）の苗《ミャオ》人石柳鄧《せきりゅうとう》が反乱をおこし、湖《こ》南《なん》省、貴州省、四川《しせん》省にひろがった。この乱は十二年つづいて鎮圧《ちんあつ》された。

ついで翌一七九六年、かつて紅巾《こうきん》の乱（一三五一年）をおこした白蓮教徒《びゃくれんきょうと》がまたも兵を挙げた。王聡児《おうそうじ》、姚之富《ようしふ》らが湖北省の襄陽《じょうよう》で反乱をおこすと、四川省などで教徒たちがつぎつぎと呼応して、一七九八年には西安《せいあん》を攻めた。この乱は九年におよび、湖北《こほく》省、四川省、河南《かなん》省、陝西《せんせい》省、甘粛《かんしゅく》省をまきこんだが、一八〇四年、完全に鎮圧された。

一八一三年には天理教《てんりきょう》の乱がおこった。天理教は白蓮教の一派で、またの名を八卦教《はっけきょう》ともいい、河北《かほく》省、河南省、山東《さんとう》省、山西《さんせい》省に勢力をもち、宮中の宦官《かんがん》のなかにも信者がいた。教主である河南省滑県《かっけん》の李文成《りぶんせい》、北京市大興県《だいこうけん》の林清《りんせい》らは一斉蜂起《いっせいほうき》をねらっていたが、この計画が事前にもれ、李文成がとらえられたので、滑県の天理教徒たちは県城を占領して李文成を救出し、林清は二百人あまりの信徒をひきいて、信者の宦官の手引きで宮中に攻め入った。北京にいた諸王と大臣たちはすぐに近衛軍を動員して天理教徒たちを包囲し、追い払った。林清は大興県の黄《こう》村でとらえられ、処刑された。李文成は輝《き》県の山中ににげこんだが、最後はみずから火をはなって死んだ。

一八二〇年、嘉慶帝が死に、あとを継いだ宣宗道光帝《せんそうどうこうてい》の治世《ちせい》の一八四〇年には、イギリスとのあいだに第一次阿片《アヘン》戦争がおこった。

道光帝が林則徐《りんそくじょ》に命じてイギリスのアヘン密輸をきびしく取り締まったことに反発したイギリス政府は武力干渉にふみきった。英艦隊は広州《こうしゅう》市附近の海域にはいり、香港《ホンコン》を占領すると、一八四二年、道光帝にせまって南京《ナンキン》条約をむすび、二千百万元の賠償、香港の割譲《かつじょう》、広州《こうしゅう》、福《ふく》州《しゅう》、厦門《アモイ》、寧波《ニンポー》、上海《シャンハイ》の開港、協議による関税協定を清朝にみとめさせた。そして翌年には虎《こ》門《もん》条約を締結し、イギリスの領事裁判権と最恵国《さいけいこく》待遇、通商港におけるイギリス人の借地権と住居権を獲得した。

これが端緒《たんしょ》となって、清朝は一八四四年、アメリカと望厦《ぼうか》条約、フランスと黄埔《こうほ》条約を締結して、同様の権利をアメリカ人とフランス人にもみとめることになった。とはいえ、これまで中国の皇帝が外夷《がいい》に敗れたことは何度もあったし（清朝はイギリスを「英夷《えいい》」と呼んでいた）、なんといってもヨーロッパとアメリカは遠く、欧米人は少数だったから、これは中国の伝統的なシステムをくつがえすほどの大事件とはいえず、清朝はさほど脅威を感じたわけではなかった。

太平天国の乱

新興宗教の教祖、「天王」洪秀全の建国

一八五〇年、道光帝《どうこうてい》が死に、文宗咸豊帝《ぶんそうかんぽうてい》があとを継いだ。その治世に太平天国《たいへいてんごく》の乱《らん》と第二次阿片《アヘン》戦争がおこった。

太平天国をたてた洪秀全《こうしゅうぜん》は広東《カントン》省花《か》県の客家《ハッカ》（元朝《げんちょう》時代に華北から南に移住してきた、独特の習俗をもち山西《さんせい》方言を話す漢人の一派）で、自分は天帝《てんてい》の息子でイエスの弟であると宣言し、拝《はい》上帝教《じょうていきょう》という新興宗教結社をおこした。一八五一年、花県の金田村《きんでんそん》に信者をあつめて太平天国を建国し、永安《えいあん》州（現・広西チワン族自治区の蒙山《もうざん》県）をおとしいれた。

洪秀全は天王《てんおう》と称し、幹部の楊秀清《ようしゅうせい》を東王《とうおう》、馮雲山《ふううんざん》を南王《なんおう》、蕭朝貴《しょうちょうき》を西王《せいおう》、韋昌輝《いしょうき》を北《ほく》王、石達開《せきたつかい》を翼王《よくおう》とした。同年、太平軍は永安州を包囲した清軍を突破して北上し、馮雲山と蕭朝貴は戦死したが、一八五三年、南京《ナンキン》にはいってこれを太平天国の首都「天京《てんけい》」とした。

おなじ一八五三年に安徽《あんき》省蒙城《もうじょう》県の雉河集《ちかしゅう》（渦陽《かよう》県）で張楽行《ちょうらくこう》を盟主とする白蓮教《びゃくれんきょう》系の武装集団、捻軍《ねんぐん》がおこった。一八五七年、捻軍は太平軍と手をむすび、洪秀全は張楽行を沃王《よくおう》に封《ほう》じた。

清の正規軍である八旗《はっき》が太平軍に連戦連敗していたため、湖南《こなん》省の故郷にもどっていた清の将軍曾国藩《そうこくはん》は「湘勇《しょうゆう》」と称する地元の義勇軍（郷団《きょうだん》）を組織して太平軍に立ちむかった。「湘」は湖南省、「勇」は臨時軍を意味する。はじめのうちは苦戦がつづいたが、一八五六年の末、ついに太平軍から武昌《ぶしょう》（武漢《ぶかん》市）を、ついで一八五八年に江西《こうせい》省の九江《きゅうこう》を回復した。

一八六〇年、清朝から両江《りょうこう》総督の官職をあたえられ、曾国藩ははじめて実権をもった。翌年、弟曾国荃《そうこくせん》が安徽省の安慶《あんけい》を奪回し、同年、安徽省合肥《がっぴ》県の人、李鴻章《りこうしょう》は曾国藩の命令で郷里にもどり、湘勇にならって「淮勇《わいゆう》」を組織し、翌一八六二年、上海に行ってチャールズ・ゴードン将軍ひきいるイギリス民兵軍「常勝軍」に助けをもとめた。これが清朝の強力な援軍となった。

いっぽう、太平天国では一八五六年に内紛がおこり、東王楊秀清と北王韋昌輝は殺された。一人のこった翼王石達開の太平軍は一八六三年、四川省にはいったが、大渡河《だいとが》において清軍に敗れ、石達開は処刑された。みずから軍をひきいることになった洪秀全も、一八六四年に病死した。十六歳の息子の洪天貴《こうてんき》があとを継いで幼天王《ようてんおう》となったが、同年、天京は曾国藩の清軍によって落城し、秦淮河《しんわいが》は太平軍の死体でうまった。ここに太平天国はほろびた。

天京をのがれた太平天国の遵王頼文光《じゅんおうらいぶんこう》は捻軍の部将に太平天国の王号をあたえ、捻軍と連合した。一八六五年、モンゴル・ホルチン左翼のセンゲリンチン親王がひきいる清軍は、捻軍を討つため山東《さんとう》省の曹州《そうしゅう》に進攻した。捻軍は高楼塞《こうろうさい》にまちぶせてこれを壊滅させたものの、一八六八年、山東省の黄河《こうが》と徒駭河《とがいか》のあいだで李鴻章ひきいる清軍に敗れ、大乱は終息した。

第二次阿片戦争おこる

アロー号事件をきっかけに北京に攻め入ったイギリス・フランス連合軍

清朝が太平天国《たいへいてんごく》に手を焼いていた一八五六年十月、アロー号事件がおこった。

一八四〇年の阿片《アヘン》戦争後の南京《ナンキン》条約で、イギリスは上海《シャンハイ》ほか五港の開港をみとめさせたにもかかわらず、イギリスにはアヘン以外に魅力的な輸出品がなかったため、対清貿易はまったくふるわなかった。業《ごう》を煮《に》やしたイギリスは、中国内地の市場にくいこむための口実として、清の役人が商船アロー号のイギリス国旗をひきずりおろしたことに抗議し、フランスに呼びかけて連合軍を組織した。こうしてアロー号事件をきっかけに第二次阿片戦争がはじまった。

一八五七年の末、広州《こうしゅう》をおとしいれた連合軍は、翌年、大沽《タークー》の砲台を攻め落とした。咸豊帝《かんぽうてい》はあわててイギリス、フランス、ロシア、アメリカと天津《テンシン》条約に調印した。各国公使の北京駐在をみとめること、内地河川の商船航行の許可、アヘン輸入の公認などがその内容であった。

一八五九年、イギリス、フランス、アメリカは条約批准《ひじゅん》のため指定されたルートで北京にはいろうとしたところを妨害され、大沽で交戦した。イギリスとフランスは一八六〇年、ふたたび連合軍を組織して大沽、天津をおとしいれて北京にせまった。咸豊帝は北京を弟の恭親王《きょうしんのう》にまかせて、熱河《ねっか》の避暑山荘に逃げ去った。連合軍は円明園《えんめいえん》で掠奪《りゃくだつ》をはたらいてこれを焼き去り、北京を陥落させた。清朝はイギリス、フランスと北京条約に調印した。これによって清は天津を開港し、イギリスに九龍《きゅうりゅう》半島を割譲することとなった。中国人の海外渡航の許可もみとめたため、苦力《クーリー》とよばれる低賃金の肉体労働者がアメリカやヨーロッパにわたることになった。

こうして第二次阿片戦争に敗れた結果、清では西洋の近代技術をとりいれる洋務《ようむ》運動がおこった。洋式軍備のための軍事工場がそのはじまりだが、清朝政府には国家意識や国家主導という考えがなかった。洋務運動は、みずから軍をひきいる将軍李鴻章《りこうしょう》らが自分の私兵を強くするために武器、弾薬、造船所、製鉄所などの軍事工場をつくることからはじめたもので、国家のためでも民衆のためでもなかった。明治維新《めいじいしん》後、国家としての生きのこりをかけ、官民あげて西洋化につきすすんだ日本とはまったく事情がちがう。

一八六一年、咸豊帝が避暑山荘で死に、穆宗同治帝《ぼくそうどうちてい》があとを継いだ。咸豊帝の皇后東太后《とうたいごう》（慈安《じあん》皇太后）と、同治帝の生母西太后《せいたいごう》（慈禧《じき》皇太后）は共謀して咸豊帝の遺命をうけた八大臣の筆頭の粛順《しゅくじゅん》を斬首し、怡《い》親王載垣《さいえん》、鄭《てい》親王端華《たんか》（粛順の父）を自殺させ、他の五大臣を免職と流刑にした（辛酉《しんゆう》の政変）。これより両太后の摂政《せっしょう》がはじまった（同治《どうち》の中興《ちゅうこう》）。

太平天国の残党や捻軍《ねんぐん》をすべて掃討したのちの一八七三年、同治帝は親政をはじめるが、母の西太后は実権をゆずらず、同治帝は悶々《もんもん》として一八七五年に死んだ。あとを継いだのは徳宗《とくそう》光緒帝《こうしょてい》である。一八八一年、東太后が死んで、西太后はひとり権力をふるうようになった。

イスラム教徒の反乱

「満漢一家《まんかんいっか》」の国民国家への道をふみだした清朝

満洲人の清帝国にいよいよ国民国家の時代がおしよせたのは、第一次阿片《アヘン》戦争から二十年以上たった一八六二年のことである。

この年、陝西《せんせい》省で、中国語を話すイスラム教徒（回族《かいぞく》）と中国人（漢族）の衝突がおこった。これをきっかけにイスラム教徒の大反乱がはじまり、甘粛《かんしゅく》省へ、東トルキスタン（現・新疆《しんきょう》ウイグル自治区）へと波及し、さらにトルコ語を話すイスラム教徒（ウイグル族）が反乱に参加したので、東トルキスタンは反乱軍の手におちた。やがて西トルキスタンのコーカンド（ウズベキスタン）からヤアクーブ・ベクという英雄がやってきて、東トルキスタンのカシュガル（喀什《カシュガル》市）にイスラム教の神政王国をたてたので、清朝の支配は中央アジアにおよばなくなった。

これにたいして、太平天国《たいへいてんごく》の乱に功績のあった左宗棠《さそうとう》がみずからの郷団《きょうだん》（地元の義勇軍）をひきいて東トルキスタンの平定にむかい、一八七七年、イスラム教徒の反乱を十六年ぶりに鎮圧《ちんあつ》した。清朝は左宗棠の意見を採用して、一八八二年、東トルキスタンに中国式の行政機関である新疆省をおき、一八八四年、左宗棠の子分の劉錦棠《りゅうきんとう》を長官（巡撫《じゅんぶ》）に任命した。

同一八八四年、ヴェトナムの保護権をめぐって清朝とフランスのあいだに清仏《しんふつ》戦争がおこった。この戦争で、フランス艦隊は福州港《ふくしゅう》の清の艦隊を撃滅し、台湾を封鎖した。これに衝撃を受けて、清朝は翌一八八五年、中国式の台湾省を設置した。台湾はそれまで中国の一部ではなく、東トルキスタンとおなじような辺境としてあつかわれていたのである。この新疆省と台湾省の設置で、清帝国の性格は根本から変わった。漢族が辺境の統治に関与するのは、清朝ではこれがはじめてであった。

太平天国の乱を平定したのは、曾国藩《そうこくはん》の湘勇《しょうゆう》や李鴻章《りこうしょう》の淮勇《わいゆう》など、自前の軍隊（郷団）をひきいた漢人の将軍たちであった。これらのいわば地方の自警団ともいうべき軍隊に、清朝は「就地自籌《しゅうちじちゅう》」（駐屯《ちゅうとん》や進軍に必要な経費を現地調達すること）をみとめ、反乱の鎮圧後もその許可をとりけすことができなかったため、こうした郷団は独立軍のようになり、税金の徴収権《ちょうしゅうけん》までにぎってしまった。これが以後の軍閥のはじまりである。

満洲人の大臣にかわって漢人の将軍の発言力が強まり、満漢《まんかん》の力が逆転した。それまでは満洲族がモンゴル族と連合して漢族を統治し、チベット教とイスラム教を保護するのがたてまえだったが、満洲人の清朝は、連合の相手をモンゴル人から漢族にきりかえて、「満漢一家《まんかんいっか》」の国民国家への道に一歩をふみだすことになる。多種族の連合帝国だった清朝は、これで決定的に変質し、モンゴル族やチベット族は満洲族にうらぎられたと感じた。二十世紀のはじめになって、モンゴルやチベットで清朝からの独立の機運が出てきたのは、この不満が原因であった。

日清戦争おこる

中国の歴史をおわらせたのは「東夷」の日本だった

阿片《アヘン》戦争を「英夷《えいい》」（イギリス）による南方の局地的な脅威にすぎないと、さほど深刻には考えていなかった清朝にたいして、日本は危機感をもってこの事件をうけとめた。

とくにロシアの南下をおそれた日本は、明治維新後、それをふうじるために朝鮮の独立と近代化を強く求めていた。いっぽう清朝では、清仏《しんふつ》戦争でヴェトナムの宗主権《そうしゅけん》をフランスにうばわれて面子《メンツ》をつぶされ、それまで台湾と同様、関心のなかった朝鮮を領土にしようとした。そうして、朝鮮で東学党《とうがくとう》の乱がおこって日清両国が朝鮮半島に軍隊を送りこんだのをきっかけに、ついに日本とぶつかり、一八九四年、日清《にっしん》戦争がおこった。

清としては「朝鮮半島から東夷《とうい》を追い出せ」くらいの気持ちであった。日清戦争も、政権をめぐって対立していた西太后《せいたいごう》と光緒帝《こうしょてい》の主導権争いの一つにすぎなかった。いっぽう、日本にとっては開国以来はじめての大国との戦争であり、朝鮮が独立できなければロシアが朝鮮半島に進出してくることは目に見えていたので、国の存亡《そんぼう》をかけた必死の戦いであった。

日本は国民軍であったが、清朝側は李鴻章《りこうしょう》の私兵にすぎなかった。清の艦隊といえば洋務《ようむ》運動をすすめていた李鴻章の北洋《ほくよう》艦隊だけであり、朝鮮半島は李鴻章の勢力範囲だったから、清朝は李鴻章にすべてをまかせるしかなく、内陸や南の軍閥はまったく関知しなかった。この日本と清の違いが勝敗をわけた。黄海《こうかい》海戦で北洋艦隊は日本の連合艦隊に大敗した。

日清戦争の敗戦は、清朝に深刻な衝撃をあたえた。わずか三十年前に西洋式のシステムを採用したばかりの日本が、当時、清では最新の西洋式軍備をととのえていた李鴻章の北洋軍を壊滅させたのである。これは中国の伝統的システムがもはや通用しない時代になったことを劇的に証明する事件であった。中国の栄光ある孤立の時代は終わった。

清は翌一八九五年、下関条約（馬関《ばかん》条約）をむすび、朝鮮の独立、遼東《りょうとう》半島・台湾・澎湖《ほうこ》諸島の割譲《かつじょう》、賠償金二億両《テール》の支払いをみとめた。ところが、遼東半島割譲にロシアが反発し、ドイツ・フランスとともにその返還を要求して（三国干渉《さんごくかんしょう》）、日本はこれに屈した。そして、その遼東半島は結局、ロシアにとられてしまう。この三国干渉が、列強による中国の半植民地化のはじまりである。すなわち中国の近代化のきっかけは阿片戦争ではなく、日清戦争であった。

紀元前二二一年の秦《しん》の始皇帝《しこうてい》による統一が中国の歴史の出発点であり、それ以前は中国以前の時代であったのとおなじように、中国以後の時代というものもある。この日清戦争の敗戦が、そのわかれめとなった。中国人にとっての歴史が中国の範囲だけにかぎられた現象ではなくなり、国境をこえた外でのできごとに左右されるようになった。こうして「中国」の歴史は終わったのである。

第8章

日本文明圏の時代

「中国」以後

義和団の乱

秘密結社の反キリスト教暴動をきっかけに中国は半植民地化した

これまでみてきたように、「中国」という観念は、首都の城郭《じょうかく》の内側という最初の意味から、漢字によるコミュニケーションの通用する範囲、首都からの軍事的・経済的コントロールのおよぶ範囲にまで拡大し、さらに元の世祖《せいそ》フビライ・ハーンの統一以後、漢字文化圏とそれ以外の地域の両方をふくむまでに拡大した。

そうした中国の観念が定着したのは満洲《まんしゅう》族のたてた王朝が支配する清《しん》帝国の時代であったが、この時代にはシベリアにロシア人が進出してきたために、すくなくとも北方においては国境を画定《かくてい》する必要が生じ、一六八九年に清の康熙帝《こうきてい》がロシアのピョートル大帝とむすんだネルチンスク条約（242ページ参照）において、はじめてはっきりした国境をもつ領土国家の観念がめばえた。それまで中国人には「王化《おうか》」、すなわち皇帝の権威のおよぶ範囲が中国だという観念はあっても、四方を国境線にかこまれた一定の地域という観念はなかったのである。

ところが、東夷《とうい》の侵攻くらいにしか考えていなかった日清戦争に敗れたことによって、清はようやく外国というものを意識せざるをえなくなった。日本が勝ったとたん、三国干渉《さんごくかんしょう》を皮切りに、欧米列強は清国の利権にむらがった。外国製品が急増して市場にあふれたことによる貧富の格差が生まれると、またも秘密結社の反乱が各地でおこりはじめた。

その最大のものが、山東省《さんとうしょう》の西部でおきた反キリスト教暴動を発端《ほったん》とする一九〇〇年の義和《ぎわ》団《だん》の乱《らん》である。

義和団は「扶清滅洋《ふしんめつよう》」（清を扶《たす》け、西洋を滅《ほろ》ぼす）をスローガンにかかげたが、「清を扶ける」というのは建前《たてまえ》で、これは清朝の役人たちが義和団とかかわっていたためである。暴動は全国各地にひろがり、北上した義和団は列強の公使館があつまる北京の東交民巷《とうこうみんこう》を包囲した。列強は清朝に鎮圧《ちんあつ》を要求したが、西太后《せいたいごう》は逆に義和団を支持して清朝の正規軍を送りこんだ。

そこで居留民保護のため日本をはじめとする八カ国連合軍が出兵して乱を鎮圧し、北京を共同軍事管理下においた。西太后と光緒帝《こうしょてい》は北京を逃げ出してしまったので、西太后の開戦命令をきかず不干渉の態度をとっていた李鴻章《りこうしょう》が講和にのぞんだが、責任者の処罰や賠償金の支払いなどをすべてうけいれざるをえなかった。賠償金は四億五千万両《テール》、利子をいれると倍以上の九億八千万両にのぼった。清国は多額の賠償金を捻出《ねんしゅつ》するために藩部《はんぶ》を開放せざるをえなくなり、モンゴルの土地も漢人に開放した。モンゴル人は、いよいよ清朝から離反しはじめた。

英米日各国との通商条約がつぎつぎに改訂されて、中国経済にたいする外国の圧力がますます強まり、満洲はロシア人に占領された。清国は完全に半植民地状態におかれることとなった。ここから中国の屈辱の近代がはじまるのである。

1905

科挙試験の廃止

中国古典の文体と語彙にとってかわった日本製の漢語

日清戦争の敗戦とともに、中国は二千百年をこす伝統的システムを完全に放棄して、日本型の近代化路線にのりかえた。日本においてすでに漢字文化になじむように消化された欧米システムを採用したのである。これまで蓄積されてきた漢字語の体系は全面的に放棄され、あらたに日本製漢語を基礎とする共通のコミュニケーション・システムが生まれることになった。これが現代漢語の起源である。ここにいたって中国の歴史は独立性をうしない、世界史の一部、それも、日本を中心とする東アジア文化圏に組み込まれた。つまり「中国」以後の時代にはいったのである。

こうして一九〇五年、清朝はこれまで千三百年にわたって中国の指導者層を生みだしてきた科挙《かきょ》の試験を廃止し、そのかわりに外国留学帰りの人々を登用して官吏《かんり》とすることにした。

もっとも多かった留学先は日本である。日清戦争に負けた翌年から清国留学生の大群が日本に押し寄せはじめ、日露戦争（一九〇四～〇五）後には未曾有《みぞう》の活況を呈《てい》した。

日本は一八六八年の明治維新以来すでに三十年、一世代にわたって、日本であらたにつくられた漢字の組み合わせによって、欧米の事物を表現する文体と語彙《ごい》を開発していた。こうしたあたらしい文体と語彙は清国留学生によって学ばれ、摂取され、吸収された。日本製の漢語は中国人の言語に大量にながれこみ、古典に基礎をおいた科挙試験のための文体と語彙にとってかわった。欧米諸国に留学した中国人にとっても、あたらしい事物をつたえるコミュニケーションの道具は、やはり日本式の文体と語彙だけしかなかった。あたらしい漢語は、中国全土におびただしく設立された新式教育の学校において、日本人教師と日本留学帰りの人々によってひろめられた。そして、旧来の古典的文法に、日本製熟語の語彙を借用した中間的な「時文《じぶん》」と呼ばれるものが発生して、官庁用語や新聞用語としてつかわれるようになった。

　中国語の日本化の極致というべき白話《はくわ》（口語）文が、一九一八年に雑誌『新青年』に掲載された魯迅《ろじん》の「狂人日記」によって生み出された。これは魯迅が日本語で考えた文章を漢文にうつしたもので、この作品をもって、あたらしい漢語がおよそ日本文学のテーマならなんでも表現できる水準にまで達した。

　しかし、話すことばは依然としてバラバラで、ほとんどコミュニティごとに異なっていた。そして、それを書きあらわす文字がない。共産党政権の樹立後に毛沢東《もうたくとう》がめざした「拼音《ピンイン》」（表《ひょう》音《おん》）の文字だけで中国語を表記しようとする改革は、音韻《おんいん》の知識不足からみじめな失敗におわった。中国では結局、漢字は秦《しん》の始皇帝《しこうてい》の時代と変わらず、どこの方言でもない外国語同然のことばを書きあらわす文字のままである。

辛亥《しんがい》革命の勃発

袁世凱が最後の皇帝・宣統帝溥儀を退位させ、清朝が歴史から消える

日清戦争が清にもたらしたもう一つの影響は軍隊の日本化である。中国の近代化のためにまず強化されねばならなかったのが軍隊であって、清朝政府は新式の、つまり日本式の陸軍建設に力をいれたが、そのさい、新軍の中核となったのは日本の陸軍士官学校《しかんがっこう》に留学した将校たちであった。一九一一年におこった辛亥革命《しんがいかくめい》は、満洲族の清朝にたいする漢族の将軍たちの地方の新軍の反乱によっておこり、結局、政権をうばったのは李鴻章《りこうしょう》の地盤をうけついで最大最強の新軍の兵力を指揮していた清の軍閥、袁世凱《えんせいがい》であった。

清の宮廷では一九〇八年に光緒帝《こうしょてい》、西太后《せいたいごう》が二日間にあいついで亡くなり、西太后の遺言によってまだ二歳の宣統帝溥儀《せんとうていふぎ》が即位し、父の醇親王《じゅんしんのう》が摂政《せっしょう》となっていた。アメリカにいた孫文《そんぶん》を臨時大総統にして一九一二年に誕生した中華民国は、清の全権大臣となった袁世凱と取り引きをし、六歳になっていた宣統帝に、すべての権利を保障することを条件として退位をうながした。こうして同年二月、清朝は消滅した。

宣統帝退位後、孫文にかわって袁世凱が臨時大総統となり、孫文は自分たちのグループであ

る国民党と袁世凱の党とによる共和制をかんがえていたが、袁世凱は国民党の本当の中心である宋教仁《そうきょうじん》を暗殺して独裁をはじめ、いったんは国号を「中華帝国」とし、皇帝にまでなった。しかし、これには反対が多く、結局八十数日で退位して、翌年の一九一六年に死んだ。袁世凱亡きあとの中国はふたたび四分五裂《しぶんごれつ》し、軍閥割拠《かっきょ》の時代にもどってしまった。

中華民国の時代には、日本の大正デモクラシーが中国人の意識に強い影響をあたえた。さらに、一九一七年のロシア革命によってロシア帝国が解体し、これまでロシア人に支配されてきた諸民族の独立運動がさかんになって、近代化にめざめはじめた中国人を刺激した。中国に利権をもたないアメリカは、ウィルソン大統領が民族自決の原則をとなえてソ連を牽制《けんせい》した。その結果、一九一九年のパリ講和会議において山東省《さんとう》の旧ドイツ権益を日本が継承することになったのに抗議する「五・四《ごし》」運動がソ連のコミンテルン（国際共産党組織）の煽動《せんどう》によっておこり、以後、日本に反対することが中国人の共通の指標となった。

ロシア革命によって誕生したソ連は、孫文の国民党をその影響下においた。一九二四年、国民党はコミンテルンの指導のもと、コミンテルンが発足させた中国共産党とのあいだに協力関係をむすんだ（国共合作）。しかし、一九二五年の孫文の死後、国民党右派の指導者となった蔣《しょう》介石《かいせき》は反共クーデターをおこして共産党員を粛清《しゅくせい》したため、第一次国共合作は崩壊する。

さらに蔣介石ひきいる北伐《ほくばつ》軍は一九二八年にいたって北京に入城し、東北軍閥の張学良《ちょうがくりょう》がこれに協力して国民政府による統一が形のうえでは実現した。

1949

蔣介石の国民政府、台湾へ

いまもそれぞれ「正統」を主張する二つの中国

国共合作をきっかけとする国民政府の中国統一を、日本はソ連および国際共産主義の勝利とみなし、自国の安全保障に脅威をおぼえた。そのせいで、一九三一年に満洲《まんしゅう》事変、一九三七年に支那《シナ》事変がおこり、ズルズルと戦争に引きずりこまれていった。

このときの状況は、これまで中国の歴史上、何度となく繰り返されたことであった。「正統《せいとう》」を主張する蔣介石《しょうかいせき》政権と、山海関《さんかいかん》の東にいる「東夷《とうい》」の日本軍（関東軍）、強い者につこうと離合集散する軍閥、それに秘密結社とおなじ性格をもつ共産党が、それぞれ中国の覇権《はけん》をめぐって戦ったのである。

清朝《しんちょう》最後の皇帝、宣統帝溥儀《せんとうていふぎ》は一九二四年、袁世凱《えんせいがい》の北洋《ほくよう》軍閥からわかれた直隷《ちょくれい》派がおこしたクーデター（北京政変）によって紫禁城《しきんじょう》を追われ、退位のさいに保証されていた優待条件も反故《ほご》にされて、日本政府の庇護《ひご》をうけていたが、満洲事変の一年後の一九三二年、日本政府主導のもとで満洲国が建国されると、はじめ摂政《せっしょう》に就任し、一九三四年に満洲国皇帝に即位した。

また、支那事変が勃発《ぼっぱつ》すると、蔣介石の国民政府は南京《ナンキン》から重慶《じゅうけい》へのがれ、一九四〇年、蔣介石と対立していた汪兆銘《おうちょうめい》を首班とする国民政府が、日本の支援によって南京に成立した。

日本は一九四一年、アメリカ・イギリスをはじめとする連合国にたいして開戦し、大東亜《だいとうあ》戦争に突入した。一九四五年、敗戦によって日本が中国からひきあげると満洲国は崩壊し、中国は蔣介石の国民政府と中国共産党との内戦に突入したが、一九四九年、回復していた首都南京が陥落して、国民政府は台湾にのがれ、共産党による中華人民共和国《ちゅうかじんみんきょうわこく》政府がこの年の十月に成立した。

しかし、蔣介石は台湾にうつってからも、辛亥《しんがい》革命で清の宣統帝から禅譲をうけた国民政府（中華民国）こそ、歴代の中国の「正統」をうけつぐ唯一の政府であると主張し、北京の故宮《こきゅう》（紫禁城）にあった宋《そう》・元《げん》・明《みん》・清の皇帝の秘宝をその証拠とした。これらの秘宝を、中華民国政府はいまだに手ばなしていない。

また大陸の中華人民共和国が一国一政府の原則を絶対にゆずらず、中華民国の国号と国旗の廃止を要求しつづけているのも、「正統」はつねに一つしかないので、対等の中国人の国家がほかに存在することをみとめれば、中華人民共和国が「正統」の政権でなくなり、したがって存立の基盤をうしなうことになるからである。

中国人の歴史観の中心を成す、どの政権がどの政権を継承したかというこうした特異な「正統」の観念は、紀元前一〇〇年ころに書かれた中国世界の最初の歴史書である『史記《しき》』以来、現代もかわらずつづいているのである。

中華人民共和国以降の中国

日本文明圏に復帰した共産党中国

一九四九年、共産党政権による中華人民共和国《ちゅうかじんみんきょうわこく》が成立したが、翌年からはじまった朝鮮戦争で、中国はソ連の支援する北朝鮮に加担せざるをえず、アメリカ占領下の日本とは隔離されることとなって、半世紀にわたった中国文化の日本化現象は一時中断された。それまで日本の影響がいかに強かったかは、中国人がよむマルクス主義文献は、ことごとく日本語版からの重訳《じゅうやく》であって、ロシア語からの直接の翻訳は一九五〇年になるまでなかったことからもわかる。

中華人民共和国は多民族国家として出発した。中華人民共和国の成立前の一九四七年にはすでに内モンゴル自治区人民政府が発足しているが、これをはじめとして広西《こうせい》チワン族自治区、寧夏回族《ねいかかいぞく》自治区、新疆《しんきょう》ウイグル自治区、チベット自治区の五つの一級行政区が設置されたし、さらに少数民族のための自治州、自治県などがつくられた。戸籍にも各個人の属する民族が登録されることになったが、法規上認定されている民族以外はことごとく漢族と区分されるのが実情で、たとえば中国籍をとった日本人は漢族として分類される。そのため漢族の定義は依然としてあいまいで、ようするに、どの少数民族にも属さない、という以上の意味はない。

しかし、一九六六年に毛沢東《もうたくとう》が「四旧」(旧思想、旧文化、旧風俗、旧習慣)打破をスローガンにしてはじめた文化大革命(文革)は少数民族の固有の文化の破壊、急激な漢化を強制する結果となり、多くの少数民族が殺害され、迫害された。文革は中国共産党と国家の組織をも破壊し、その結果、林彪《りんぴょう》ひきいる人民解放軍の勢力が強大となった。毛沢東と周恩来《しゅうおんらい》は軍をおさえるためにアメリカとの接近をはかり、一九七一年の林彪粛清事件で軍の優位はくつがえされた。

翌一九七二年二月のアメリカのニクソン大統領の中国訪問に刺激されて、同年九月に訪中した日本の田中角栄首相は日中国交「正常化」を実現し、二十六年ぶりに日本の影響がふたたび中国におよぶこととなった。

一九七六年九月、毛沢東が死去し、一カ月後、文革派四人組が打倒されて、国民にとって災厄《さいやく》であった十年がおわった。翌一九七七年には失脚していた鄧小平《とうしょうへい》が復帰して、中国は「四つの現代化」(農業・工業・国防・科学技術の四分野における近代化)路線を歩むこととなったが、これは実質的なアメリカ化・日本化であった。日本は一九六〇年代に経済の高度成長に成功し、技術においてもアメリカをしのぐまでの水準に達していたから、日清戦争直後の事情に似て、アメリカ化は中国の日本化をうながした。中国の実質的な日本文明圏への復帰である。

一八九五年以後の中国人のアイデンティティは日本型の文明によって形成されたものであった。中国人の民族意識も日本にたいして生じたものである。これはもはや中国文明の世界ではない。日本文明の影響のもとに生まれた、まったくあたらしい性格の中国とみるべきであろう。

「中国」の歴史年表

時代	中国前史

「中国」世界

西暦	出来事
紀元前3000頃	黄河《こうが》文明おこる
1900頃	夏《か》王朝成立
1500～1400	殷《いん》の湯王《とうおう》、夏をほろぼして王朝をたてる
1111	周《しゅう》の武王《ぶおう》、殷をほろぼして王朝をたてる
841	周公《しゅうこう》と召公《しょうこう》、周の厲王《れいおう》にかわって執政（共和制の語源）
770	「犬戎《けんじゅう》」の侵入により周の平王《へいおう》、洛邑《らくゆう》に東遷《とうせん》（東周《とうしゅう》）
	春秋戦国時代はじまる
479	孔子《こうし》歿《ぼつ》（前552～）

日本国内・朝鮮

西暦	年号	出来事

西洋・中東・インド

西暦	出来事
紀元前3500頃	メソポタミアでシュメール人の都市国家～メソポタミア文明
3000頃	メネス王がエジプト統一
	古代ギリシアでエーゲ文明起こる
2300	インダス文明（～1700）
563	ブッダ誕生
492	ペルシア戦争（ペルシア帝国とギリシアの戦い　～449）

第一期・前期

秦

- 473 越《えつ》王勾践《こうせん》、呉《ご》をほろぼす
- 403 晋が韓《かん》・魏《ぎ》・趙《ちょう》の三国にわかれる
- 386 斉《せい》、田和《でんか》に侯位をうばわれる
- 356 田和の曾孫《ひまご》の威王《いおう》、斉の王位につく
- 290 この頃、孟子《もうし》歿（前372頃〜）
- 249 東周、秦《しん》にほろぼされる
- 221 秦《しん》の始皇帝《しこうてい》、「中国」統一
- 213 始皇帝、焚書令《ふんしょれい》を出す
- 210 始皇帝歿
- 209 陳勝《ちんしょう》・呉広《ごこう》の乱がおこる
- 206 秦王朝ほろびる

前漢

- 202 項羽《こうう》、垓下《がいか》の戦いで敗死
- 劉邦《りゅうほう》（高祖《こうそ》）、漢《かん》王朝をたてる
- 200 漢、洛陽《らくよう》から長安《ちょうあん》に遷都《せんと》
- 154 呉《ご》・楚七国《そしちこく》の乱
- 141 漢の武帝《ぶてい》即位
- 136 漢、五経《ごきょう》博士をおく
- 108 漢《かん》、朝鮮半島に出先機関として楽浪郡《らくろうぐん》をおく
- 104 武帝、太初暦《たいしょれき》を採用し、「太初」の年号を建てる

BC2世紀〜

日本列島、中国文明圏（商業圏）にはいる

- 443 ギリシアの歴史家ヘロドトス、『歴史（ヒストリアイ）』を著す
- 399 ソクラテス刑死
- 334 マケドニアのアレクサンドロス大王、東征開始

時代	第一期・前期
王朝	前漢／新／後漢

「中国」世界

西暦	
B.C. 100前後	司馬遷《しばせん》『史記《しき》』完成
A.D. 8	王莽《おうもう》、漢の帝位をうばい「新《しん》」王朝をたて、儒教を国教化
23	王莽が漢の王室の一族にに討たれ、新滅ぶ
25	劉 秀《りゅうしゅう》が帝位につく（光武帝《こうぶてい》）
37	劉秀、天下を統一して漢を再建（後漢《ごかん》）
57	光武帝、倭奴国王《わのなこくおう》に金印をさずける
76~84	班固《はんこ》、『漢書《かんじょ》』を著す
105	蔡倫《さいりん》、製紙法を発明し、紙を皇帝に献上
107	倭国《わこく》王帥升《すいしょう》、後漢に朝貢
175	儒教のテキスト公定化 石経《せきけい》が太学門外にたてられる
184	黄巾《こうきん》の乱、五斗米道《ごとべいどう》の乱がおこる
189	後漢の将軍董卓《とうたく》がクーデターをおこす （董卓の乱）
192	董卓、呂布《りょふ》に暗殺される

日本国内・朝鮮

西暦	年号	
1世紀末		日本列島に百あまりの「国」ができる
57		倭《わ》の奴国王《なこくおう》、漢に朝貢、「漢委《かんのわ》奴国王《のなこくおう》」の金印を受ける
184		この頃、卑弥呼《ひみこ》が邪馬台国《やまたいこく》の女王に即位

西洋・中東・インド

西暦	

三国時代

200 官渡《かんと》の戦い（曹操《そうそう》、袁紹《えんしょう》を討って華北平定）

208 赤壁《せきへき》の戦い（劉備《りゅうび》・孫権《そんけん》の連合軍が曹操《そうそう》を破る）

216 曹操、魏王に封じられる

220 曹丕《そうひ》、後漢の献帝《けんてい》から帝位を禅譲され（後漢滅亡）、魏《ぎ》をたてる

221 劉備、蜀で漢の帝位につく（蜀漢）

229 大月氏（クシャン）の王、波調（ヴァースデーヴァ）魏に朝貢

孫権、呉《ご》をたてて帝位につく

魏・呉・蜀の三国時代はじまる（漢族、事実上の滅亡）

234 諸葛亮《しょかつりょう》（孔明《こうめい》）歿

238 魏の司馬懿《しばい》、遼陽《りょうよう》の公孫淵《こうそんえん》をほろぼす

239 邪馬台国《やまたいこく》女王卑弥呼《ひみこ》、魏に難升米《なんしょうまい》を使わして朝貢、親魏倭王《しんぎわおう》に封ぜられる

249 司馬懿、クーデターをおこして魏の実権をにぎる

263 蜀、魏に滅ぼされる

265 晋《しん》王司馬炎《しばえん》、魏から帝位を禅譲され晋朝をひらく

226 ササン朝ペルシア建国

時代	第一期・後期	
王朝	三国時代	五胡十六国時代

「中国」世界

西暦	
280	晋の武帝《ぶてい》（司馬炎）が呉を併合し三国統一
297	この頃、陳寿《ちんじゅ》『三国志』成立
300	晋で内戦がおこる（八王の乱）
304	匈奴《きょうど》の劉淵《りゅうえん》が漢《かん》（のちの趙《ちょう》）王と称する
	五胡十六国時代はじまる
311	匈奴軍、洛陽《らくよう》を占領して晋の懐帝《かいてい》をとらえる（永嘉《えいか》の乱《らん》）
313	楽浪郡《らくろうぐん》、高句麗にほろぼされる
316	晋が漢《かん》（趙《ちょう》）にほろぼされる
318	司馬睿《しばえい》、南京《ナンキン》に晋を再興して皇帝に即位（東晋《とうしん》）

日本国内・朝鮮

西暦	年号	
369		高句麗《こうくり》が南下し、百済《ひゃくさい》がこれを破る。百済と倭《わ》が同盟
371		百済の肖古王《しょうこおう》と世子貴須《きす》が高句麗の平壌城を攻め、故国原《ここくげん》王《おう》を殺す
377		高句麗・新羅《しらぎ》の使いが前秦《ぜんしん》に朝貢
385		高句麗、後燕《こうえん》を破り遼東《りょうとう》・玄菟《げんと》をうばう。後燕が奪還
391		高句麗の広開土王《こうかいどおう》即位
		倭が百済・新羅を破って臣民とする

西洋・中東・インド

西暦	
313	ローマのコンスタンティヌス帝、ミラノ勅令を発してキリスト教公認
375	ゲルマン民族の大移動がはじまる
392	ローマ皇帝テオドシウス一世、キリスト教以外の異教をすべて禁止

413 倭王讃《さん》（履中天皇《りちゅう》）の使いが東晋に朝貢

420 東晋、宋《そう》にほろぼされる

425 倭王讃（履中天皇）の使いが宋に朝貢

438 倭王珍《ちん》（反正天皇《はんぜい》）の使いが宋に朝貢

439 鮮卑《せんぴ》の拓跋《たくばつ》氏が北魏《ほくぎ》をたて、華北を統一

南北朝時代はじまる

443 倭王済《せい》（允恭天皇《いんぎょう》）の使いが宋に朝貢

460 倭王興《こう》（安康天皇《あんこう》）の使いが宋に朝貢

477 倭王武《ぶ》（雄略天皇《ゆうりゃく》）の使いが宋に朝貢

534 北魏が東魏《とうぎ》・西魏《せいぎ》に分裂

552 第一次突厥《とっけつ》（トルコ）帝国建国

582 突厥（トルコ）帝国が東西に分裂

---

396 広開土王、百済を破る

399 百済が倭とむすぶ

404 倭軍、帯方《たいほう》に侵入し広開土王と戦う

407 この頃、初代の倭国王（河内王朝《かわち》）禰《でい》（仁徳天皇《にんとく》）歿

414 高句麗、広開土王碑を建てる

538(552) 日本列島に仏教伝来

562 新羅が任那《みまな》をほろぼす

半島の三国時代のはじまり

---

395 ローマ帝国東西分裂

481 フランク王国建国

時代	第二期・前期
王朝	隋 → 唐

「中国」世界

西暦	
589	隋《ずい》の文帝《ぶんてい》、南朝の陳《ちん》を併合して中国再統一
600	倭王阿毎多利思比孤《あまたらしひこ》の使いが隋に朝貢
601	陸法言《りくほうげん》『切韻《せついん》』五巻を編纂《へんさん》
604	隋の煬帝《ようだい》、即位
607	科挙制度はじまる
608	倭王多利思比孤《たらしひこ》が「日出《い》づる処《ところ》の天子」の国書とともに隋に使者をおくる
612	隋の煬帝、第一次高句麗《こうくり》攻撃に向かう（～614年まで毎年遠征）
617	唐国公李淵《とうこくこうりえん》と息子の李世民《りせいみん》が挙兵
618	李淵《りえん》（唐の高祖《こうそ》）、隋をほろぼし唐建国
626	李世民、兄の皇太子李建成《りけんせい》を殺して皇位につき、唐《とう》の太宗《たいそう》となる（玄武門《げんぶもん》の変）
629	玄奘三蔵《げんじょうさんぞう》（三蔵法師《ほうし》）がインドへ（645年帰国）
630	唐の太宗、東突厥《とっけつ》（トルコ）帝国をほろぼし、遊牧部族長たちから天可汗《てんかがん》（テングリ・カガン）の称号を贈られる
640	太宗、チベットのグンソングンツェン王に皇女文成公主《ぶんせいこうしゅ》を嫁がせる

日本国内・朝鮮

西暦	年号	
609		隋《ずい》の使者裴世清《はいせいせい》、倭国に答礼
629		田村皇子《たむらのおうじ》（舒明《じょめい》天皇）即位
		倭国が歴史時代にはいる
630		倭国、犬上君三田耜《いぬかみのきみみたすき》を唐《とう》につかわす（遣唐使《けんとうし》）
645		中大兄皇子《なかのおおえのおうじ》と中臣鎌足《なかとみのかまたり》が蘇我《そがの》蝦夷《えみし》・入鹿《いるか》を討つ

西洋・中東・インド

西暦	
610	ムハンマド（マホメット）、予言者として活動開始（イスラム教成立）
7世紀初頭	ソンツェンガンポ王、チベット統一

年	世界
644~646	太宗、高句麗討伐に向かい、失敗におわる
659	南北朝時代の正史『南史』『北史』編纂《へんさん》
663	白村江《はくそんこう》の戦い 唐・新羅《しらぎ》連合軍が倭国・百済《くだら》連合軍を破る
668	唐、高句麗をほろぼす
682	突厥《とっけつ》(トルコ)第二帝国建国

年	日本
660	唐・新羅が百済をほろぼす
661	斉明《さいめい》天皇、百済復興作戦に出る。博多で死去
663	中大兄皇子が指揮する倭軍、白村江《はくそんこう》の戦いで唐・新羅軍に敗れる
667	中大兄皇子、都を近江大津宮《おうみおおつのみや》にうつす
668	中大兄皇子即位(天智《てんち》天皇)、国号を「日本」とさだめる。近江《おうみ》律令《りつりょう》撰定 高句麗、唐にほろぼされる
671	天智天皇歿
672	皇位継承をめぐり天智天皇の子大友皇子《おおとものおうじ》にたいして大海人《おおあまの》皇子《おうじ》が反乱(壬申《じんしん》の乱)
673	大海人皇子即位(天武《てんむ》天皇)
681	天武《てんむ》天皇、「帝紀および上古《じょうこ》の諸事を記し定める」ことを命じる(『日本書紀《にほんしょき》』の編纂《へんさん》開始)

時代	王朝
第二期・前期	唐

「中国」世界

西暦	
690	則天武后《そくてんぶこう》即位 国号を「唐」から「周《しゅう》」にあらためる
705	則天武后が中宗《ちゅうそう》に皇位をゆずり、国号が唐にもどる。武后歿
710	韋后《いこう》、中宗を毒殺
744	ウイグル人クトルグ・ボイラが突厥を倒して ウイグル帝国建国
755	安禄山《あんろくざん》と史思明《ししめい》が「安史《あんし》の乱」をおこす
762	李白《りはく》歿（701～）
770	杜甫《とほ》歿（712～）
840	キルギス人が反乱をおこし、ウイグル帝国崩壊
846	白居易《はくきょい》歿（772～）
875	黄巣《こうそう》の乱がおこり、唐朝弱体化
907	後梁《こうりょう》の朱全忠《しゅぜんちゅう》、唐を滅ぼす

五代十国時代へ

日本国内・朝鮮

西暦	年号	
686		天武天皇歿
694		藤原京《ふじわらきょう》に遷都《せんと》
701	大宝 1	「大宝《たいほう》律令」完成
710	和銅 3	都を奈良（平城京《へいじょうきょう》）に移す
720	養老 4	『日本書紀』完成
794	延暦 13	平安《へいあん》京に遷都
894	寛平 6	遣唐使廃止

西洋・中東・インド

西暦	
750	アッバース朝成立
768	カール、フランク国王に即位（カール大帝）
842	チベット帝国分裂
871	アルフレッド、イングランドの王となる

五代十国時代

916 契丹《きったん》(キタイ)の耶律阿保機《やりつあほき》が契丹帝国(遼《りょう》)建国

923 李存勗《りそんきょく》、後唐《こうとう》をたてる

936 石敬瑭《せきけいとう》、後唐をほろぼして後晋《こうしん》朝をたて、契丹の遼に燕雲《えんうん》十六州を割譲

946 後晋が契丹の遼にほろぼされる

947 劉知遠《りゅうちえん》、後漢《こうかん》朝をひらく

951 後漢をのっとった郭威《かくい》が後周《こうしゅう》朝をたてる

960 後周の趙匡胤《ちょうきょういん》(宋《そう》の太祖《たいそ》)がクーデターをおこし、宋朝をたてる(五代時代おわる)

宋(北宋)

979 宋の太宗《たいそう》(趙匡義《ちょうきょうぎ》)、北漢をほろぼすが、契丹(キタイ)軍に高梁河《こうりょうが》で大敗

1004 キタイ軍、宋に侵攻
宋の真宗《しんそう》、キタイと「澶淵《せんえん》の盟《めい》」を結ぶ

1084 宋の宰相司馬光《しばこう》『資治通鑑《しじつがん》』を編纂

1051 永承6 前九年《ぜんくねん》の役(~62)
源頼義《みなもとのよりよし》・義家《よしいえ》が安倍《あべ》氏を討つ
武士の勃興《ぼっこう》

1083 永保3 後三年《ごさんねん》の役(~87)
源義家・清原《きよはらの》(藤原)清衡《きよひら》が清原家衡《いえひら》・武衡《たけひら》を討つ

---

962 オットー大帝戴冠《たいかん》、神聖ローマ帝国成立

1054 キリスト教会がローマ・カトリック教会とギリシア正教会とに分裂

1077 カノッサの屈辱(神聖ローマ皇帝ハインリヒ四世が教皇グレゴリウス七世に謝罪)

時代	第二期・後期
王朝	宋(北宋) / 金・南宋

「中国」世界

西暦	
1115	女直《じょちょく》(ジュシェン)族の阿骨打《アグダ》がキタイと開戦、金《きん》帝国を建国して帝位につく
1124	キタイの耶律大石《やりつたいせき》(徳宗《とくそう》)、西遼《せいりょう》(カラ・キタイ)をたてる
1125	金、契丹(キタイ)帝国をほろぼす
1126	カラ・キタイの徳宗、ベラサグンに都「クズ・オルド」を建設し中央アジアのトルコ人を支配
1127	宋の康王趙構《こうおうちょうこう》(高宗《こうそう》)、南にのがれ南京《ナンキン》で帝位につく(南宋)
1200	新儒教(朱子学《しゅしがく》)を完成させた南宋の朱熹《しゅき》、歿
1203	モンゴルのテムジン、オン・ハーンを倒してケレイト王国をほろぼす

日本国内・朝鮮

西暦	年号	
1156	保元 1	保元《ほうげん》の乱(源義朝《よしとも》・平清盛《たいらのきよもり》・後白河《ごしらかわ》天皇が崇徳上皇《すとくじょうこう》・藤原頼長《よりなが》を倒す)
1159	平治 1	平治《へいじ》の乱(源義朝と平清盛の戦い)、義朝の息子、源頼朝《よりとも》は伊豆に流される
1167	仁安 2	平清盛が太政大臣《だじょうだいじん》となる
1180	治承 4	源頼朝挙兵

西洋・中東・インド

西暦	
1096	第一回十字軍出発
1099	十字軍、エルサレム王国を建国

(モンゴル帝国)

1206 テムジン、遊牧部族の最高指導者(チンギス・ハーン)となりモンゴル帝国建国

1211 カラ・キタイ、ナイマンのクチュルクにのっとられて滅亡

1214 チンギス・ハーン、金帝国の首都北京《ペキン》をおとし、和議成立後、金は開封に遷都

1227 チンギス・ハーン、西夏《せいか》王国を倒した直後、歿

1229 チンギス・ハーンの三男オゴデイ、第二代ハーンに選ばれる

1234 オゴデイ・ハーン、金帝国を滅ぼす

1235 オゴデイ・ハーン、都市カラコルムを建設

1236 オゴデイ・ハーン、ヨーロッパ大遠征にのりだす

1241 オゴデイ・ハーン歿

1242 モンゴル帝国ジョチ家のバト、ヴォルガ河畔に「黄金のオルド」(キプチャク・ハーン国)を建国、ロシアに君臨

1251 ジョチ家の後援でトルイ家のモンケがモンゴル帝国のハーンに選挙され、チャガタイ家とオゴデイ家が粛清される

1258 高麗《こうらい》王国、モンゴル帝国に降伏

1185 文治 1 源義経《よしつね》、屋島の戦い・壇《だん》ノ《の》浦《うら》の戦いで平氏を破る。平家滅亡

1192 建久 3 源頼朝、征夷大将軍《せいいたいしょうぐん》となる(鎌倉幕府)

1219 承久 1 源氏滅亡 北条《ほうじょう》氏の執権《しっけん》政治確立

1215 イギリスでマグナ・カルタ(大憲章)制定

時代	第二期・後期	第三期・前期
王朝	（モンゴル帝国）／元	元

「中国」世界

西暦	
1260	フビライが大ハーンに選ばれる
	フビライ、紙幣「中統元宝交鈔《ちゅうとうげんぽうこうしょう》」発行
1268	オゴデイ・ハーンの孫ハイドがオゴデイ家を再興し、チャガタイ家とともにフビライ・ハーンにたいして開戦
1269	フビライ、新モンゴル文字（パクパ文字）を国字として公布
1271	フビライ、国号を「大元」とさだめる
1274	元と高麗軍、第一回日本遠征（文永《ぶんえい》の役《えき》）
	マルコ・ポーロ、フビライ・ハーンに謁見
1276	元、宋をほろぼして中国統一
1281	元と高麗軍、第二回日本遠征（弘安《こうあん》の役）
1287	元、「至元通行宝鈔《しげんつうこうほうしょう》」を発行し、金・銀との兌《だ》換《かん》を禁止（世界初の不換《ふかん》紙幣）
	オゴデイ家のハイド、再び反乱をおこす
1294	フビライ・ハーン歿
1301	オゴデイ家のハイド歿
1305	オゴデイ家とチャガタイ家、元朝と和議をむすぶ。元朝のハーン、全モンゴル帝国の宗主に

日本国内・朝鮮

西暦	年号	
1274	文永 11	文永《ぶんえい》の役（第一次蒙古襲来）
1281	弘安 4	弘安《こうあん》の役（第二次蒙古襲来）

西洋・中東・インド

西暦	
13世紀（～15世紀）	イタリアを中心にルネサンスおこる

1306 オゴデイ家、チャガタイ家に併合されて滅亡

1314 はじめて朱子学の解釈を基準とした科挙を実施。新儒教が中国の国教に

1323 元のフンギラト派の廷臣たちがシッディパーラ・ハーンを殺して晋王イェスン・テムルを擁立

1328 イェスン・テムル・ハーン歿。上都で即位した皇太子ラキパクにたいしエル・テムル指揮のキプチャク人軍団がトゥク・テムルをハーンにたて、大都でクーデター。上都を攻略

1333 エル・テムル歿

メルキト人のバヤンが元朝の実権をにぎる

1340 トゴン・テムル・ハーン、バヤンの甥トクトアを煽動してバヤンを追放

1345 トクトアほか『宋史《そうし》』『遼史《りようし》』『金史《きんし》』編纂《へんさん》

1348 台州《たいしゅう》の塩商人、方国珍《ほうこくちん》の反乱

1350 倭寇《わこう》、朝鮮半島に出没。猛威をふるいはじめる

1351 紅巾軍《こうきん》(白蓮《びやくれん》教徒)の反乱

1324 正中 1 正中《しょうちゅう》の変(後醍醐《ごだいご》天皇の討幕計画が発覚)

1331 元弘 1 元弘《げんこう》の変。楠木正成《くすのきまさしげ》挙兵

1333 元弘 3 足利高氏《あしかがたかうじ》、六波羅《ろくはら》を破る。新田《にった》義貞《よしさだ》、鎌倉攻略〜鎌倉幕府滅亡

1334 建武 1 後醍醐天皇による建武《けんむ》の新政《しんせい》

1336 延元 1 足利尊氏《たかうじ》(高氏)、光明《こうみよう》天皇をたてる。後醍醐天皇、吉野にうつり南朝をひらく(南北朝《なんぼくちよう》時代)

1339 英仏百年戦争はじまる

時代	第三期・前期
王朝	元 → 明

「中国」世界

西暦	
1353	江蘇《こうそ》の塩商人、張士誠《ちょうしせい》が挙兵して「大周《だいしゅう》」をたてる
1355	白蓮教の宗主、韓林児《かんりんじ》が亳州《はくしゅう》に「宋《そう》」をたて、皇帝即位（大宋皇帝・小明王《しょうめいおう》）
1356	高麗《こうらい》の恭愍王《きょうびんおう》、元で権勢をふるう高麗人、奇バヤン・ブハ（奇轍《きてつ》）にたいしクーデター。元の所領となっていた東北領域を回復
1361	紅巾軍、高麗の王都開城《かいじょう》を攻め落とす
1364	元朝の内紛激化。ボロ・テムルの軍が大都を占領し皇太子を逐《お》う
1365	ココ・テムルがボロ・テムルを倒し、皇太子を大都にもどす
1368	紅巾軍の朱元璋《しゅげんしょう》、南京《ナンキン》で即位、国号を「大明《だいみん》」とする（明の太祖洪武帝《こうぶてい》）。漢人王朝の復活
	明軍が大都に迫り、トゴン・テムル・ハーンは上都にのがれる
1369	トゴン・テムル・ハーン、上都から応昌府《おうしょうふ》につる（以後を北元《ほくげん》とよぶ）
1370	トゴン・テムル・ハーン歿
	皇太子アーユシュリーダラがハーンの位を継ぐ（北元の昭宗《しょうそう》ビリクト・ハーン）

日本国内・朝鮮

西暦	年号	
1367	正平22	高麗《こうらい》が倭寇《わこう》禁止を要求

西洋・中東・インド

西暦	

1380	明の宋濂《そうれん》ほか『元史《げんし》』編纂
	胡惟庸《こいよう》の獄《ごく》（洪武帝、かつての同志・中書左丞相《ちゅうしょさじょうしょう》胡惟庸と紅巾軍系の人々一万五千人を虐殺。権力を皇帝に集中させる）
1381	里甲《りこう》制度制定
1388	トクズ・テムル・ハーン、明の将軍藍玉《らんぎょく》に敗れて逃走中、イェスデルに殺され、フビライ王統は一時断絶
1393	藍玉の謀反を口実に、紅巾軍出身者一万五千人を虐殺（紅巾派の排除完了。白蓮教は社会の表面から消える）
1398	洪武帝歿。皇太孫の朱允炆《しゅいんぶん》が即位（建文帝《けんぶんてい》）
1399	靖難《せいなん》の役（燕《えん》王朱棣《しゅてい》の挙兵）
1402	燕《えん》王が即位（太宗永楽帝《たいそうえいらくてい》） 都を南京から北京《ペキン》にうつす
1405	永楽帝、鄭和《ていわ》の船団をインド洋方面に派遣。鄭和は1433年までに7回大航海をおこない、アフリカ東岸にまで至った
1410	永楽帝、北元征服をめざし、この年以降、五回にわたりモンゴル遠征

年	年号	事項
1378	天授4	三代将軍足利義満《よしみつ》が室町《むろまち》（花の御所）にうつる
1392	元中9	（明徳3）南北朝合一
		李成桂《りせいけい》が反乱をおこし高麗王朝を倒す
1393	明徳4	明《みん》の洪武帝《こうぶてい》、李成桂に「朝鮮」の国号をあたえる（李氏《りし》朝鮮）
1402	応永9	義満、明への国書に「日本国王源道義」と自署
1404	応永11	日明貿易（勘合《かんごう》貿易）はじまる

時代	第三期・前期
王朝	明

「中国」世界

西暦	
1424	モンゴル遠征中に永楽帝歿
1449	土木《どぼく》の変（モンゴル高原の遊牧民オイラト軍侵攻にたいして親征をおこなった明の正統帝《せいとうてい》、河北の土木堡《どぼくほ》で捕虜となる。翌年送還） この後、明は16世紀末まで万里の長城を築きつづける
1457	石亨《せきこう》らがクーデター（奪門《だつもん》の変）をおこし、上皇となっていた正統帝が弟の景泰帝《けいたいてい》にかわって復位（天順帝《てんじゅんてい》）
1487	北元でダヤン・ハーン（大元《だいげん》皇帝）が即位、モンゴル諸部族を再統一
1517	ポルトガルの使節、明に来航
1547	明の嘉靖帝《かせいてい》、ポルトガル船の密貿易と倭寇《わこう》を取り締まるため朱紈《しゅがん》を浙江巡撫《せっこうじゅんぶ》に任じる

日本国内・朝鮮

西暦	年号	
1428	正長 1	朝鮮通信使、足利義教《よしのり》将軍就任慶賀のため来朝（以後室町期に三回来日）
1446		李氏朝鮮の世宗《せいそう》、訓民正音を公布するが、公的には用いられず
1467	応仁 1	応仁《おうにん》の乱おこる（～77）

西洋・中東・インド

西暦	
1431	英仏百年戦争でジャンヌ・ダルク処刑
1455	イギリスでバラ戦争が起こる
1456	グーテンベルクが活版印刷術を発明
1492	コロンブス、バハマ諸島に到達（アメリカ大陸発見）
1498	ヴァスコ・ダ・ガマがインドのカリカットに到達
1517	ルターの宗教改革
1519	マゼラン、世界一周に出発
1526	モンゴルの貴族バーブル、インド王となりムガル（モンゴル）

1550 北元のアルタン・ハーン、明に侵攻し北京城を包囲

1557 後期倭寇の首領、漢人の王直《おうちょく》が明の胡宗憲《こそうけん》に逮捕される

1571 明と北元との和議成立

1592 豊臣秀吉、明征服をめざし、朝鮮出兵（文禄《ぶんろく》の役）

1597 秀吉、第二次朝鮮出兵（慶長《けいちょう》の役）。救援に派遣された明軍が日本軍撤退後も暴行をくりかえし、朝鮮全土が荒廃

1616 女直（ジュシェン）人のヌルハチがハンに即位、後金《こうきん》国をたてる

西暦	年号	事項
1560	永禄 3	桶狭間《おけはざま》の戦い（織田信長、今川義元《いまがわよしもと》を破る）
1573	天正 1	信長、将軍義昭《よしあき》を追放（室町幕府滅亡）
1575	天正 3	長篠《ながしの》の戦い（信長・家康連合軍、武田勝頼《かつより》を破る）
1582	天正 10	本能寺《ほんのうじ》の変（信長自害） 山崎の戦い（羽柴《はしば》秀吉、明智光秀《あけちみつひで》を討つ）
1590	天正 18	豊臣秀吉、小田原と奥州《おうしゅう》を平定し、全国統一
1592	文禄 1	文禄《ぶんろく》の役（第一次朝鮮出兵）
1596	慶長 1	明使、秀吉に謁見《えっけん》。秀吉、国書の内容に怒って使いを追い返す
1597	慶長 2	慶長《けいちょう》の役（第二次朝鮮出兵）
1600	慶長 5	関ケ原の戦い
1603	慶長 8	徳川家康、江戸幕府を開く
1607	慶長 12	朝鮮使節、来朝（以後江戸期に十二回来日）
1614	慶長 19	大坂冬の陣

帝国を建国

1534 ヘンリー八世、首長令を制定しイギリス国教会成立

1543 ポーランドでコペルニクスが地動説を発表

1588 スペインの無敵艦隊、イギリス艦隊に大敗

1600 イギリスが東インド会社を設立

1602 オランダが東インド会社を設立

時代	第三期・前期
王朝	明 / 清

「中国」世界

西暦	
1621	ヌルハチ、明に宣戦。瀋陽《しんよう》をおとし(1625)、明軍を遼河《りょうが》以西に駆逐
1626	ヌルハチ歿 八男ホンタイジが後金国の二代目ハンに
1628	陝西《せんせい》に大飢饉。王嘉胤《おうかいん》、高迎祥《こうげいしょう》らが盗賊団を結成し反乱をおこす
1631	反乱軍の首領王嘉胤が殺され、高迎祥は闖《ちん》王と称する
1635	ホンタイジ、女直《じょちょく》(ジュシェン)という種族名を廃し、満洲《まんしゅう》(マンジュ)の名に統一
1636	ホンタイジ(清《しん》の太宗崇徳帝《たいそうすうとくてい》)、国号を「大清《だいしん》」とする
1643	李自成、西安《せいあん》を占領し、国号を「大順《だいじゅん》」とする ホンタイジ歿。順治帝《じゅんちてい》即位
1644	明の崇禎帝《すうていてい》が自殺、明朝滅亡 李自成、北京占領 明の将軍呉三桂《ごさんけい》、清と同盟をむすび、連合軍が山海関《さんかいかん》で李自成軍を撃破。李自成は北京を脱出、清の将軍ドルゴン、北京入城

日本国内・朝鮮

西暦	年号	
1615	元和1	大坂夏の陣(豊臣氏滅亡)
1624	寛永1	林羅山《はやしらざん》、徳川三代将軍家光《いえみつ》の侍講《じこう》となり朱子学《しゅしがく》を講じる

西洋・中東・インド

西暦	
1620	ピルグリム・ファーザーズ(清《せい》教徒《きょうと》)、アメリカ大陸に上陸
1624	オランダ人、台湾に貿易拠点をおく
1642	イギリスで清教徒革命

1645	清朝、漢人に辮髪《べんぱつ》を強制
1661	順治帝歿。聖祖康熙帝《こうきてい》即位
	明の将軍鄭成功《ていせいこう》（国姓爺《こくせんや》）、台湾からオランダ人を追い出し、独立政権をたてる
1669	康熙帝、横暴をきわめた内大臣オボーイを粛清
1673	平西王《へいせいおう》呉三桂をはじめとする三人の漢人将軍による「三藩《さんぱん》の乱」（～81）
1683	清軍が台湾に侵攻、鄭氏政権降伏
1685	清軍、アムール河（黒龍江《こくりゅうこう》）に進出していたロシア人の前線基地、アルバジン要塞を攻め落とす
1688	オイラトのガルダン・ハーン、北モンゴルのハルハに侵攻。ハルハは清の康熙帝の保護をもとめる
1689	清とロシア、ネルチンスク条約をむすび、国境をさだめる
1696	康熙帝、ガルダン・ハーンを討つ（ジョーン・モドの戦い）

年	年号	事項
1657	明暦3	徳川光圀《みつくに》、『大日本史』の編纂《へんさん》開始
1709	宝永6	新井白石、密入国のイタリア人宣教師シドッティを尋問（このときの対話をもとに白石は『西洋紀聞《せいようきぶん》』を著す）
1711	正徳1	新井白石、朝鮮使節の待遇を簡素化

1687	ニュートンが万有引力の法則を発見

時代　第三期・後期
王朝　清

「中国」世界

西暦	
1720	康熙帝、第七世ダライ・ラマを公認、ジューンガル軍を追い出してチベットを保護下におく
1721	台湾で朱一貴《しゅいっき》の乱がおこり、一時台湾全土を占領
1722	康熙帝歿。雍正帝《ようせいてい》即位
1724	清軍、青海《せいかい》でオイラト・ホシュート部族のロブサンダンジンの反乱を平定。青海を直轄地とし、青海のオイラト人はすべて雍正帝《ようせいてい》の臣下となる
1735	雍正帝歿。乾隆帝《けんりゅうてい》即位
	張廷玉《ちょうていぎょく》ら『明史』を完成
1739	清朝とジューンガル王国のあいだで国境協定妥結
1755	清、ホイト部族のアムルサナーとともにジューンガル王国をほろぼす
	アムルサナーが反乱をおこし、独立を宣言
1757	アムルサナー、敗走してロシアで病死
1759	清、東トルキスタンを征服
	清帝国の領土が最大になる

日本国内・朝鮮

西暦	年号	
1716	享保1	吉宗《よしむね》、八代将軍に就任
		享保《きょうほう》の改革

西洋・中東・インド

西暦	
1721	ロシアのピョートル一世、皇帝の称号を採用

1771 清、ほぼすべてのモンゴル系種族を支配下におさめる

1787 台湾で林爽文《りんそうぶん》の乱がおこる

1795 貴州《きしゅう》省の苗人《ミヤオ》、石柳鄧《せきりゅうとう》が反乱をおこす

1796 白蓮教徒《びゃくれんきょうと》の王聡児《おうそうじ》、姚之富《ようしふ》らが湖北で反乱、四川省《しせんしょう》などで白蓮教徒がつぎつぎ呼応

1804 清軍、白蓮教徒の反乱を完全に鎮圧

1813 李文成《りぶんせい》と林清《りんせい》ひきいる天理教《てんりきょう》(白蓮教の一派)の乱

1772 安永1 田沼意次《たぬまおきつぐ》が老中となる(田沼時代)

1778 安永7 ロシア船が蝦夷《えぞ》地に来航、松前《まつまえ》藩に通商を求める(翌年、拒否)

1785 天明5 蝦夷地調査

1786 天明6 田沼意次失脚

最上徳内《もがみとくない》らが千島《ちしま》を探検、ウルップ島に至る

1787 天明7 松平定信の寛政《かんせい》の改革がはじまる

1790 寛政2 寛政異学《いがく》の禁《きん》(朱子学以外の学問を禁止)

1800 寛政12 伊能忠敬《いのうただたか》、蝦夷地の測量に向かう

1804 文化1 ロシア使節レザノフ、長崎に来航し貿易を要求

1808 文化5 間宮林蔵《まみやりんぞう》ら樺太《からふと》探検、間宮海峡を発見

フェートン号事件(イギリス軍艦が長崎港に侵入)

1769 ワットが蒸気機関を発明

1760年代(~1830年代) イギリスで産業革命おこる

1775 アメリカ独立戦争(~83)

1789 フランス革命おこる

1804 ナポレオン皇帝即位

1812 ナポレオン、ロシア遠征に失敗

「中国」世界

西暦	
1839	清、アヘンを厳禁。林則徐《りんそくじょ》を広東に派遣してアヘン密輸の取り締まりを命じる
1840	アヘン取り締まりにたいし、イギリスが第一次アヘン戦争をおこす
1841	イギリス軍、虎門《こもん》砲台を占領
1842	清とイギリス、南京条約締結
1843	清とイギリス、虎門条約をむすぶ
1844	清、アメリカと望厦《ぼうか》条約をむすぶ 清、フランスと黄埔《こうほ》条約をむすぶ
1851	洪秀全《こうしゅうぜん》、太平天国《たいへいてんごく》を建国し、広西《こうせい》で挙兵（太平天国の乱）
1853	洪秀全、南京を首都とさだめ、天京《てんけい》と改称 安徽《あんき》省で白蓮教の武装集団、捻軍《ねんぐん》おこる
1856	アロー号事件。イギリス・フランス連合軍と清のあいだで第二次アヘン戦争おこる
1860	イギリス・フランス連合軍、北京を占領 北京条約をむすぶ
1861	清朝で西太后《せいたいごう》と東太后《とうたいごう》がクーデター（辛酉《しんゆう》の政変）、同治《どうち》帝即位、両太后が摂政《せっしょう》として実権

日本国内・朝鮮

西暦	年号	
1825	文政8	異国船打払令《いこくせんうちはらいれい》
1853	嘉永6	ロシア使節プチャーチン、長崎に来航
1854	安政1	ペリー、再び来航、日米和親《わしん》条約調印
1858	安政5	日米修好通商《しゅうこうつうしょう》条約調印
1859	安政6	安政《あんせい》の大獄《たいごく》（橋本《はしもと》佐内《さない》、梅田《うめだ》雲浜《うんぴん》、頼三樹三郎《らいみきさぶろう》、吉田松陰《よしだしょういん》ら死罪・獄死）
1860	万延1	勝海舟《かつかいしゅう》ら咸臨丸《かんりんまる》で渡米 桜田門外《さくらだもんがい》の変
1861	文久1	遣欧使節出発（福沢諭吉《ふくざわゆきち》随行）
1862	文久2	生麦《なまむぎ》事件（薩摩《さつま》藩士がイギリス

西洋・中東・インド

西暦	
1848	マルクス『共産党宣言』
1853	クリミア戦争（オスマン帝国とロシアが開戦。イギリスなどの参戦によりロシア敗北）
1857	セポイの反乱（英国に対するインド民衆の反乱）
1861	アメリカ南北戦争

をにぎる(同治の中興)

1862 陝西《せんせい》でイスラム教徒(回族《かいぞく》)が反乱、東トルキスタンをおとす

1864 曾国藩《そうこくはん》と弟曾国荃《そうこくせん》ひきいる義勇軍(湘勇《しょうゆう》)、李鴻章《りこうしょう》の淮勇《わいゆう》と協力して南京を占領

太平天国崩壊

1868 太平天国軍と共闘した白蓮教系の武装集団捻軍《ねんぐん》、山東で壊滅

1871 清、日本との修好条規に調印

商人を斬殺)

1863 文久3 下関《しものせき》戦争(馬関《ばかん》戦争。長州《ちょうしゅう》が外国船を砲撃)

薩英《さつえい》戦争(薩摩藩と英国が交戦)

1864 元治1 第二次下関戦争(長州と英米仏蘭連合軍の戦い)

1866 慶応2 薩長同盟成立

1867 慶応3 大政奉還《たいせいほうかん》。王政復古《おうせいふっこ》

1868 明治1 鳥羽伏見《とばふしみ》の戦い(戊辰《ぼしん》戦争)

1869 明治2 版籍奉還《はんせきほうかん》

1871 明治4 廃藩置県《はいはんちけん》

日清修好条規締結

岩倉具視《いわくらともみ》らの岩倉使節団、欧米視察に出発(~73)

1873 明治6 征韓論《せいかんろん》敗れ、西郷隆盛《さいごうたかもり》・板垣退助《いたがきたいすけ》ら下野

1874 明治7 板垣退助・後藤象二郎《ごとうしょうじろう》ら民撰《みんせん》議院《ぎいん》設立建白《けんぱく》書《しょ》を提出(自由民権運動)

台湾出兵

1869 スエズ運河開通

1871 ドイツ帝国成立

時代	第三期・後期
王朝	清

「中国」世界

西暦	
1877	左宗棠《さそうとう》がカシュガルをおとし、イスラム教徒の反乱を鎮圧
1881	東太后歿。西太后が全権をにぎる
1882	清朝、東トルキスタンに行政機関新疆省《しんきょうしょう》をおく
1884	ヴェトナムの保護権をめぐって清朝とフランスのあいだで清仏戦争おこる
1885	清、フランスと天津講和条約をむすぶ 清、台湾に台湾省をおく
1894	日清戦争おこる

日本国内・朝鮮

西暦	年号	
1875	明治8	ロシアと千島樺太《ちしまからふと》交換条約 江華島《こうかとう》事件(朝鮮開国を要求する日本が朝鮮と武力衝突)
1876	明治9	日朝修好条規(江華条約)締結
1877	明治10	西南《せいなん》戦争(西郷隆盛自害)
1882	明治15	李氏朝鮮で興宣大院君《こうせんだいいんくん》の煽動により兵士が反乱、日本公使館が襲撃される(壬午《じんご》事変)
1883	明治16	朝鮮初の近代的新聞「漢城旬《かんじょうじゅん》報《ぼう》」創刊。開国派を福沢諭吉が支援し、井上角五郎《かくごろう》らがハングル文字の研究・普及につとめる
1884	明治17	甲申《こうしん》政変(朝鮮開国派によるクーデター。清が鎮圧)。主導者の金玉均《きんぎょくきん》らは日本に亡命、福沢諭吉らの保護をうける
1889	明治22	大日本帝国憲法発布
1894	明治27	朝鮮東学党《とうがくとう》の乱。日清《にっしん》戦争

西洋・中東・インド

西暦	

（中華民国）

1895 李鴻章《りこうしょう》の北洋艦隊壊滅。日清講和条約（下関条約）調印（朝鮮独立の確認。清、日本にたいし遼東半島、台湾、澎湖《ほうこ》諸島割譲、賠償金二億両《テール》を支払う）

1896 清朝、日本に第一次留学生を派遣

1900 秘密結社義和団《ぎわだん》、北京の列国大公使館区域を包囲攻撃。日本を含む八カ国連合軍が鎮圧（義和団の乱・北清《ほくしん》事変）

1905 清、科挙を廃止。日本留学生を積極的に登用

1908 西太后歿。二歳の溥儀《ふぎ》が皇位につく（宣統帝《せんとうてい》）

1911 辛亥《しんがい》革命おこる

北モンゴルを中心にモンゴル独立宣言

1912 中華民国政府樹立。孫文《そんぶん》が臨時大総統に就任し、まもなく清朝の軍閥袁世凱《えんせいがい》に政権委譲

中国最後の皇帝宣統帝《せんとうてい》（溥儀）退位

清朝ほろびる

1915 日本、袁世凱に対華21カ条要求

袁世凱が帝政復活を宣言、みずから皇帝に即位し国号を「中華帝国」とする

1916 袁世凱、皇帝を退位し、病歿

1895（明治28） 下関条約調印、三国干渉（ロシア・ドイツ・フランス）

台湾総督府設置（台湾統治）

1902（明治35） 日英同盟調印

1904（明治37） 日露《にちろ》戦争開戦

1905（明治38） 旅順《りょじゅん》開城、奉天《ほうてん》占領

日本海海戦

ポーツマス条約調印

1910（明治43） 日韓併合

1912（明治45） 明治天皇崩御《ほうぎょ》

1913 カリフォルニア排日土地法成立（米）

1914 第一次世界大戦勃発

1917 ロシア革命

時代	中国以降
王朝	（中華民国）

「中国」世界

西暦	
1919	反日・反帝国主義をかかげた「五・四運動」おこる
	孫文らが国民党結成
1921	コミンテルン、李大釗《りたいしょう》と陳独秀《ちんどくしゅう》に中国共産党を設立させる
1924	ソ連の援助で国民党と共産党が協力関係をむすぶ（第一次国共合作）
	モンゴル人民共和国成立
1926	蔣介石《しょうかいせき》ひきいる国民党軍、各地の軍閥の制圧をめざし北伐開始
1927	蔣介石、上海で反共クーデターをおこし、国民党から共産党員を排除
1931	南満洲鉄道爆破事件（柳条湖《りゅうじょうこ》事件）をきっかけに日本の関東軍が満洲制圧
1932	満洲国成立
1934	溥儀《ふぎ》が満洲国皇帝となる
1936	西安《せいあん》事件（国民党の張学良《ちょうがくりょう》、最高指導者蔣介石を監禁して共産党との内戦停止を迫る）
1937	シナ事変はじまる
	第二次国共合作成立

日本国内・朝鮮

西暦	年号	
1919	大正 8	朝鮮各地で三・一独立運動
1923	大正 12	関東大震災
1927	昭和 2	金融恐慌
1932	昭和 7	満洲国建国宣言
		五・一五事件（犬養毅《いぬかいつよし》、暗殺される）
1936	昭和 11	二・二六事件（斎藤実《まこと》・高橋是清《これきよ》、暗殺される）
1937	昭和 12	シナ冀東《きとう》政府による日本人大虐殺事件（通州《つうしゅう》事件）

西洋・中東・インド

西暦	
1919	パリ講和会議、ヴェルサイユ条約調印
	コミンテルン（第三インターナショナル）成立
1922	ソビエト連邦成立
1929	ニューヨーク株式大暴落、世界経済大恐慌おこる

中華人民共和国

	日本軍、南京《ナンキン》占領。蔣介石らは重慶《じゅうけい》にのがれる 汪兆銘《おうちょうめい》を首班とする国民政府が日本の支援によって南京に成立
1945	日本の敗戦により汪兆銘の南京政府消滅 蔣介石の国民党政府、首都南京を回復
1946	国共内戦はじまる
1947	内モンゴル自治政府成立
1949	共産党軍により南京陥落 蔣介石の国民党政府は台湾にのがれる 共産党の中華人民共和国成立（毛沢東《もうたくとう》が中央人民政府主席に就任）
1950	中国共産党軍、東チベット占領

1939	昭和14	ノモンハン事件（満洲国とモンゴルの国境線をめぐる日ソ両軍の戦い）
1940	昭和15	日独伊三国同盟
1941	昭和16	日ソ中立条約調印 米、日本にハル・ノートをつきつける 日本軍、ハワイ真珠湾を攻撃（日米開戦）
1942	昭和17	マニラ占領、シンガポール攻略
1945	昭和20	東京大空襲 広島・長崎に原爆投下 ソ連対日宣戦布告 ポツダム宣言受諾、敗戦
1946	昭和21	極東国際軍事裁判開廷（東京裁判） 日本国憲法公布
1950	昭和25	朝鮮戦争おこる

1939	イギリス・フランスが対独宣戦、第二次世界大戦がはじまる
1945	イタリア、ドイツ、日本が降伏。第二次世界大戦おわる
1947	インド独立
1948	イスラエル建国宣言、第一次中東戦争（パレスチナ戦争）勃発
1949	北大西洋条約機構（ＮＡＴＯ）成立

時代	中国以降
王朝	中華人民共和国

「中国」世界

西暦	
1955	新疆ウイグル自治区成立
1958	チベット北方の青海《せいかい》アムド地区平定作戦で共産党の人民解放軍、11万6千人を殺戮《さつりく》
1959	「大躍進政策」の失敗により毛沢東、国家主席を辞任
	ダライ・ラマ14世がラサを脱出、インド北部に亡命
1965	チベット自治区成立
1966	毛沢東が復権をめざした全国的な粛清運動「プロレタリア文化大革命」はじまる。劉《りゅう》少奇《しょうき》、鄧小平《とうしょうへい》ら失脚(劉少奇は獄死)
1971	共産党副主席林彪《りんぴょう》が毛沢東暗殺計画に失敗、亡命途中に死亡(林彪事件)
1972	ニクソン米大統領、訪中
	田中角栄首相、訪中。日中国交「正常化」

日本国内・朝鮮

西暦	年号	
1951	昭和26	サンフランシスコ講和条約・日米安全保障条約調印
1953	昭和28	朝鮮戦争休戦
		朝鮮半島は38度線で北朝鮮・韓国の南北に分裂
1960	昭和35	日米新安全保障条約調印・発効
1965	昭和40	日韓基本条約調印
1968	昭和43	小笠原諸島が日本に復帰
1972	昭和47	沖縄、日本復帰

西洋・中東・インド

西暦	
1965	米空軍の北ベトナム爆撃はじまる(ベトナム戦争)

1976	毛沢東歿。毛沢東夫人江青《こうせい》ら、文化大革命を主導した四人（文革四人組）逮捕
1977	鄧小平復活。最高指導者として「四つの現代化」路線を推進
1989	天安門事件（民主化をもとめるデモ隊を人民解放軍が武力弾圧）

1982	昭和57	中国・韓国政府が日本の歴史教科書の記述に抗議
1989	昭和64	昭和天皇崩御
1992	平成4	天皇陛下、訪中

1980	イラン・イラク戦争
1985	ゴルバチョフ書記長、ソ連の自由化・民主化（ペレストロイカ）と情報公開（グラスノスチ）に着手
1989	東西ベルリンの壁崩壊。ブッシュ米大統領とソ連ゴルバチョフ書記長が会談、東西冷戦終結宣言（マルタ会談）
	ルーマニアのチャウシェスク共産党書記長夫妻が革命軍によって公開処刑
1990	イラク軍がクウェートに進攻・制圧（中東危機）
	東西ドイツ統一
1991	アメリカを中心とした多国籍軍がイラクを攻撃、湾岸戦争はじまる
	ソ連解体

時代：中国以降

王朝：中華人民共和国

「中国」世界

西暦	
1997	イギリスから香港の主権が譲渡される
2008	北京オリンピック開催
2009	ウイグル騒乱事件発生
2010	尖閣事件（中国漁船、日本の海上保安庁巡視船に体当たり）
2011	四川省のチベット居住地域で中国政府のチベット弾圧に抗議する僧侶の焼身自殺があいつぐ

日本国内・朝鮮

西暦	年号	
1995	平成7	阪神・淡路大震災
2001	平成13	北朝鮮工作船と海保巡視船が南シナ海で交戦、工作船は自爆・自沈
2002	平成14	小泉純一郎首相訪朝 金正日《キムジョンイル》総書記と会談
2004	平成16	二度目の日朝首脳会談（小泉首相・金総書記） 拉致被害者5名帰国
2009	平成21	民主党《みんしゅとう》が政権奪取、鳩山《はとやま》由紀《ゆき》夫《お》内閣発足 日本の民主党政府、習近平《しゅうきんぺい》国家副主席の天皇との会談をゴリ押し
2011	平成23	東日本大震災 福島第一原発事故

西洋・中東・インド

西暦	
1993	EU発足
2001	アメリカでイスラムのテロ組織による同時多発テロ事件（9・11）
2003	イラク戦争（米英軍イラクを攻撃、バグダッド占領～フセイン政権崩壊）
2009	バラク・オバマが第44代アメリカ大統領に就任
2011	アルカイダ司令官ウサマ・ビンラディン、潜伏先のパキスタンで米軍に射殺される

2012	内モンゴルで反政府抗議デモ。一部に戒厳令《かいげんれい》 重慶の実力者・薄熙来《はくきらい》、数々の事件で失脚 日本の尖閣国有化以降、全土で反日デモ激化 習近平が共産党総書記に就任
2013	天安門広場に自動車突入、炎上。東トルキスタン（新疆ウイグル自治区）独立運動の「テロ」と断定、被告三人に死刑執行 シナ海上空に防空識別圏を一方的に設定
2014	東トルキスタン独立運動の爆発事件・殺傷事件が相次ぐ 香港で雨傘革命（香港反政府デモ）
2015	南シナ海領有権をめぐり、米軍、「航行の自由」作戦敢行 中国主導のアジアインフラ銀行（ＡＩＩＢ）発足。日米は不参加
2016	民進党の蔡英文氏が台湾総統に就任 香港の出版関係者を中国当局が拘束

2012	平成24	尖閣諸島の国有化
2013	平成25	自民党が政権奪還 第2次安倍内閣発足 朴槿恵が第18代大韓民国大統領に就任
2014	平成26	産経新聞ソウル支局長・加藤達也氏が朴槿恵大統領名誉棄損容疑で起訴（翌年無罪確定） 集団的自衛権行使を容認する閣議決定
2015	平成27	安全保障関連法成立 日韓政府、慰安婦問題の最終かつ不可逆的解決を互いに確認する日韓合意を結ぶ
2016	平成28	伊勢志摩サミット開催。先進国各首脳が伊勢神宮参拝

2012	オバマ大統領が再選
2015	パリ同時多発テロ 欧州で難民急増
2016	米大統領選でメディアの「ヒラリー・クリントン氏圧勝」の予想を覆しトランプ氏が勝利

時代	中国以降
王朝	中華人民共和国

「中国」世界

西暦	出来事
2017	フロリダでトランプ米大統領と習近平国家主席による初の米中首脳会談 五年に一度の共産党全国大会開催。習近平主席に権力集中

日本国内・朝鮮

西暦	年号	出来事
2016	平成28	オバマ米大統領、アメリカの現職大統領として初の広島訪問、慰霊碑に献花 安倍首相、慰霊のため真珠湾訪問 天皇陛下、ビデオメッセージで退位のご意向表明
2017	平成29	朴槿恵大統領、民間人の国政介入疑惑で逮捕、大統領罷免。 北朝鮮・金正日総書記の長男、金正男がマレーシア空港で暗殺 文在寅が韓国大統領選で圧勝。九年ぶりの革新政権誕生 北朝鮮の核ミサイル実験で米朝関係緊迫 文在寅大統領、日韓合意の見直しを主張 今上天皇の譲位、２０１９年4月30日に決定

西洋・中東・インド

西暦	出来事
2016	イギリス国民投票によりEU離脱決定
2017	トランプ氏、米大統領に就任

岡田英弘（おかだ・ひでひろ）

東京外国語大学名誉教授。
1931年、東京生まれ。東京大学大学院修了。57年『満文老檔』の研究で日本学士院賞を受賞。ワシントン大学客員教授、東京外国語大学アジア・アフリカ言語文化研究所教授を経て、現在に至る。モンゴル史・満洲史を出発点に、中国史、日本史をはじめ世界の歴史を巨視的な視点から考察した独創性は高い評価を得ている。著書に『倭国の時代』『日本史の誕生』『世界史の誕生』（以上ちくま文庫）、『歴史とはなにか』（文春新書）、『中国文明の歴史』（講談社現代新書）、『誰も知らなかった皇帝たちの中国』『この厄介な国、中国』『やはり奇妙な中国の常識』（以上ワック）など多数。これら著作物の集大成として、「岡田英弘著作集 全８巻」（藤原書店）がある。2017年５月逝去。

読《よ》む年表《ねんぴょう》　中国《ちゅうごく》の歴史《れきし》

2015年３月17日　初版発行
2022年７月４日　第４刷

著　者　岡田　英弘

発行者　鈴木　隆一

発行所　ワック株式会社
東京都千代田区五番町４-５　五番町コスモビル　〒102-0076
電話　03-5226-7622
http://web-wac.co.jp/

印刷製本　図書印刷株式会社

ⓒ Hidehiro Okada
2015, Printed in Japan
価格はカバーに表示してあります。
乱丁・落丁は送料当社負担にてお取り替えいたします。
お手数ですが、現物を当社までお送りください。

ISBN978-4-89831-714-3

好評既刊

「日本の歴史」①～⑦
渡部昇一
神話の時代から戦後混迷の時代まで。特定の視点と距離から眺める無数の歴史的事実の中に、国民共通の認識となる「虹」のような歴史を描き出す。
ワックBUNKO　各巻・定価1012円（10％税込）

読む年表 日本の歴史 増補新版
渡部昇一
B-357
日本の本当の歴史が手に取るようによく分かる！古代から令和の現代に至る重要事項をカラー図版でコンパクトに解説。この一冊で日本史通になる！
ワックBUNKO　定価1100円（10％税込）

渡部昇一の昭和史㊣ 新装版
渡部昇一
B-338
日本は「侵略国家」に非ず。フェイク史観（東京裁判史観・亡国史観・半藤史観）よ、さらば。「反日」に勝つための「昭和史の常識」、ここにあり！
ワックBUNKO　定価1100円（10％税込）

http://web-wac.co.jp/

好評既刊

美しく、強く、成長する国へ。
私の「日本経済強靱化計画」
高市早苗
B-352

「崩れ行く日本」の矜持を取り戻し、「確かな未来」を子孫に提示するために書かれたこの本が、日本をいま大きく変えようとしている。
ワックＢＵＮＫＯ　定価９９０円（10%税込）

ディープステート
世界を操るのは誰か
馬渕睦夫

ロシア革命を起こし、赤い中国を支援。朝鮮戦争からイラク戦争、アメリカ大統領「不正」選挙まで、世界を裏で操る「ディープステート」の実態を解明。

単行本（ソフトカバー）定価１５４０円（10%税込）

いまそこにある中国の日本侵食
ケント・ギルバート
B-350

２０２０年アメリカ大統領選挙への中国の介入は明らか。そんな中国はあらゆる手を使って日本にプロパガンダ工作を仕掛けている。
ワックＢＵＮＫＯ　定価９９０円（10%税込）

http://web-wac.co.jp/

好評既刊

皇帝たちの中国
始皇帝から習近平まで
岡田英弘
B-359

「岡田史学」のエッセンス、本書にあり！　中国人も知らない「中国」を描ききった出色の中国論。宮脇淳子氏の新版に寄せての書下し収録。
ワックＢＵＮＫＯ　定価９９０円（10％税込）

モンゴル力士はなぜ嫌われるのか
日本人のためのモンゴル学
宮脇淳子
B-270

遊牧文化のモンゴルに先輩・後輩の序列はなく、〝力〟がすべての社会！　トップは法をつくる人であって、守る人ではない！　白鵬が我がもの顔で振る舞った理由。
ワックＢＵＮＫＯ　定価１０１２円（10％税込）

中国・韓国の正体
異民族がつくった歴史の真実
宮脇淳子
B-293

シナ大陸では数多の民族が興亡を繰り返し、半島では停滞の五百年が経過。異民族の抹殺を謀る中国、「妖魔悪鬼の国」韓国はこうして生まれた！
ワックＢＵＮＫＯ　定価１０１２円（10％税込）

http://web-wac.co.jp/